練《れん》磨《ま》開《かい》悟《ご》の大《たい》典《てん》

幸運を呼ぶ名づけ方

——誰でもわかる運命の法則——

まえがき

最近、姓名学（判断）がひそかなブームになっているといいます。ただ、姓名学が注目を浴びているといっても一部の人たちだけにであって、一般の人の間では、まだまだ占い的なものとしか認識されていないようです。

しかし、多くの人たちが関心も興味も全くないかと言えばそうでもなく、正しく知る方法があれば知りたいというのが実情ではないかと思います。

そこで、「姓名学」が単に、的中した、外れたといった、俗に言う当て物的に人の吉凶を占う姓名判断に止《とど》まるものではなく、実はそれ以上に深遠なる「学問」であることを、少しでも読者の皆さんに知っていただきたく筆を執《と》ったところです。

詳細については本文で説明しますが、姓名学は姓名の数理《すうり》に関する学問です。ですから、当然その対象は、姓（苗字）の画数《かくすう》の数理と名の画数の数理ということになります。

ちなみに姓の数は、現在、日本には約十万種類あり、読み方まで区別すると、約三十万種類あるとも言われています。世界で姓の数が一番多いのは、多民族国家のアメリカで約百万種類。二位が日本で、フィンランドが約六万で三位、イギリスが一万数千で四位、中国が一万余で五位と続き、韓国・北朝鮮は約三百種類となっています。

姓名学は、一人ひとりが持つ姓の数理に、如何にして適合した数理の名を組み合わせるかが、重要なポイントです。

その姓名学を学んで私がわかったことは、人間にとって生まれもった「宿命」は変えられなくても、その後の「運命」は変わるものであり、変えることができるということでした。そして、姓名の不思議を追究《ついきゅう》する「姓名学」は正《まさ》に運命学の最たる学問であり、活用することによって、その人に幸運を呼び込むことができるということでした。以来、私にとって姓名学は導きの糸であり、バイブルのような存在となったのです。

私は現在、札幌市議会議員を務めており六期目ですが、実は、そもそも私自身が改名の経験者であり、姓名の持つ霊的威力を身をもって経験しています。

最初に姓名学に関心を持ったのは今から三十八年くらい前、前職のタイル職人時代、札幌市から四十キロほど東に離れた町に出張した時です。宿泊先の旅館の老主人が、朝五時から夜の十時まで毎日働きづめで痩せこけた私を見て、「タイル屋さん、名前は何て言うの？」と問いかけてきたことがきっかけでした。

旧名を言うと老主人は、分厚い姓名判断の本を開いて、私の過去の不幸な生い立ちを的中させました。それまでも幾度となく姓名判断ができる人から同様のことを言われてきたのですが、そのあまりの的確さに驚嘆し、興味を覚えたことを今でもハッキリと思い出すことができます。そして、このままの姓名では未来永劫ずっと不幸であることを私に告げ、「元茂《もとしげ》」という名を授けてくれたのです。

ただ、この段階ではまだ、姓名判断が人の一生を左右するほどのものとは思えず、どちらかというと懐疑的《かいぎてき》に捉《とら》えていました。

ところが約一年後、札幌在住の姓名学者の安齋巖人《あんざいいわと》先生の知己を得て、「三上元茂」の名前を鑑定してもらったところ命名方法の一部に誤りがあり、「元茂」は良名だが、「三上」の姓には適合しないという鑑定結果が出たのです。先の老主人は姓名判断にかなり精通した人でしたが、専門家ではなかったということになります。

そこで安齋先生に新たに命名していただいた結果、私の姓名は現在の「三上洋右」になったのです。以来、苦労はあってもお陰様でこれまで不幸と感じたことは一度もありません。

ところで、今回の出版にあたり、いくつかの迷いがありました。三十数年間姓名学を熱心に学んできたものの、未《いま》だ浅学の身にある自分が姓名学について語るのは早いのではないか。また、姓名判断が占いのようなものと広く思われているなか、議員がそれを頼りに政治活動を行っているかのような誤解を受けるのではないか、などです。

しかし、それでも出版に踏み切ったのは、近頃、何と読んでよいのか理解に苦しむ珍妙な名づけがやたらに多く、一つのブームのようになっていることに大きな危惧を覚えるようになったことがあります。私は、実体験や姓名学の学習を通じ、命名・改名は、単純に漢字など、その文字の持つ印象や雰囲気だけで行われるべきではなく、一定の法則に則《のっと》って行わなければならないということを知っています。そのことを理解していながら黙《もく》して潔《いさぎよ》しとするべきではないと考えたのです。

もう一つには、多くの命名・改名者の方が画数の計算を間違っていることがあります。詳細は巻末の別章に記しましたが、姓名の画数を計算する時、「俗字」や「国字」はそのままの字画で数え、「略字」や「偽字」は必ず正字体で数えなければなりません。そのため、本書には漢字（国字を含む）四一〇六文字、部首二一四文字、ひらがな・カタカナ各七三文字の正しい画数を掲載し、実際に命名・改名をお考えの方の役に立つよう配慮しました。

そのようなことから、本書の執筆に当たっては、単なる入門書以上の本とすることを念頭におき、私の知り得る限りを尽くして、その由来や思想など根本的なことをできるだけ体系的に説明するように努めたところです。

本書が、読者の皆さんの改名やお子さんやお孫さんの命名のお役に立ち、多くの方々が幸運を呼び込む一助となることを願っています。

筆者の願いをお汲《く》み取りの上、お読みいただければ幸甚でございます。

三《み》上《かみ》　洋《よう》右《すけ》

目　次

まえがき――1

第一章　姓名学の成り立ち

姓名学の起源と学派――14
宗教と文明と哲学――20
易の発祥と姓名学――25
日本の暦《こよみ》と鴨長明《かものちょうめい》――29
仏教の伝来と易学――38
姓名学は練磨開悟《れんまかいご》の方術《ほうじゅつ》――42

第二章　姓名学のメカニズムと教え

人の心と神通力——46
姓名の暗示力と脳髄——49
潜在意識と顕在意識——54
ある心霊現象——57
心霊現象と科学——60
姓名学は厄災難から逃れる法則——63
宿命と運命はどう違うか——66
姓名学とデジタル——70
名前を変えても努力を怠っては効力はない——73

第三章　姓名学の四つの要素

万物の根本は数——78
なぜ八十一の数理なのか——81
数理階級の不思議——83
八十一数理霊動の解説——88
陰陽五行の解説——108
五運の働きと周期——112
文字（名前）には霊理力が宿っている——116

第四章　有名人の姓名分析

五運の働きと応用分析（田《た》中《なか》角《かく》榮《えい》・竹《たけ》下《した》登《のぼる》）——120
女性競艇選手三《み》浦《うら》永《え》理《り》さん——126

目次

歌手雨谷《あまがい》麻世《まよ》さんの場合――128
樹《き》木《き》希《き》林《りん》さんは大女優――132
姓が変わり運命が変わった馳《はせ》浩《ひろし》さん――135
あの櫻井《さくらい》よしこさんも改名？――140

第五章　幸運を呼ぶ名づけ方

命名・改名の手順――146
画数の正しい数え方――148
天・人・地三才と外画、総画の計算方法――151
天画（祖運）に適合した配列――158
木性（1・2）に適合した配列――158
木性（1・2）に適合した名前の組み合わせパターン――164
火性（3・4）に適合した配列――169

火性（3・4）に適合した名前の組み合わせパターン――177
土性（5・6）に適合した配列――182
土性（5・6）に適合した名前の組み合わせパターン――188
金性（7・8）に適合した配列――193
金性（7・8）に適合した名前の組み合わせパターン――196
水性（9・0）に適合した配列――201
水性（9・0）に適合した名前の組み合わせパターン――204
特に避けなければならない組み合わせ――209
名づけに適した画数と名前――211
改名の例示――224
戸籍名を変える手順と方法――229
改名（命名）の確信と信念の徹底――234
あとがき――238

目次

別章　命名・改名の正しい画数字典

掲載内容について——248

部首【偏《へん》・旁《つくり》・冠《かんむり》・脚《あし》】の名称と画数——252

漢字画数——256

ひらがな画数——349

カタカナ画数——349

参考文献一覧——350

◎装丁・本文デザインDTP……鶴田環恵

◎編　集……松永　忍

第一章　姓名学の成り立ち

姓名学の起源と学派

姓名学の核心に触れる前に、まず日本における姓名学の起源と学派（流派）について簡単に紹介します。日本での歴史は古くはありませんが、それまで、ただの占いの一つと思われていた姓名判断を、学問として捉《とら》え、究《きわ》めようとする動きがあったことを、ぜひ知っておいていただきたいのです。

私が姓名学を本格的に学び始めたのは、昭和五十二年に、札幌在住の姓名学者で今は亡き、安齋巖人《あんざいいわと》先生が主宰する「調和の会」に入会したのがきっかけです。以来三十六年、安齋巖人先生の方式こそ正統学派（正しい方式）であると確信しながら今日に至っています。

しかし、だからといって、安齋式が完全無欠であるとは思いません。これまでの歩みを考えると、後年、さらに進化することは、当然あり得ることだからです。

現在、日本において姓名学の正統を名乗る学派は数多く存在し、一般の人が書店で専門書や名づけの本を買い求めようとしても、中には占い遊びのような本もあることから、一体どの本が正しい姓名学の本なのか、名づけに適した本はどれなのか迷ってしまうのが実情です。そのため、とんでもない本を買わされ、とんでもない誤った名づけをする人が後を絶ちません。私も最初はそうでした。

姓名学は中国古代の易学《えきがく》から発展・進化したものですが、日本で姓名判断が姓名学として認識されたのは昭和に入ってからのことです。ですから、姓名学そのものの歴史はまだまだ浅いものです。今でも姓名学の学問としての認知度が高いとは言えませんが、それまでは姓名学自体は言うに及ばず、姓名判断への評価は単なる占いの域を出ることはなく、ほとんど迷信の類《たぐい》でした。

江戸時代の日本では、「当たるも八卦《はっけ》、当たらぬも八卦」と、中国から伝来した易占いが花盛りでした。今もそうですが、日本人は昔から占いが大好きだったのです。

占星術《せんせいじゅつ》、陰陽道《おんみょうどう》などの占いは、日本人だけでなく、古代から世界の人たちを魅了してきました。国家としてもその年の吉凶を占うなど、人々が神秘的なものに拠《よ》り所を求める風潮は万国共通のものなのです。特に江戸時代の日本では、占い師と呼ばれる者は、ごまんといたと言われています。

それでも江戸時代には、まだ姓名判断は流行していませんでした。その頃、中国では既に姓名判断が行われていたと思われるのに、なぜなのでしょうか。易学が中国から伝来したのに、どうして姓名判断は伝わらなかったのでしょう。

それは、伝わらなかったのではなく、伝わっても普及しなかったのが理由ではないかと考えられます。中国では一般の人も姓名を所有していたので、姓名判断ができたと思うのですが、江戸時代の日本では、〝苗字《みょうじ》御免《ごめん》〟〝帯刀《たいとう》御免《ごめん》〟と言って、一般の人々いわゆる平民が特別の家柄または功労によって「苗字帯刀」を許されることはありましたが、それはあくまでも特例であって、平民は姓を持つことが許されていませんでした。姓が無いのですから判断ができないわけです。

日本で、平民に姓を持つことが許され、義務付けられたのは明治になってからで、明治三年九月十九日の平民苗字許可令《へいみんみょうじきょかれい》、明治八年二月十三日の平民苗字必称義務《へいみんみょうじひっしょうぎむ》令《れい》によってです。それまで苗字帯刀を許されたのは、天皇もしくは領主によって、特別に認められた人たちだけだったのですが、この時を境に、全ての日本国民が姓名を持つことになりました。

ただ、唯一の例外があります。ご存じの方も多いと思いますが、それは天皇家です。天皇陛下にはどうして姓が無いのか不思議がる人がいますが、もともとが、氏《うじ》・姓《かばね》は天皇が下位の者に下賜《かし》するものであって、そもそも天皇家は、日本で唯一、最高位の存在でしたから、姓は必要なかったのです。

いずれにせよ江戸時代までは、判断できたとしても名だけであって、本格的に姓名判断が日本に導入されたのは明治以降でした。それも当初は、天画《てんかく》（姓の全部の文字の画数）、地画《ちかく》（名の全部の文字の画数）、総画《そうかく》（姓名全部の文字の画数の合計数）だけの、天・地・総で観るという具合に、姓名学で肝心の人画《じんかく》（姓の一番下の文字と名の一番上の文字の画数の合計数）も外画《がいかく》（姓の一番下の文字と名の一番上以外の文字の全部の画数の合計数）も除外した方法や、やたらに複雑な方法など、旧《ふる》くの姓名学派は、今にして思えば荒唐《こうとう》無稽《むけい》とも言うべきものでした。我こそは正統学派と名乗りつつも、旧来の占い師の域を出ない学派が数多《あまた》出現したのです。

そのため、昭和に入ってからも、ながきにわたって、正統学派を名乗る人たちの間で激しい論争が繰り広げられたのですが、そこに現れたのが「熊﨑式姓名学」を創始した熊﨑健翁《くまざきけんおう》氏（明治十四年〜昭和三十六年）でした。

熊﨑先生は時事新報社に勤める傍《かたわ》ら、「高島易《えき》」で有名な高島嘉右衛門翁の甥《おい》に当たる高島徳右衛門氏が主宰する、社団法人・高島易学会の理事長を務めるなど、「高島易」の実質的責任者であり指導者でした。

易学の最高峰と言われる「高島易」の最高指導者ですから、優れた研究者でもありました。易学を始め姓名判断など、様々な学問を探求していましたが、一方、実生活では最愛の奥さんとお子さんを亡くしています。そして、その原因が姓名の相剋《そうこく》と反発にあるという真理に到達するのです。

熊﨑先生は深く考えられた末、易学は優れた学問ではあるが、それを応用活用した「自らの方式」（姓名判断）こそ、正真正銘の立命の運命学であることを確信されたのだと思います。

爾来《じらい》、有名無名にかかわらず、あらゆる人名の吉凶を統計学的に研究し、百発百中の的中率を得たことから、他の学派、流儀の追随《ついずい》を許さず、ことごとくそれらを喝破《かっぱ》していきました。

そして、遂《つい》に「熊﨑式姓名学」を完成させたのです。草創期、単なる占いの類としか見られなかった姓名判断を「姓名学」と言われるまで昇華させたことは見事というほかありません。

私が師事した安齋先生も、熊﨑式とは計算方法が一部違いますが、多分に「熊﨑式姓名学」に拠《よ》る方式だったのかもしれません。熊﨑先生の著書を読んでそう感じるのですが、残念なことに、安齋先生の存命中にご本人からそのことをお聞きすることはできませんでした。

いずれにしても、私の知る限り、偉大とも天才とも言うべきは熊﨑先生だと思います。姓名判断を単なる占いの域に止《とど》めることなく、「姓名学」という「学問」として深化させせました。

そして、何人たりとも姓名学の法則で命名、あるいは改名することで、人生そのものを幸運に導くことができるという、それまでの運命学（宿命）とは根本的に違った、正真正銘の活学《かつがく》としての運命学（立命）を、一般の人たちにも理解できるように、学説として完成させるという偉大な功績を残されたのです。

日本での姓名学の完成は大正から昭和に入ってからであり、その歴史はわずか百年足らずですが、その起源は古代に発生した易学に由来するものです。そのことを知らずして、真の姓名学を知ることはできないと思います。次項からは、はるかなる古代にタイムスリップして、姓名学の源流を辿《たど》ってみたいと思います。

宗教と文明と哲学

古代、人間は自然の恵みの中で生きていました。大自然の力は植物や動物を育み、人間に豊かな食糧を与えてくれました。しかし、時に自然は人間に対して牙《きば》を剥《む》き、日照りや洪水による飢饉《ききん》を引き起こし、あるいは落雷や地震などの天変地異により人々の命を脅《おびや》かしました。

また、人はこの世に生まれ落ちてから、ある者は怪我や病により、ある者は老いにより等しく死んでいきます。人々はこの天地自然に対し畏怖《いふ》の念を抱くと同時に、この世界はどうしてできたのか、私たち人間は一体どこから来て、どこへ行くのかと、自らの存在に不思議を感じてきました。

この不思議な世界の中で、人々は人知を超えた存在を信じ、霊媒《れいばい》や預言者といった神の言葉を告げる者、いわゆるシャーマンの言葉や、呪術的《じゅじゅつてき》儀式《ぎしき》や祈りなどを心の拠り所にするようになりました。

これが宗教の始まりと言われています。

現在、世界中には無数の宗教が存在していますが、西暦紀元前五世紀から四世紀には釈迦《しゃか》の誕生によって仏教が生まれ、西暦紀元一世紀にはキリスト教が誕生しています（イエス・キリストの誕生は、紀元前四年と言われている）。西暦とは文字通りヨーロッパの暦ですが、これはキリスト降誕《こうたん》の年を基準の年、すなわち紀元として年を数える暦です。

また、西暦紀元六一〇年にはムハンマドが神の啓示を受けたと言われ、イスラム教が誕生しています。

おおよその信徒数は、仏教は五億人、キリスト教が十七億人、イスラム教が十億人と言われ、この三つの宗教を「世界三大宗教」と称しています。

ちなみに、日本の神道は、発祥の年代は定かではありませんが、信徒（氏子）数は一億人と言われています。このように、人間は天地自然に対する畏怖《いふ》の念から宗教を拠り所とするのですが、同時に生きていくための知恵を発揮します。

もともと、原始時代には、人々は小動物を捕まえ、身の周りの木の実を拾う狩猟《しゅりょう》採集《さいしゅう》を行っていましたが、石器に見られるように道具を作り、使うことを覚え、農耕牧畜を始めるようになります。

そして、土器が使用され始め、道具は一層豊富になり、織物も作られます。また、定住生活も始まり、小屋のような住居の寄り集まった小集落が形成され、やがて大村落から都市へと発展し、都市国家が出現します。

このような変化がいち早く起こったのは、ナイル川、ティグリス・ユーフラテス両川、インダス川、黄河の流域であり、記録のために文字も使われています。ここから世界の四大文明が発生したのです。

これらの流域、例えばインダス川や黄河は、ガンジス川や長江《ちょうこう》（揚子江《ようすこう》）より自然条件が厳しい所なのですが、これについて、イギリスの歴史学者トインビー（一八八九～一九七五）は、「自然条件の恵まれた所では、人間はあまり努力しなくても自然の恵みで生活できる。ところが自然条件が厳しい所では、人間は積極的に自然に働きかける努力をしないといけない。だからむしろ自然条件の厳しい所で文明が興《おこ》ったのだ」と説明しています。

　そして、宗教を拠り所として歩んできた私たちの祖先は、知恵を働かせ文明を開き、文明はやがて一八世紀の産業革命を経て、今日のＩＴ（情報技術）革命の時代へと発展するのですが、ここで重要なことは、私たち人間には考える力、哲学や思想を生み出す力が備わっているということです。

　哲学について、ある啓蒙書《けいもうしょ》では、「私たちは、市民社会や様々な共同体の中に帰属し、宗教や思想に支えられていますが、本来は〈自由〉な存在です。そのことに改めて気づいたとき、哲学は始まる」と述べ、「私たちを囲む外部の世界や自己を、驚きとおののきをもって改めて見返し、一体どのような存在であるのかと問いを発し、答えを見出そうとこだわることが哲学だ」と言っています。

　そうなりますと、私たち人類は、自己とは？　人生とは？　等々、常に考え続けてきたのですから、正《まさ》しく哲学そのものの世界に暮らしていることになります。

このように、私たちの現代社会を成立させている根源のところに、実は宗教や哲学があるのです。

そして、哲学といえば西洋哲学を指し、その発生・誕生の地を古代ギリシャの植民地ミレトスに求め、「万物の根源は水である」と唱《とな》えたタレス（紀元前六四〇年～紀元前五四六年頃）を「哲学の父」とするのが、かつての哲学史でした。

しかし、その後、多くの学者により、弁証法によって「真の知」を導き出した古代ギリシャの哲学者ソクラテス（紀元前四七〇年～紀元前三八九年頃）やイエス・キリスト（紀元前四年～三〇年頃）と、釈迦（紀元前四六三年～紀元前三八三年頃）や孔《こう》子《し》（紀元前五五二年～紀元前四七九年頃）は哲学史上では同格とみなされ、今日においては、東洋哲学こそ人類の未来に光を与えるものとして脚光を浴びるようになっています。

西洋哲学が狩猟民族としての生活に基づき、人間中心の考え方、人間は自然を支配できるとする「拡大・発展」の思想であるのに対して、東洋哲学は農耕民族の生活に基づき、自然は人間に恵みを与えてくれるものとする、自然中心の「輪廻《りんね》・循環《じゅんかん》」の思想であるからです。

では、一体、その東洋思想（哲学）とはどんなものなのでしょうか。

東洋思想と一言で言っても範囲が広いのですが、伝統的には中国哲学を指しています。主な思想は、春秋・戦国時代（紀元前七七〇～同二二一年頃）に現れた諸子《しょし》百《ひゃっ》家《か》（学者・学派の総称）で、そのうちやや体系を有し、かつ後世に継承されたものが儒教《じゅきょう》と道教《どうきょう》であり、その後、インドから伝来の仏教も唐代に中国化し、中国哲学の三本柱とも言えるのが、儒教と道教、仏教の三教です。

そして、東洋思想（中国哲学）を学ぶ者が最後に必ず辿《たど》り着くのが、孔子《こうし》によって完成された易経《えききょう》、すなわち易学だと言われています。

それでは、今、世界中から注目を集めている「易学」にスポットを当ててみることにしましょう。

易の発祥と姓名学

「姓名学」はもともと「易学」から発展・進化したものですが、易の発祥については、思想的には古代中国に始まったと言われています。これが形となって現れたのは、約六千年前、当時の中国における偉大な思想家であり、政治家、天文学者であった伏義《ふっき》（一説にはシャーマン的な存在であったと言われています）が、天の象《しょう》、地の法を究《きわ》め、天地自然の大法に則って、これを人事百般に準用するために卦《か(け)》を作ったのが始まりと言われています。

伏義は天地万物を天・沢・火・雷・風・水・山・地の八原子の集合によるものとして、ここに八卦〈乾《けん》（天）・兌《だ》（沢）・離《り》（火）・震《しん》（雷）・巽《そん》（風）・坎《かん》（水）・艮《ごん》（山）・坤《こん》（地）〉を劃《かく》し、漸次《ぜんじ》これを重ねて、八×八《はっぱ》六十四卦《ろくじゅうよんけ》を作り、これにより万象に応じるものとしたのです。

人間も万物と同じように常に八原子の影響を受けているのだから、ひとたび造化《ぞうか》、万物創造の理由を知ったなら、その八原子の作用に基づく生死の説、進退存亡《しんたいそんぼう》、陰陽《いんよう》消長《しょうちょう》の原因も手のひらを巡らすように察知できる。そうすれば人間に襲いかかる禍《わざわ》いや乱れ、災害を未然に防ぐことができると考え、伏義はこれを易と名づけました。

易という字は、「日と月」の光明を重ねた文字です。

これを左右に合わせて書けば「明」という字になるように、森羅万象《しんらばんしょう》の一切の働きが一つとして明かせぬことはないという意味なのです。

伏羲が創始した易道はその後、神農《しんのう》、尭《ぎょう》、舜《しゅん》といった聖人によって「聖宝《せいほう》」として重用され、王道の基礎となりました。

後に周の聖賢文王《せいけんぶんおう》は、伏羲の易を一層明らかにするため、卦《か(け)》の上に彖《たん》を繋《つな》げ、さらに子の周公《しゅうこう》は、父の遺志を継いで易道の大成を期して、遡《さかのぼ》ること千五百年前から行われた占辞《せんじ》の中から、事理《じり》（物事の筋道）に的中したものだけを集め、当時の学者と研究しました。その結果、人間社会の全てはいかに錯雑《さくざつ》としたものに見えても、一定の法則によって変化、作用しており、その運動《はたらき》は三百八十四爻《こう》（種類）のほかに出ないことを実証したのです。そこで、一卦《いっけ》の中に六爻《りくこう》ずつ組み入れ、卦の筋道に従い剛《ごう》柔《じゅう》の応比《おうひ》、陰陽の消長《しょうちょう》を観て、一つひとつ、その持つ意味を辞《じ》として掲げました。そして、陰陽八卦《いんようはっけ》を基本として、八《はっ》×八《ぱ》 六十四卦《ろくじゅうよんけ》をもって構成されたものを上経《じょうきょう》三十卦《さんじゅっけ》、下経三十四卦《かきょうさんじゅうよんけ》の二経に分け、ほぼ完成させました。

このように、易は周の時代にほとんど大成したのですが、後の世において孔子は、文王の作った彖《たん》と周公の考えた爻《こう》のそれぞれについて、彖伝《たんでん》上・下、象伝《しょうでん》上・下、繋《けい》辞伝《じでん》上・下、文言伝《ぶんげんでん》、説卦伝《せっかでん》、序卦伝《じょかでん》、雑卦伝《ざっかでん》の「易の十翼《じゅうよく》」と言われるものを書き表し、陰・陽二元をもって天地間の万象を説明し、この二元は太極《たいきょく》から生ずるとし、陰・陽は老陽《ろうよう》（夏）・少陽《しょうよう》（春）・少陰《しょういん》（秋）・老陰《ろういん》（冬）の四象となり、六十四卦をもって自然現象・家族関係・徳目などに充《あ》て、哲学上、倫理上、政治上の解釈など易全体にわたって説明を加えました。これが易経であり、孔子はこの一大典範で三千人と言われた徒弟を薫陶《くんとう》したのです。

以上が、易の完成に至る経緯です。なお、一方では、孔子の作ではないとの説もありますが、いずれにしても、言うなれば人間世界の偉大な統計的研究だということがわかります。

中国の民族が周の時代に黄河流域に住みつき、それまで遊牧民であったのが、漢の時代には農耕生活を営むようになり、いろいろな学問や文明が発達したと言われています。

農耕生活に従事する人々にとっての悩みは、今もそうですが、その生産、労働が常に自然の変化に左右されることでした。ですから、どうしても春夏秋冬の変化に適応した手段、方法を考えなければなりません。

そこで過去に遡って統計をとるという、長い生活体験に基づく調査研究によって、統計学的な結論を出します。そして、これに則り、政府は年の初めに今年の天地の変化はどのようになるのか、また、これに伴う生産活動をどうすべきかを割り出して予告する。これを人々が参考にするということが定着していきます。これが暦の始まりなのです。

日本の暦と鴨長明《かものちょうめい》

日本の暦は、国立国会図書館が所蔵する資料によると、中国から朝鮮半島を通じて日本に伝わっています。

大和朝廷《やまとちょうてい》は、百済《くだら》から暦を作成するための暦法《れきほう》や天文地理を学ぶため僧観勒《そうかんろく》や五《ご》経博士《きょうはかせ》（五経《ごきょう》の文義《ぶんぎ》に通暁《つうぎょう》している学者）の段楊爾《だんように》らを招いていますが、飛鳥時代の推古十二年（六〇四年）に日本最初の暦が作られたと伝えられています。

暦は朝廷が制定し、大化の改新（六四五年）で定められた律令制《りつりょうせい》では、中務省《なかつかさしょう》に属する陰陽寮《おんみょうりょう》がその任務にあたり、暦の作成、天文、占いなどをつかさどっていました。このことから、当時、暦と占いが密接な関係にあったことを伺い知ることができます。

当初、陰陽寮は古代氏族であった賀茂《かも》氏がつかさどっていましたが、平安時代からは、暦は賀茂氏が、天文、占いは賀茂氏の門弟だったと言われる、陰陽師《おんみょうじ》として名高い安倍晴明《あべのせいめい》（九二一～一〇〇五年）を祖先とする安倍氏が専門家として受け継いでいくことになります。

当時の暦は「太陰太陽暦《たいいんたいようれき》」または「太陰暦《たいいんれき》」、「陰暦《いんれき》」と呼ばれる暦でした。暦の制定は、月の配列が変わることのない現在の「太陽暦《たいようれき》」とは違って非常に重要な意味を持ち、朝廷や後の江戸時代には幕府の監督のもとにありました。

映画にもなった『天地明察《てんちめいさつ》』（冲方丁《うぶかたとう》著）は、江戸時代前期の天文《てんもん》・暦学者《れきがくしゃ》、渋川《しぶかわ》春海《はるみ》の業績を描いたものですが、「太陰太陽暦」は明治時代に「太陽暦」に改められるまで続きます。

京都には賀茂別雷神社《かもわけいかづちじんじゃ》（上賀茂神社《かみがもじんじゃ》）と賀茂御祖神社《かもみおやじんじゃ》（下鴨神社《しもがもじんじゃ》）の二つの神社がありますが、共に、暦の作成をつかさどった古代氏族の賀茂氏の氏神《うじがみ》を祀《まつ》る神社であり、賀茂神社《かもじんじゃ》と総称されます。また、賀茂神社の祭事である賀茂祭《かもまつり》は、別名葵祭《あおいまつり》とも呼ばれ有名です。

歌人として名高い鴨長明《かものちょうめい》（一一五五～一二一六年）は、賀茂御祖神社の神事を統率する禰宜《ねぎ》（神官）であった鴨長継《かものながつぐ》の次男として生まれ、自分も神官になることを夢見て育ちます。

長明は、社司《しゃし》を志すかたわら、平安時代の歌人俊恵法師《しゅんえほうし》から和歌を学び、中原有《なかはらのあり》安《やす》から琵琶《びわ》を習い、若い頃から両道に優れた才能を発揮し宮廷歌人《きゅうていかじん》としても活躍するのですが、父の死によって、望んでいた「河合社《ただすのやしろ》」の禰宜《ねぎ》の地位につくことが叶わず、神職の道を閉ざされてしまいます。

有名な『方丈記《ほうじょうき》』（一二一二年）は長明五十七歳の時の作と言われています。今からちょうど八百年前の作品になりますが、神職への道を失い、将来を悲観した長明が出家《しゅっけ》し、その後、隠遁《いんとん》して、山科《やましな》の日野山（京都市伏見区日野町）に方丈（一丈四方・

京間の畳の五畳、関東間の六畳程度）の草庵《そうあん》を結び閑居《かんきょ》してしまい、そこで執筆したことから『方丈記』と名づけられたと言われています。

『方丈記』は、その約百年後に著《あら》わされた、吉田兼好《よしだけんこう》の『徒然草《つれづれぐさ》』、清少納言《せいしょうなごん》の『枕草子《まくらのそうし》』と並んで、日本の三大随筆と謳《うた》われる名作であり、片仮名《かたかな》の和文と漢文を組み合わせた和漢混淆《わかんこんこう》で書かれたその文章は、後世《こうせい》、文芸の祖と呼ばれるほどの高い評価を得ていますが、方丈記の根底に流れているのは、世を果無《はかな》み悲観した長明が絶望の淵《ふち》で到達した無常観なのです。

特に冒頭の「ゆく河《かわ》の流れ」は有名ですので次に掲載します。

［ゆく河の流れ・冒頭部分］

「ゆく河の流れは絶えずして
しかももとの水にあらず
淀《よど》みに浮《うか》ぶうたかたは
かつ消えかつ結びて

久しくとどまりたる例《ためし》なし
世の中にある人と栖《すみか》とまたかくのごとし」

〔現代語訳〕
「ゆく川の流れは絶えることがなく、
しかもその水は前に見たもとの水ではない。
淀《よど》みに浮《う》かぶ泡《あわ》は、一方で消えたかと思うと一方で浮かび出て、
いつまでも同じ形でいる例はない。
世の中に存在する人と、その住みかもまた同じだ」

このように「方丈記」の始まりに書かれた「ゆく河の流れ」は、あまりにも有名な文章ですが、折しも本書執筆中に、芥川賞作家・新《あら》井《い》満《まん》氏の『自由訳 方丈記』を拝読する機会を得ました。

新井氏の作品には、「ゆく河の流れ」の部分が次のように書かれています。

［自由訳（河は無常に流れゆく）］（訳者・新井満）

「河が流れてゆく。

きのうと同じように今日もまた、たえることなく流れてゆく。河岸に立って眺めてみよう。河が流れてゆく姿は、いつ見ても同じように見える。しかし、眼をこらして良く見ると、面白いことに気がつく。たった今流れてゆく河の水は、さっき流れていった河の水とはぜんぜん違う。全く別の、新しい水なのだということ。

河が流れてゆく風景は、いつ見ても同じように見えるけれど、流れを成《な》している水そのものは刻々と変化して、常に新しい水に入れ替わっているのである。

今度は、河のよどみに眼をうつしてみよう。水面に、たくさんの水泡《すいほう》が浮かんでいる。生まれては消え、消えてはまた生まれてくる水泡たち。そんな水面の風景は、いつ見ても同じように見える。しかし、眼をこらして良く見ると、面白いことに気がつく。たった今生まれたばかりの水泡は、さっき生まれた水泡とはぜんぜん違う。全く別の、新しい水泡なのだということ。

水泡を浮かべた水面の風景は、いつ見ても同じように見えるけれど、水泡そのものは刻々と変化して、常に新しい水泡に入れ替っているのである。

考えてみると、日々、世の中を生きている私たち人間も、私たちが住み暮らしている住居というものも、河の水やよどみに浮かぶ水泡と、似たようなものかもしれない。

世の中の風景が昔と同じように見えたとしても、世の中を成している人間そのものは、たえず変化し、常に新しい人間に入れ替っているではないか。

同様に、たくさんの住居が建ち並ぶ街の風景が、昔と同じように見えたとしても、街を成している住居そのものは、たえず変化し、常に新しい住居に入れ替っているのである。」

新井氏の自由訳は、原文のコンセプトは絶対厳守して、〝有名であるが難解〟といわれるテキストを、できる限りわかりやすい日本語で表現することだといいます。「ゆく河の流れ」の自由訳は、当時の長明の心中がよりリアルに、多面的に読者に迫ってくる気がしてなりません。

紙幅の関係と本書の構成から、これ以上、『自由訳 方丈記』をご紹介できませんが、読者の皆様には是非お読みいただきたい一冊です。

さて、鴨長明の方丈記は、「ゆく河の流れ」のほか、「安元《あんげん》の大火《たいか》」、「治承《じしょう》の辻風《つじかぜ》」、「福原遷都《ふくはらせんと》」、「養和《ようわ》の飢饉《ききん》」、「元暦《げんりゃく》の大地震」、「処世《しょせい》の不安」、「出家《しゅっけ》遁世《とんせい》」、「方丈《ほうじょう》の庵《いおり》」、「早暁《そうぎょう》の念仏」などで構成されていて、長明が仏教的無常観を基調に、種々実例を挙げて人生の無常を述べたものです。

長明はこのほか、同時期に書かれた歌論書《かろんしょ》『無名抄《むみょうしょう》』、説話の『発心集《ほっしんしゅう》』、出家前に記述した歌集として『鴨長明集』などの作品を世に残しています。歴史に「もしも」はありませんが、もしも望みどおり禰宜《ねぎ》となって賀茂御祖神社（下鴨神社）の後継者となっていたら、神官あるいは歌人として名を残せたとしても、果たして、『方丈記』ほどの名作は誕生したでしょうか。そうだとしたら、この名作は偶然の賜物ということになります。

しかし、長明が父の死により神官の道を閉ざされたことは偶然であったとしても、この『方丈記』に見られる無常観に達したのは、単なる偶然ではないように思えます。

前述したように長明の出身は賀茂氏であり、賀茂氏は代々、暦《こよみ》、天文学、占いをつかさどった陰陽寮長官《おんみょうりょうちょうかん》を務めています。長明は言うなれば日本における、易学の本家本元の出身でもあるのです。

易には、この仏教の無常観に通じる考え方で、後述する「三儀《さんぎ》」というものがあります。当時の長明が易を学んでいたかどうかは知る由もありませんが、易学の本家本元の御曹司《おんぞうし》が、仏教に帰依《きえ》して到達したのが、あの名作『方丈記』だったとしたら、正《まさ》に運命を感じずにはいられません。

私が敢《あ》えて易学と姓名学について語る本書で、暦の由来から派生して鴨長明の方丈記を採り上げたかは、人生において、人の世の偶然性が、いかにその後の人生・運命に深く関係しているかということと、長明が深く帰依《きえ》した仏教と、同じく中国から伝来した易学もまた、人を人として生《い》からしむ経典だからです。そして、その相似性に感じるところがあったからです。

仏教の伝来と易学

仏教が日本に伝来したのは、暦や天文学などの易学が伝わったのと同時期の六世紀半ば頃の欽明《きんめい》天皇代（日本書紀においては欽明十三年（五五二年）、元興寺縁起《がんごうじえんぎ》などでは宣化《せんか》三年（五三八年）と、さまざまな説がある）に、百済《くだら》の聖明王《せいめいおう》の使いで訪れた使者が、金銅の釈迦如来像《しゃかにょらいぞう》や経典、仏具などを献上したことが始まりだと言われています。

インドで生まれた仏教は、東アジア各地に広まりましたが、日本へは中国を経由して伝わりました。つまり、日本へは中国で漢語に翻訳《ほんやく》された仏教が伝播《でんぱ》したということです。

中国、後秦《こうしん》の時代、当時の首都の長安《ちょうあん》（現在の西安《せいあん》）でサンスクリット語を漢語に翻訳したのは、鳩摩羅什《くまらじゅう》（三四四〜四一三年、一説に三五〇〜四〇九年とも）という、インド人を父に、亀慈国《きじこく》（新疆《しんきょう》ウイグル自治区クチャ県）の国王の妹を母とする訳経僧《やっきょうそう》ですが、幼い時に母と一緒に出家しています。鳩摩羅什は、「座禅三昧経《ざぜんざんまいきょう》」をはじめ、八年間で三十五部、約三百巻の仏典を漢訳《かんやく》した天才的な訳経僧《やっきょうそう》であったと伝わっています。

その鳩摩羅什が最も力を注いだのは、彼以前の訳者とは異なり、中観《ちゅうがん》（現実を有と無の二辺に限らず正しく観察すること）や空《くう》の思想に通じており、大乗《だいじょう》の空思想《くうしそう》の的確な把握と、その宣揚《せんよう》（盛んなさまを世の中にはっきり示すこと）であったと言われています。

仏教の中で「極楽《ごくらく》」という言葉を初めて使ったのも鳩摩羅什だと伝わっています。法華経《ほけきょう》、阿弥陀経《あみだきょう》、般若心経《はんにゃしんぎょう》も鳩摩羅什の翻訳だと言われますが、熱心な仏教信仰者でなくても知っていて唱えられるのは、南無《なむ》妙《みょう》法蓮華経《ほうれんげきょう》と南無阿弥陀仏《なむあみだぶつ》、般若波《はんにゃは》羅蜜多《らみた》で始まる般若心経《はんにゃしんぎょう》だと思いますが、その般若心経の中に「色即是空《しきそくぜくう》、空即是《くうそくぜ》色《しき》」という経文があります。

色《しき》とは現象界の物質的存在で、そこには固定的実体はなく空《くう》である。つまり何も存在しないということで、空《くう》とは固定的実体は無いのだが、空であることによって、初めて現象界の万物は成り立つということです。つまり、この世のものは、有るようで無い、無いようで有るのが実体（正体）だという教えなのです。

前項で述べた、鴨長明も恐らく般若心経を学んだに違いありません。そこから、あの『方丈記』が生まれたとしたら、実に感慨深いものがあります。長明が苦悩の末に仏教から学んだ観想《かんそう》であり、心髄《しんずい》ではないでしょうか。

前述しましたが、易学にも同様の捉え方として「三儀《さんぎ》」という考えがあります。三儀とは、易の字に含まれる易簡《いかん》、変易《へんえき》、不易《ふえき》の三つを指しますが、東洋思想の大家、安岡正篤《やすおかまさひろ》先生の著書によれば、「易簡」とは、知り易《やす》く、従い易《やす》く、簡単明瞭《めいりょう》ということです。複雑極まりない天地無限の物事も八《はっ》×八《ぱ》 六十四卦《ろくじゅうよんけ》によって判断、説明ができる。その根本は、最も簡単な陰陽（坤《こん》・乾《けん》）の二元にあるということです。

二つ目の「変易《へんえき》」ですが、易という文字には「変わる」ということ、変化してやまないという意味があります。行雲流水《こううんりゅうすい》、往暑来寒《おうしょらいかん》、四季の移り変わりでわかるように、宇宙の森羅万象《しんらばんしょう》には一瞬たりとも変化しないものはないということです。

その一方で、その変化にも地球を含む日月星辰《にちげつせいしん》の運行でわかるように、絶対変わらないという一定の法則もあります。これが三つ目の不変の原理「不易《ふえき》」です。

ここのところが私たち凡人にはなかなか理解し難いところですが、言うなれば、変わるということは、その根本に「変化」しないものがあって初めて変わるのだということです。従って、「変易」と「不易」の両義は、一見矛盾するようで矛盾しない。矛盾の中に統一があり、複雑の間に調和があるということです。これこそ易の神髄《しんずい》なのです。

易学を要約すると以上の三儀に代表されるのですが、東洋思想を学んだいかなる高名な学者も、最後に辿《たど》りつくのは必ず、易学、すなわち「易経《えききょう》」であると言うくらいに、真理に最も適《かな》った学問なのです。

先ほどご紹介した『歴史の研究』という名著で知られるトインビーは、西洋思想に行き詰まり悩んでいましたが、活路を拓くことができたのは東洋思想のおかげであったと言われています。易学の陰陽相対《いんようそうたい》（待）性理論《せいりろん》と、中庸《ちゅうよう》の哲学によってトインビーは窮地《きゅうち》を脱したということです。

二十一世紀に入り、国の内外を問わず社会現象は一段と厳しさを増していますが、今こそ東洋思想に学ぶべきとの声が高まっています。それだけ注目を集めている易学ですが、ここまで述べてきたように、古代からの気の遠くなるような体験を、統計的に積み重ねることによって完成されたものであり、その根本は自然に順応し、自然のエネルギーを活用するということであり、そして自ら変化していくということです。

姓名学は練磨開悟《れんまかいご》の方術《ほうじゅつ》

易学は、人間が幸せに生きる知恵を、自然から借りることを基本としており、これは、科学も同じでなければなりません。さもなければ環境破壊に見られるように、自然の思わぬ逆襲《ぎゃくしゅう》にあうことは目に見えています。易学は、はるか昔にそのことを突き止めており、自然と共生することを基本とした学問なのです。

そして、当然のことながら、姓名学も宇宙（自然）との共生・調和を基本としています。宇宙には始まりも終わりもなく、永遠に順応調和を繰り返しています。この順応調和を私たちは「神」と呼んだり、あるいは「自然の摂理《せつり》」と呼んだりしています。人は、この宇宙の順応調和や自然の摂理を信じ、これに則り、さらに、これを究明し、実践することにより、より良い人生が開かれることになるのです。

自然の摂理に順応する方法を究明、実践するということは、すなわち自ら練磨開悟《れんまかいご》することにほかなりません。しかし、それは並大抵の努力でできるものではありません。相当の修行者か宗教家でなければ、到底その理《ことわり》も理解できないし、自らの心身を日々練磨することもかなわないでしょう。

今私が考えるに、それを実践した先哲《せんてつ》のお一人が、「天風《てんぷう》会」創始者の中村天風《なかむらてんぷう》師だと思います。天風師については第二章でご紹介しますので、ここでは詳しく触れませんが、インドのヨガの達人、カリアッパー師のもとで、練磨《れんま》開悟《かいご》した人物であり、多くの門人を教導して、自らの人生をも花咲かせた人生の達人でもあります。

ただ、それは天風師ほどの人物であって初めて成し遂《と》げられたことです。すると、ごく一部の限られた人しか、より良い人生を開けないことになります。また、長年の修練を経なければ開悟に至らないとすれば、普通の生活をしながらそれを追い求めることは不可能と言わざるを得ません。

しかし、それを解決する方法が姓名学なのです。

自ら練磨開悟するには、姓名学に学ぶことが第一であり、その教えにより未来を洞察し、先見の明をもって難を避けることができるようになるというのが、私が学んだ姓名学の基本なのです。

姓名学の教えは、まず全ての事象《じしょう》の根本を明らかにするものです。後で詳しく述べますが、姓名学は数《すう》理《り》霊動《れいどう》学《がく》とも言います。数理霊動学とは姓名の持つ力を理解することを通じて、生きる上でより良い選択をするための術を示すのです。

この世に天と地があり、天地の間に人間が生まれます。この人間に神秘な姓名が与えられた時から自我が生まれます。また、姓名は人格の象徴ですが、この名前によって神秘の力に導かれ、人は成長し人格は磨《みが》かれていくのです。

神の摂理《せつり》、あるいは宇宙との調和を理解し、自ら運命を切り開く名前と心を持てば、大切な場面において力を発揮することができ、人生を実り多いものとすることができます。また、それだけにとどまらず、明るく澄み切った心は、悪を退け、困難を切り抜け、周りの人たちにも良い影響を与えます。

活用によっては、富貴幸福名誉に輝き、子孫長久、心身健全の大吉祥運を導くことになるのです。まさに幸運を呼び込む術でもあるのです。

次章では姓名学のメカニズムと、その教えについて考えたいと思います。

第二章　姓名学のメカニズムと教え

人の心と神通力

そもそも、私たち人間はどうやってこの地上に現れたのでしょう。私自身も、うまく説明できるか難しい問題です。

人間は、天地の間にある全てのものを造ったという神、造物主《ぞうぶつしゅ》によって造られ、進化しながら、何万年、何百万年という気の遠くなるような時空を経て、今日に至っています。

人間は、およそ七百万年前、類人猿と共通の祖先から別れて進化したという生物学上の説は私の知識にもありますが、人間は、やはり人間として進化したと思うのです。

あらゆる学問、文明は人間が考え出したものです。それ故に人間は万物の霊長《れいちょう》といいますが、天地間で最も優れた霊妙《れいみょう》不思議《ふしぎ》な力を持つという意味です。学問は人間が考えた精神の現れであり、精神の集大成であります。精とは、活動することを意味します。妖精とか精力などの言葉に用いられますが、心や身体の働きの元になる力であり、すなわち、精神とは〝活動する神の力〟ということになります。

そして、私たちの生命はとてつもない力を備えた、全く神秘的なベールに包まれた不思議な力を神より与えられた生物であり、全くもって神秘そのものであります。本当に考えれば考えるほど不思議なことです。

さて、私たちは神の意志によって生かされています。何度も言いますが、精神、すなわち、神の意志が私たちの心に宿るということであり、私たちの心に神がいるということです。正に神秘的なことです。

ちなみに、曹洞宗《そうとうしゅう》の開祖で永平寺を開いた道元禅師《どうげんぜんじ》も「仏は人の心にある」と説いています。

もう二十五年も前のことですが、私は小学生の娘に「神様は自分の心の中にあるのだから、願いごとがあったら一心に祈りなさい」と言ったところ、学校から帰ってきて、「お父さんの嘘つき、学校で友達に話したら、みんなに笑われてバカにされた。神様は教会とか神社にいる」と言われて参ったことがあります。確かに信仰の対象としてはそうであって、それも正しいのです。子どもにこうした説明はまだ無理だったようですが、今ではさすがに娘も少しはわかったようです。

私たちの精神ほど不思議なものはないのですが、その精神の強弱によって私たちの身体は影響され、つまり健康体であったり病気になったりします。現に「病は気から」の言葉をお医者さんも認めています。

これは実話ですが、私がお世話になっているある方のお嬢さんは、外科医に嫁いでいて、その方がおっしゃるには、その外科医のご主人も姓名学にとても関心があって勉強していたそうです。

姓名学にもいろんな流派や流儀があり、お聞きしたところ私の研究している方法と同じでした。

ある時、二人の急患が救急車で病院に搬送され、手術を施したそうですが、長年の経験から最初の所見で、一人は助かるが、もう一人の患者は危険と診断したそうです。ところが、助かったのは危険と診断した方で、亡くなったのは助かると診断した方だったのです。

そして、カルテの氏名をよく見ると、助かった患者さんは姓名学でいうところの、全てに適合した良名だったというのです。

精神力とは正に神通力であります。

どんなに最高の医術を施しても、患者自身に治そうという意識が働かない限り、絶対に病気は治らない。逆に治そうという強い意識が働いた時、治療が合致して治ると言っているのです。

もちろん最高の医術と、治そうと思う患者の意識が強く働いた時には文句なく、完全治癒《ちゆ》に向かうのです。お医者さんとの信頼関係も大切なことです。

このように人間には万物の霊長として特別の能力が備わっていて、その能力を自然の律、法則に合致させるのが姓名学なのです。

姓名の暗示力と脳髄

〝医聖〟と呼ばれた古代ギリシャのヒポクラテスは、二千年以上も前に精神は脳髄《のうずい》にあるという説を唱《とな》えたそうです。

彼の父親も医者でしたが、両親の死後、ヒポクラテスはヨーロッパ各地を旅し、諸都市を疫病《えきびょう》から救うなどの医療活動を行い、大きな称賛を得、「ヒポクラテスの誓い」

（医師の職業倫理を述べた宣誓文）を後世に残した古代の偉大な医学者であります。

ヒポクラテス以後、多くの生理学者、解剖学者の研究によって脳髄は、思慮《しりょ》、感《かん》情《じょう》、知覚《ちかく》、運動等の中枢《ちゅうすう》であることが実証されています。

脳髄が精神と肉体の両方を総合的につかさどっていることから、時には不思議なことが起こります。プラシーボ効果と言って医学の世界では常識なのですが、非常に効果がある薬でも副作用が心配される薬の場合、お医者さんは偽薬《ぎやく》といって、外見は本当の薬と全く同じで、中身はビタミン剤や整腸剤になっているものを処方することがあるそうです。そして、偽薬の場合であっても、正規の薬を処方している時と同じような効果が表れるといいます。「この薬は効く」という暗示の力によるものです。

昔の実験では、催眠状態にある被験者に「これから真っ赤に焼けた鉄の棒を腕に押し当てる」という暗示を与えた後、冷たい鉄の棒を押し当てたところ、押し当てたところに火傷による火ぶくれができたという記録もあると聞きます。

これまでも、暗示とか脳髄に関する著書は多数出されておりますので、私が今書いていることをどこかでお読みになった方もおられると思います。

実際、インドのヨガ「クンバハカ」を採り入れた心身統一法を普及させた、天風《てんぷう》会創始者の中村天風《なかむらてんぷう》師は、その講演録『成功の実現』の中でこう述べています。

「俺は今まで（自分というものを）肉体だと思ったがそうじゃなかった。俺は今まで（自分というものを）心だと思ったが、そうじゃなかったんだ。見えない気体、いわゆる霊魂《れいこん》、これが自分なんだ」㊟（　）内は筆者）

また、こうも説いています。

「人間は心も体も生きるための道具。一番尊いのは霊魂《れいこん》というひとつの気体。これがあなた方の正体なの。

もしも体があなた方のものならば、体があなた方ならばあなた方が何でそれを殺す必要がある？　気というものが宿る入れ物だから、物質というものは時がくれば消滅するようにできているから、それで、消滅の一転機に死という名前をつけてあるだけじゃないか。気は、ただこの体から離れるだけだもの。

離れるといったって、もともと体が気をしょって出てきたんじゃなく、気が生きるために体というものをこしらえたんだ。これをもっと真理のうえから言うと、霊魂というひとつの能動的な気体が、肉体という物質的な表現を一方においてつくると同時に、一方において思想や精神生命が、肉体を本位として心理作用を働かせるために脳髄というものを設備したんだ」（㊟・・――は筆者）

実は姓名学というのは、この脳髄に、姓名の画数に秘められた数理霊動から発する暗示誘導力を応用して、自然に脳髄の欠陥《けっかん》を補足《ほそく》する方法を採るということです。そうすることによって、知らず識《し》らずのうちに脳髄の欠陥が改善され、いつの間にか、その人が気付かぬ間に、幸運の方向へ進んでいるという不思議な力が、ここに生じるということなのです。

ちなみに中村天風師は、九州柳川藩一門の出身で、藩主のお孫さんとしてお生まれになっています。しかし、その一生は波乱万丈そのものでした。

天風会会員は、原敬、東郷平八郎、山本五十六、尾崎行雄、杉浦重剛といった著名人がキラ星のように連なり、会員数は累計で百万人を超えるといいますから大変な人物です。

実は、その中村天風師は、本名を中村三郎といいます。天風師は、六歳の時から柳川藩（立花家）家伝の抜刀術《ばっとうじゅつ》隋変流《ずいへんりゅう》を修行し、達人だったのですが、最も得意な形が「天風《あまつかぜ》」だったことから、号を天風《てんぷう》と称し、以来、中村天風を名乗ったそうです。姓名学的に中村三郎の名を観ますと、その自叙伝通り、体がいくつあっても足りないくらい、波乱そのものの人生であったと思います。

それに比較して、中村天風という名は、偶然かもしれませんが、姓名学的に申しますと、非の打ちどころのない理にかなった姓名なのです。加えてもともとが、良家の出で素養も資質も備わった人物ですから、日本の中心的役割を担った人たちを指導することができ、自らの人生に花咲かせることができたのだと思います。

中村天風師は、『運命を拓く』の中でこうも説いています。

「心というものは、霊魂《れいこん》という気の働きを行うための存在であり、心が思ったり、考えたりすることによって、霊魂の活動が表現される。そして心の行う思考は、全て個人の命の原動力となっている霊魂を通じて、その霊の本源たる一切の万物を創造するエネルギーの本源である。この絶対的関係を真剣に考えると思考は人生を創《つく》るということに断然結論される」

啓蒙家《けいもうか》とも宗教家とも言われ一時代を劃《かく》した、中村天風師の説話の一部を紹介しましたが、姓名学は、中村天風師の言葉を借りれば、霊魂の貯蔵庫ともいうべき脳髄に、能動的作用（思考）を起こさせる術でもあるのです（注——は筆者）。

潜在意識と顕在意識

私たちには心が二つあると言われています。それは潜在《せんざい》意識《いしき》という心と顕在《けんざい》意識《いしき》という心の二つです。

普段私たちが話をしたり、目に見える活動をしている時に働いているのは顕在意識という心です。潜在意識という私たちのもう一つの心は、その間は休んでいます。この休んでいる潜在意識にもう一つの顕在意識が強い信念となって一心に呼びかける、念じるのです。そうすると不思議なことに暗示誘導に掛かり、その念じている考えが潜在意識に入り、後にそのことが顕在意識に伝わり、現実のものになるということです。「一念岩をも通す」という言葉がありますが、正にそれなのです。

古来、中国や朝鮮半島など、儒教の発達した国や地域では縁起の悪いことは想像するな、言葉に出すなと言います。

東洋思想の大家安岡正篤先生も著書の中で、「言霊《ことだま》―人間の言葉には魂がある。進んでいろいろの心、神秘な働きがあるので、これを霊（魂）といい、易は言霊であると同時に数霊《かずたま》の学問だ」と述べていますが、日本でも聖徳太子の時代から言霊信仰というものがありました。今も一部の地方には風習として残っているところもあるようです。

つまり、思うこと、口に出すことによって、そのことが私たちの潜在意識に入り、顕在意識に伝わり、それが行動となって現れ現実になるということです。精神の持ち方によって身体に異常な力を与えるということを、古来より東洋哲学は示していたのです。

ここで大切なことは、人が幸運になるのも悪運に悩まされるのも、実に不思議なことではありますが、私たちは皆、昼夜を問わず常に潜在意識の影響を受けているのだということを、真剣に考えなければばらないということです。

そして、この潜在意識というものは、普段は自らの人格の奥深く隠れていて姿を現しません。つまり、顕在意識は頭脳にあって、理性、自覚、道義心といったもので表面に出てきますが、潜在意識は、時間、空間を超越《ちょうえつ》して、心理的、精神的、霊的な世界まで及ぶもので、体内にあって意識の奥に隠れています。

　話が繰り返しになりますが、顕在意識は、その普段隠れている潜在意識に対して自らが感じたこと、信じたことを暗示し、日々刻々とそれを繰り返します。そして今度は、暗示を受けた潜在意識が顕在意識に指示を出し、それを受けた顕在意識が、その指示通りの考え方、あるいは言動や行動となって具現化《ぐげんか》されるのです。

　つまり、潜在意識と顕在意識は表裏一体の関係で、お互いに補完しながら私たちの日常の発言や活動を左右しているのですが、その際、影響力を発揮しているのが姓名の画数に秘められている数理霊動です。

　信じ難いことかもしれませんが、このメカニズムを、長年の統計的研究によって解明したのが姓名学なのです。

ある心霊現象

よく親兄弟や親せき縁者の人が、死に際に枕元に立ったという話を聞きますが、強い意識を持った人が亡くなった時、もう一方の強い意識を持つ人の側に見えるということは、霊的作用を考えると、あながち否定できないと思います。

これは、自民党の札幌市議会議員十五名が視察団を編成し、平成二十三年十一月十四日から三日間、同年三月十一日に東北地方を襲った大震災の被害状況を視察するため、宮城県と岩手県の被災地を訪れた時のことです。

私もメンバーの一人として参加したのですが、初日は、仙台市議会議長で東北市議会議長会の会長でもある佐《さ》藤《とう》正《まさ》昭《あき》議長にお会いして、東北の自治体に北海道新幹線の早期着工を後押ししてほしいとの要請を行ったことから、別行動で仙台市を中心に被災地を回り、翌日、松島から視察団と合流しました。

三陸鉄道の方に案内していただいたバスで、太平洋沿岸を北上移動しながら被災地を回る行程でしたが、メンバーの多くは瓦《が》礫《れき》の山と化した被災現場を、バスの中からもデジカメや携帯電話で撮影していました。

私はもともと霊感が強いというか、カメラを向ける勇気がないというか、そのような瓦礫の山と化した悲惨な状況の現場に、何か畏怖《いふ》するものを感じ、一心にお祈りするばかりでした。もちろん参加者の全員が、被害者のご冥福をお祈りしており、メンバーの一人は、数珠《じゅず》さえ持参していたのです。これには私も感心してしまいました。

そして、確か気仙沼辺りを通りかかった時だと思うのですが、私の前列に座った数珠を持参していた議員が、かなり当惑した様子で隣の先輩議員とデジカメを見ながらヒソヒソ話しています。何事かと思い液晶画面を見せてもらうと、そこには黒っぽい背広とネクタイ姿をした四十代前後の男性の顔が、瓦礫の中から浮き出るように、写真の中央に大きくハッキリと写し出されていました。

バスの窓ガラスに参加者の誰かの顔が反射して写ったのでは？　と言った者もいましたが、メンバーは全員が作業服を着用しており、鮮明に写っていた顔はそこにいた誰の顔とも違います。

そのうちバスの車中はシーンと静まり返りました。誰もが、浮かばれない被害者の霊が心霊写真となって現れたのではと感じていたと思いますが、その場では誰もその言葉を口に出すことはなく、車中ではその後ずっと沈黙が続いたのです。

　そして、これは後日談《ごじつだん》になりますが、札幌に帰ってから間もなく、参加しなかった議員にそのデジカメ写真を見せ、心霊写真だと言っても、一人の議員だけは絶対にそのことを認めなかったそうです。

　そこである議員が、ほかの人にも見てもらおうと、デジタル複合機のプリンターに接続して拡大出力しようとしたところ、一枚、二枚、三枚と出てきたのですが、四枚目になったところで、何やらガガガー、ビビビーとデジタル信号のような記号が写し出され、機械が止まってしまったというのです。それを見ていた数人の議員と職員の誰もが、気味悪く、口をつぐんでしまったといいます。翌日、メーカーの技術者が点検したのですが、どこにも異常が見つからなかったそうです。

　そのうち操作を繰り返していると、四枚目の写真が出てきて、正常に戻ったようですが、その技術者は、しきりに「不思議だ」、「こんなことは初めてだ」、「気味悪い」と言って帰っていったと聞きました。

その後、デジカメを持っていた議員は、丁重にその写真の霊を弔いお祓《はら》いをしたそうです。

心霊現象と科学

さて、これは本当の話なのですが読者の皆さんはどう考えますか。私はやはり心霊現象だと思っています。

心霊現象と言うと、反射的に非科学的であると一笑に付される方も数多くおられるとは思います。確かに、霊的なものを商売の道具に使う風潮を見れば、そのような気持ちを抱くのは無理からぬことではあります。しかし、科学で説明できないことは存在しないと決めつけることは、私は、それは人間の傲慢《ごうまん》であると思っています。科学の過信です。

平成二十二年六月十三日、宇宙探査機の「はやぶさ」が小惑星イトカワへの長い旅を終え、地球に帰還しました。はやぶさが撮影したイトカワの写真と大気圏への再突入の前に撮影した地球の写真が話題になりましたが、あの写真はどちらもはやぶさから電気信号として地球に送られてきたものであり、プラスとマイナスの電気の信号で成り立っているのです。

そして、私たちには皆脳波があります。脳波は、脳から自然に発生する電位変動で、精神活動や感覚刺激、意識水準に伴って変動します。この変動を測定するのが脳波計です。頭皮上《とうひじょう》に電極を置き、誘導、増幅して脳波を記録し、脳の機能を判定するのですが、これによって疾病《しっぺい》などの診断は大きく前進しました。しかし、脳波に表れるのは脳の機能異常であり、健康な人の脳波と比較して、異常が現れた個所によって病変部位を探ることができるだけです。人間の複雑な感情である喜びや悲しみ、あるいは肉親への愛情がどういう脳波となるかは、まだまだ未知の領域なのですが、死の間際、その人の強い思念《しねん》が、正に幽体分離《ゆうたいぶんり》の一瞬、強力な異常信号となって発信され、後に、それがデジカメに写ったのではないでしょうか。

東日本大震災で非業《ひごう》の死を遂げた方たちの無念の思いが、どんな電気信号となり、どんな形で残り、それが写真に現れるのかは、現代科学では説明できないでしょう。もちろん私にもわかりません。

しかし、人間の精神の不思議な力こそが心霊作用であると私は思っておりますし、亡くなった方の思いが今の科学では測れないとしても、その存在を否定することはできないと思うのです。

　私たちは、誰もが先祖代々の血を受け継いで今日があります。当然子どもには、父と母の二人の親が存在しますが、それぞれの先祖を遡《さかのぼ》っていくと、十代前で一、〇二四人、二十代前では、何と、一、〇四八、五七六人のＤＮＡ（デオキシリボ核酸）を受け継いでいると言われています。

　一代を仮に三十年としても、二十代前では六百年前となります。これを人類の起源まで遡《さかのぼ》ると、文字通り天文学的数《すう》の先祖のＤＮＡを、私たちの生命体は宿して今日に至っていることになるのです。

　私たちは、多くの祖先の血を遺伝という形で引き継いで生まれて来ます。それと同様に、多くの祖先の精神の不思議な力を宿しながら生きているのです。このように色々と考えてみますと、万物《ばんぶつ》の霊長《れいちょう》と言われる霊妙不思議な力を持つ私たちに霊的作用があって不思議ではなく、あり得ないと頑《かた》なに否定するよりも正解なのではないでしょうか。

姓名学は厄災難から逃れる法則

人間は本来、自由で平等であるべきですが、現実の世界はそうではありません。なぜそうなのか。自由と平等は、もともと、相反する矛盾したものだからです。人間の社会は、太古の時代まで遡ると、ほぼ完全に自由な世界と見ることができます。しかし、それは自然界と同様に完全に弱肉強食の世界でした。

そもそも自然界は不公平にできています。適者生存の原則という厳しい自然の中で、強い力を持った者だけが生き残る、言い換《か》えれば、優れた遺伝子を持つ者だけが生き延び、そのことによって長い年月の間に進化を遂げてきたわけです。

原始の人が狩猟により糧《かて》を得ていた時代には、獲物《えもの》をめぐる争い、あるいは飢えや病により、弱い者から死んでいくのが当たり前の世界でした。しかし、人が群《む》れを作り大型の獣の狩猟を行ううちに、群れの中に一定のルールが生まれます。狩りの獲物を横取りしてはいけないことや獲物の分け前を決めるための掟《おきて》です。

そして、農耕の始まりにより分業体制ができ、村ができ始めると、この掟はさらに進化していきます。水を引き、農地を耕し、穀物を貯蔵し、家や農機具を作る。様々な役割の人の間で、できるだけ公平にその年の収穫を配分するためのルールが発達するのです。そして、貨幣経済の発達と技術の進歩に伴い、このルールはさらに高度化、複雑化して法となるのです。

今日の法というのは、人間が社会を作り、その中で可能な限り公平性を保つために生み出された知恵と言っていいでしょう。

しかし、法治国家である日本でも、また、世界中探しても完全に平等を実現できた国はありません。そもそも人が持って生まれた能力には明らかに差がありますし、その後の努力のしかたも違います。少年野球で一生懸命練習をしている子たちの誰もが、イチローやダルビッシュのようになれるわけではありませんし、科学者の誰もがノーベル賞を取れるわけではないのです。

さらに、平成二十三年三月十一日に発生した東日本大震災のような天災は、ある日突然襲ってくるものであり、個人の能力や努力にかかわらず、たまたまその時いた場所が通り一本違うだけで、生死の分かれ目になることもあるのです。

このように私たち人間は、そうした矛盾した世界に生かされており、故に太古から、その矛盾と格闘してきた歴史を持っているのです。

一万円札に肖像が描かれている福沢諭吉は、「天は人の上に人を造らず、人の下に人を造らず」と言いましたが、この有名な言葉は、裏返せば現実社会が自由で平等でないことを認めていたからこそ、理想として発した言葉でもあるのです。

板垣退助の自由民権運動もそうです。これも、人間は自由で平等でなければならないとの強い思いから起こした運動であり、両者の言葉や行動が大衆の支持を受け、今日まで語り継がれているのは、不自由で不平等な現実から逃れたいという大衆の想いと共感したからなのです。

それでは今現在、人間が自由と平等を手にしたかと言えば、残念ながらノーです。もちろん、昔から見ればはるかに前進しています。しかし、基本的人権は平等であっても、現実社会の格差は拡《ひろ》がるばかりです。

自由と平等は、先に述べたように、もともと、相反した矛盾したテーマですから、永遠に追い求めなければならないテーマなのです。

アメリカの哲学者のジョン・ロールズは、その著書『正義論』で様々な正義を説いています。ほんの一部だけですが、私の読み解く限り、「正義」とは結局、自由と平等のバランスをいかに公正に保つかであると考えているようです。

一方、姓名学は、自然の摂理を含め、人間が置かれた社会にあるその矛盾を解き明かし、バランスを良くする法則でもあります。

人間は幾多の法則を発明しましたが、法則は数学的事実に基づくものです。統計的にも科学的にも実証されて初めて法則と呼ばれます。

姓名学も、矛盾を解き明かす法則だと思って活用していただければ、より理解が深まることでしょう。活用によっては厄災難から逃れることができ、幸運を呼び込むことができる学問でもあるのです。

宿命と運命はどう違うか

ところで、宿命と運命はもともと違うものなのですが、なぜか時の経つうちに、多くの人は宿命と運命を同じものと混同してしまったようです。

まず宿命ですが、宿命とは不変、絶対に変わらないこと、変えられないことを言います。例えば、自分にとって親も先祖も兄弟も子どもも、指紋も血液型も永遠に変わりませんし、変えられません。

これに対して、運命は変わりますし、変えることもできるのです。例えば、お勧《すす》めするわけではありませんが夫や妻は変えることができます。人相や手相も変わります。そして、人生そのものも変えることができるのです。

ですから「これが運命《さだめ》」と人生を諦《あきら》めるのは、先入観にとらわれた間違った考え方なのです。

もう少し詳しく運命について説明します。運命は変わるものだということは、運命という字を見ればおわかりいただけると思います。

運という字は運ぶと書きます。運ぶということは動く、移動する、変化するという意味があります。また、運という字を分解すると、「辶《しんにゅう》」は走ることですから、軍が走るという意味もあります。軍が走るということは、戦うということにつながります。

このように運命とは、戦うことを意味しています。私たちの人生は戦うことによって、あるいは戦い方によって変化するということなのです。そして、誰と戦うかというと、それは自分との戦いなのです。

しかし、そのことは無意識の中で行っている行動であり、特別に構えて何かを行うことではないのです。ところが、実際は無意識であっても、自らの心身は社会的にも公私の別なく、常に精神的にも肉体的にも対象となる事物と戦って命（自分）の進路を切り拓いているのです。これが運命です。

さらに深く考えると、運命は偶然と選択の積み重ねで決まります。

私は若かりし頃、妻と偶然出会い、そして結婚しましたが、結婚は選択の結果です。二人の意志が働いたのです。また、青森県生まれの私が札幌市民となったのも選択の結果です。

皆さんも知らず識らずのうちに、偶然と選択を繰り返しているのですが、要は偶然とどう向き合い、その先の人生をどう選択していくかなのです。

姓名学のほかにも、運命学と言われるものには、人相、手相、血液型、干支《えと》などによって、性格や人生を占うものが数多くありますが、四柱推命《しちゅうすいめい》も人生を占う方法の一つです。

四柱推命は、生まれた年・月・日・時間の四つの要素を、干支・五行（五行については別項で説明することにします）に充《あ》てはめて、その人の人生を占うものです。生まれた年の干支は先祖、生まれた月の干支は家族、生まれた日の干支は本人、時間は子孫を表すというように決められており、この四つの基本に運命を求めていくことから、四柱推命と言われるのです。四柱推命は確かに的中率も高く、優れた運命学だと言われています。

しかし、よく考えてください。四柱推命の元となっている、生まれた年・月・日・時間は変えられないことに気がつきます。元となっているのは絶対に変えられない宿命なのです。

つまり、四柱推命は、その人がどのような人生を辿《たど》るかに主眼を置いたものであり、絶対に変わらない人生を占うものなのです。従って私が思うには、四柱推命は、言うなれば宿命学なのです。

それに対して姓名学は、自然の理にかなった名前をつけること（選択）によって、より良い人生を歩むことができるという、正真正銘の運命学であり、安心立命の学問でもあるのです。

宿命と運命の違い、おわかりいただけたでしょうか。

姓名学とデジタル

二〇世紀末から今日にかけて、私たちが生活していく上で何気なく使用している家電製品に大きな変化が見られるようになりました。その変化を表す言葉として「軽薄短小」という言葉があります。代表的なものとしてパソコン、携帯電話やデジタルカメラが挙げられますが、多くの家電製品は従来よりも高機能でありながら、より軽く、薄く、小さくなってきています。

その技術を支えているのはコンピューター技術です。皆さんもご承知のとおり、今、私たちの使っているほとんど全ての家電製品にコンピューターが搭載《とうさい》されています。これらは全てデジタル技術の急速な進展がもたらした結果であり、一昔前には夢のまた夢であったことがどんどん現実のものとなりました。

さて、この最新の科学技術であるデジタル技術と古来から伝わる易学から発展・進化した姓名学は一見全く関係がなさそうですが、実はそうではありません。

そもそも、デジタル技術の根本になっているものは何かと言うと「二進法」です。二進法ではご存じのとおり、〇と一だけで数値を演算処理し、例えば十進法で「二〇」という数値は、二進法では「一〇一〇〇」と表されます。この一と〇だけというのが、プラスとマイナスだけの電気の世界では非常に都合が良く、コンピューターでデータを処理する際に、従来はアナログ処理されていた様々なデータをデジタル化することにより、飛躍的に大量のデータを正確かつ迅速《じんそく》に処理できるようになったわけです。

翻《ひるがえ》って姓名学とは何かと言いますと、人の運命の吉凶がなぜ存在するのかを、その人間固有の姓名を数値化し分析することによって究明しようとする科学であり、その源流は古代中国の「陰陽《いんよう》五《ご》行説《ぎょうせつ》」に遡ることができます。

この陰陽五行については第三章に記しますので省略しますが、簡単に言いますと、この世界における森羅万象は、全て陽（プラス）と陰（マイナス）により成り立っていると考える原理です。陰と陽がお互いに消長を繰り返し、万物は変化し、新たな発展を生むという考え方なわけです。そして、ここが重要なところですが、二進法どころか電気というものが発見されるずっと以前から、古代の人たちは、世界はプラスとマイナスで成り立っていると洞察していました。

　この陰陽とは、人間の精神は天の気、つまり陽であり、肉体は地の気、つまり陰だと考え、生はその精神と肉体との結合、死は両者の分離であると考えており、人間の運命の盛衰《せいすい》についてもこの陰陽の離散集合《りさんしゅうごう》が原因であって、これを解き明かそうとしたのが姓名学です。デジタル技術も姓名学も陰陽ーマイナス、プラスという世界で繋《つな》がっているわけです。

　また、コンピューターのデジタル技術も姓名学も、どちらも人の生き方を決めるものではなく、人がより良く生きるための道具であり、技術であるという点でもよく似ています。

　デジタル技術の進展がもたらしたものは生活の豊かさだけではなく、一方では戦争のための兵器の進歩ももたらしており、世界に目を向けると未《いま》だに紛争が絶えず、紛争を解決する技術は人類が誕生して以来、全く進歩していないという酷評《こくひょう》も聞かれます。要は科学技術だけでは人間は幸せになれないということも言えるのです。

今日の社会の発展を支えているデジタル技術と姓名学の相似性《そうじせい》を考えると、私は、非常に感慨深《かんがいぶか》いものを感じます。

名前を変えても努力を怠っては効力はない

姓名学は、自分で運命を切り拓こうと努力する人のためには役に立ちますが、姓名のみを頼りに努力を怠る人を救うものではありません。

「天は自から助くるものを助く」という言葉があります。

いたずらに神仏の加護を祈ってばかりいるのではなく、その前にでき得る限りの努力をし、人事の限りを尽くしてこそ、初めて運も向いてくるということを表しています。良い姓名を持っているからと言って、努力を忘れ怠惰《たいだ》に過ごし放蕩《ほうとう》に流れては、天佑《てんゆう》（天の助け）の加わるべきものではありません。

例えば、親の恩に報いるということを考えてみると、「両親に心配をかけない」というのは当たり前のことであり、「進んで親を大事にして」こそ初めて親孝行ということができます。

さらに、あなたが車の運転をしていて、横断歩道の手前で信号待ちをしていたとしましょう。横断歩道を渡っていたお年寄りが、渡りきる前に信号が変わった時、あなたは一体どうしますか。中にはクラクションを鳴らしたり、窓を開けて大声で怒鳴り早く渡るように急《せ》かす方もいるのかもしれませんが、大多数の方は、渡りきるのを待って車をスタートさせるものと思います。交通法規に照らすと、前者も違反であるとは言い難いと思いますが、それが善い行いかと問われると、誰も善いとは答えないものと思います。

このように、善にも、悪いことをしないという「消極的善」と、進んで善いことをする「積極的善」があります。良い姓名さえあれば、自分から努力をしなくてもよいという考え方は、「消極的善」の考え方であり誤りです。進んで善をなすという「積極的善」という考え方が、開発創造、発展向上を基調とした姓名学の精神なのです。

この積極的善を理解し、行うことが、自分の力ではどうしようもない運を引き込むことにつながります。しかし、その前に、まず宇宙（この世界）を動かしている不思議な法則（摂《せつ》理《り》）があることと、人間の心は無限の可能性を秘めていることを信じてください。

人間の心は迷いを生じやすいものですが、自分の持つ姓名には、この宇宙の摂理に通じる力が宿っており、数《すう》理《り》霊《れい》動《どう》の力を信じ、自分の力を信じることが大切なのです。

姓名の暗《あん》示《じ》誘《ゆう》導《どう》作《さ》用《よう》が、霊学と科学の両面から見て絶大なる威力を持つことは、今更繰り返すまでもありません。姓名は即人格であり、永遠にその人を代表する唯一無二のものです。

当たり前のことを言うようで恐縮ですが、人ごみの中で後ろから自分の名前を呼ぶ声がしたら、誰もがすぐに振り返ります。ところが、「グレーのスーツを着た中肉中背の中年の方」などと呼びかけられた場合は、誰もが周りを見渡しながら、「もしかすると自分のことか」と考えて迷います。誰もが名前によって自分が自分であることを認識しているのです。

トラは死んだら皮を残すと言いますが、人間が死んだら残すのは姓名です。名声や悪名は後世まで残せても財産は一時《いっとき》です。過去の歴史を見ても、聖徳太子、源頼朝、織田信長、坂本龍馬と、多くの歴史上の人物の偉業は、その名前を知ることにより初めて学ぶことができます。

姓名学を学ぶ人は、宇宙の摂理を理解し、私たちの人生を導いてくれる数理霊動の力を、心底より深く信じることにより、希望に満ちた生活を得、社会に幸福と安心をあまねくもたらすことができるということを絶対に忘れてはなりません。そして何よりも絶対に忘れてはならないのは、名前を変えても努力を怠っては効力はないということです。

次章では、姓名学に内包される四つの要素を掲げ、数理霊動（八十一数理の働き）学の本質に迫りたいと思います。

第三章　姓名学の四つの要素

万物の根本は数

宇宙を論じるとき、科学者は数理《すうり》によって語ります。大宇宙の摂理《せつり》は数理によるものであり、数理すなわち数《すう》（霊《れい》）こそ宇宙万有の根本《こんぽん》であるからです。

姓名学も数理・数霊《すうれい》の学問です。ですから、姓名学は大宇宙の摂理、宇宙万有の根本と根《ね》を同じくするものなのです。

第一章で述べたとおり、姓名学はそもそも易学から生まれました。この易学は、この世界の万物の成り立ちや因果関係を数《すう》により解き明かそうとする学問でした。「世の理《ことわり》を数《すう》によって解明する」これが数理ということです。そして、第二章で述べたように、心霊作用というのは人の心にある精神の力であり、姓名は脳髄《のうずい》に暗示力を発揮します。これが数霊ということです。つまり、数《すう》がこの世界をどのように動かし、人の精神にどのような影響を与えるのか、さらに統計や改良、研究を重ね、これを究めた学問が姓名学であるということです。

それでは、もう少し詳しく説明します。まず、数《すう》と数《かず》の違いですが、東洋哲学の大家、安岡先生は『易と人生哲学』の中で、次のように述べます。

「数《すう》というとすぐ数《かず》と直覚するものですが、数《かず》は確かに一つの数《すう》ではあるが数《すう》の全部をつくすものではありません。その中に不思議な命《めい》があり、創造、進化があるからであります。

命《めい》とは、例えば、古代人の誰もが想像できなかったコンピューターを考えますと、これは数《すう》の発展と申しますか達成であります。ところが世間では命数《めいすう》というと命《いのち》の数《かず》、すなわち三十歳で死んだ九十歳まで生きた、というような寿命、その数《かず》というふうに考えますが、単なる数《かず》ではなく、この数《すう》というのは命《めい》、生命のなかにある神秘な関係、因果関係をいう」

さらに「命《めい》とは命《いのち》を含む天地創造の絶対的作用、天地自然人間に通ずる創造、進化、造化等という絶対性を表すものでありますから、易は命《めい》の学問、数《すう》の学問である、数《すう》とは因果・相対（待）関係である」と言っています。

かの有名なアインシュタイン博士は相対性理論を発表し、当時の世界の科学者をあっと言わせましたが、この理論も数《すう》の組み合わせで生まれたものです。

また、安岡先生はこうも言っています。

「ある高等数学の専門家は、宇宙も人生も一切数《すう》であり、時間も空間も全て数《すう》であると言明しているのですが、実際に太陽が東に昇り西に沈むまでは、全て時間であります。時間とは数《すう》であります。地球の経度も緯度も数《すう》であり、気象上の気圧の高低も数《すう》であります。毎日の気温も数《すう》であり、何年何月何日何時何分何秒という時間も数《すう》であり、生から死までの期間の年齢も数《すう》であります。

このほか五体、五肢、五臓、五感というように、人間の肉体の構成も数《すう》であります。脈拍、体温、呼吸、血圧も数《すう》であり、数《すう》によって健康と病気が判定されるのであります。

日常の暮らしから、社会的活動も数《すう》、勤務も労働も時間という数《すう》の制約が行われ、分担も数《すう》で決められますし、給料ももちろん数《すう》なのであります。商取引や営業の一切は言うまでもなく、この世の全て、宇宙の全てが数《すう》で成り立っている」

これだけでも万物の根本は数《すう》だということがおわかりいただけたのではないかと思います。

なぜ八十一の数理なのか

宇宙は数によって支配されている世界ですが、私たち人間は、その数のもつ理《ことわり》（数《すう》霊《れい》）によって脳髄に強力な暗示を受けています。

暗示を受けた私たちの心身は、良くも悪くも暗示された方向へと考え方が誘導されます。そしてその効果は、否応なく日常生活の言動や行動に表れるのです。私たちの心身はそういうメカニズムになっているのです。

姓名学の元となっているのは、易学ですが、姓名学には大きく次の四つの要素があります（正しくはほかにも要素（理）があるのですが、そこまで説明するにはあまりにも専門的で、説明する側も読者も大変な労力と時間を要しますので、今回は四つに絞って説明します）。

一、その数《すう》の持っている理《ことわり》と八十一数《すう》理《り》霊《れい》動《どう》作《さ》用《よう》

一、陰陽《いんよう》五行《ごぎょう》の法則（木・火・土・金・水）（陰はマイナス、陽はプラス）

一、祖運（天画）、主運（人画）、親運（地画）、社会運（外画・女性は家庭運とも言う）、
完成運（総画）の五運の働き

一、呼び名の音の響き（音霊）

専門的にはこのほかにまだまだ細分化されますが、今回は省略します。

この四つの要素が絡み合い交錯することによって恐るべき霊力が顕現《けんげん》するのです。順次四つの要素について説明します。

姓名学では八十一種類の数理があって、それぞれに理《ことわり》があります。

それではまず、どうして八十一種類の数理があるかについて説明します。

姓名学では数理作用の基本数を九に求めています。どうして九かと言いますと、宇宙には太極《たいきょく》があり、太極には両儀があります。両儀とは陽（プラス）と陰（マイナス）のことです。数の最初の奇数（陽）である一と、最初の偶数（陰）の二を足した数が三であり、三の二乗が九の数であり究極数なのです。

数は一に始まって十で終わり、再び一に還《かえ》って順序良く循環《じゅんかん》しています。そして十

という数は盈数《えいすう》（満ちあふれた数）ですから、数の最高は九だということになります。円の三六〇度という数も九で割り切れるように、姓名学では九を数霊作用の基本として、数の全ての真理は九に秘められているとしているのです。そして、その最高の数九と最高の数九を乗じた九《く》×九《く》＝八十一が至高の数として導き出されたのです。

このことは、易学が八つを卦《か》けて八《はっ》×八《ぱ》　六十四卦《け》を得たのと、理論的には同じ方法を採用していることが、おわかりいただけると思います。

一から八十一までの数にはそれぞれ数理（数霊）が秘められているとされていますが、詳しくは次項以降に記します。

数理階級の不思議

ここでは数《すう》の持つ力と、その強弱について解説します。世の中には、男女にかかわらず、意欲や能力に優れていても、なかなか社会的に認められない人がいます。また、容姿や学歴、家柄にも非の打ち所がないのに、なかなか良縁に恵まれず、結婚しても離婚を繰り返してしまう人もいます。

誰もがうらやむ恵まれた人たちなのになぜ？　と思われますが、どんなに努力しても運・不運はついて回り、そのことごとくが姓名数理に現れているのですが、これは何とも不思議としか言いようがありません。なぜこのような運・不運が生じるのかを知るため、過去の成功者の姓名を分析してみると、必ず奇数がその数理に現れていることがわかったのです。

宇宙の創生以来、万物の根源には陰と陽が存在し、その交錯による離散集合が万物流転の根本原理です。そしてまた、数にも陰と陽が存在します。「躍動」の陽と「休養」の陰がこれで、奇数は「陽数」、偶数は「陰数」で表されます。

しかし、奇数が全て運の強い陽数かといえばそうでもなく、長年の研究によって数理にも何段階かの階級があり、このランクによって運・不運が左右されていることがわかっています。このため、姓名数理が低ランクの人が社会的に高い地位に就いても、やがては、より高ランクの人にバトンタッチしなければならない時が来ることは、姓名学ではもはや自明の理となっているのです。

今回私は、その数《すう》の持つ力、数理の階級をわかりやすいように記号を用いて説明することにしました。別項（89ページ以降）の八十一数理解説の上段に記号を配列しましたので、名前をつける際、参考にして数を選択してください。

数理階級の記号

∞ 超超特級吉数（AAA）　◎ 超特級吉数（AA）　○ 特級吉数（A）

□ 一級吉数　△ 二級吉数　Θ 財産・金銭大吉数

▲ 小凶数　■ 中凶数　● 大凶数

◆ 極盛衰数　▼ 波乱数　★ 遭難・刑罰・傷害・厄難数

※剛星数（頭領運）

超特級剛星数（AAA）……33

特級剛星数（AA）……21・23

一級剛星数（A）……31・41

二級剛星数……29・39・49

なお、剛星数は男性にとっては最強の運格数ですが、女性にとっては剛星数の頭領運がかえって大凶となり、夫婦生死別、寡婦《かふ》となり、未婚者は結婚に波乱が起こることがあるとされています。

剛星数を有する政治家、スポーツ選手、文化・芸能人を参考として列記します。

21画

毛	4	21（毛澤）
澤	17	
東	8	

蔣	17	21（蔣介）
介	4	
石	5	

佐	7	
藤	21	21
榮	14	21（榮作）
作	7	

岸	8
信	9
介	4
	21

中	4
田	5
翔	12
	21

武	8
井	4
咲	9
	21

天	4	
海	11	21（海祐）
祐	10	
希	7	

大	3
谷	7
直	8
子	3
	21

安	6
井	4
か	3
ず	5
み	3
	21

中	4	
曽	12	
根	10	21（根康）
康	11	
弘	5	

沢	17	21（沢尻エリ）
尻	5	
エ	2	
リ	2	
カ	2	

膳	18	21（膳場貴子）
場	12	
貴	12	
子	3	

33画

宮 10
崎 11
美 9
子 3
33

堀 11
北 5
真 10
希 7
33

矢 5
沢 17
永 5
吉 6
33

瀬 20
戸 4
内 4
晴 12
美 9
（瀬戸内晴美）33
（晴美）21

加 5
藤 21
登 12
（藤登）33
紀 9
子 3

田 5
中 4
理 12
恵 12
33

石 5
原 10
裕 13
次 6
郎 14
（裕次郎）33

北 5
野 11
美 8
紀 9
33

桐 10
生 5
祥 11
秀 7
33

伊 6
藤 21
博 12
（藤博）33
文 4

福 14
澤 17
諭 16
（澤諭）33
吉 6

池 7
田 5
満 15
寿 14
夫 4
（満寿夫）33

23画

岸 8
恵 12
子 3
23

森 12
昌 8
子 3
23

渡 13
哲 10
（渡哲）23
也 3

北 5
川 3
景 12
子 3
23

小 2
川 3
雅 12
代 5
23

山 3
東 8
昭 9
子 3
23

桃 10
井 4
か 3
お 4
り 2
23

大 3
平 5
正 5
芳 10
23

加 5
山 3
雄 12
三 3
23

福 14
山 3
雅 12
治 9
（福山雅治）23

江 7
利 7
チ 3
エ 3
ミ 3
23

小 3
泉 9
今 4
日 4
子 3
23

八十一数理霊動の解説

「数理の階級」と次に掲げた「八十一数理解説」、第五章の「天画（祖運）に適合した配列」は、私が姓名学を学び始めた今から三十六年前に、師と仰いだ姓名学者安齋《あんざい》巖人《いわと》先生から教授されたものです。

ここではまず、八十一数理霊力を解説します。

なお、八十一を超える数は、例えば、八十二は八十を差し引いた二となり、九十であれば、八十を差し引いた十となります。

このように、八十を超えた数は、その数から八十を差し引いた数を正しい数として、霊動数を応用するのです。

そして、ここで注意しなければならないのは、姓（天画・祖運）に八十一のどの数が配列されても、これ自体に関係がありませんので、誤解しないでください。つまり、苗字が悪い数であっても心配ないということです。

数	数理階級	数に秘められた霊力
一	○	万象の基数で貴重な吉数。統一、団結を意味し、高貴名誉を得る、健全で徳を有し、威光と人望を示す数である。
二	■	陰の最初の数で、陽の一と一を足した数でもある。陽と陽がぶつかり合うこの数の意味するところは、分離、破壊である。物事が完成しないうちに離反することから、進退の自由を失うなど平和を欠き、災難に遭遇することが多いとされる。
三	○	陽の最初の数一と、陰の最初の数二の合計数で、陰陽和合の吉数。自然の幸福を享受して、才智《さいち》明敏、生成発達、祥福最大を意味し、名誉、人望、大志大業が成就する。
四	●	陽の最初の数一と、和合調和数三の合計数であり、才智を有するのだが、陰

数理階級	数	数に秘められた霊力
		の最初の数二と二の合計数であることから、破壊、乱離の数と言われる。従って、何事も実りなく、進退の自由を失う。病弱短命数と言われる。
○Θ	五	陰陽の中間にあり、和合調和の大吉祥運。陰陽が交わることから次第に幸運に向かう。立身出世、希望が意の如く叶う。全てにおいてリーダーとなる。
□	六	富貴、繁栄の象を有す。財が家門に集まり、家運盛大となることから、栄華に流れ易いことに注意。
□	七	剛情を慎んで、温和雅量柔順を念願すれば成功栄達して、独立権威の象となり万難を排して成功する。
□	八	志操堅固、意志鉄石で勇猛邁進の気力があり、何事も発達して忍耐努力に成功する。そして権力地位を得る。

●★	九	窮する事があり、家庭に哀愁が生じ、親兄弟との縁も薄く、病弱障害、短命にして、逆運である。幼くして親に別れて困難に遭い、夫婦別離、子女運なく、若しくは刑罪に触れることがある。
●★	一〇	不活発、無気力で障害が多く、産を失い、病弱、短命数であって、妻子別離、孤独、事業失敗、時には刑罰遭難に触れることがある。
○Θ	一一	漸進的な徳を有している。草木春陽に伸びるような意があり、天賦の幸福に恵まれ、富貴長寿、隆盛穏健和順の大吉数。
■	一二	不相応な計画をしても意の如く発展せず、多くは中途挫折、孤独、逆境、病弱、貧苦、困難、異性トラブル等、何らかの災難を誘発する。
○Θ	一三	才能により、信用を得易く、如何なる難も巧に切り抜ける天賦の智望奇略があり立身成功、幸福を得る。

数理階級	数	数に秘められた霊力
■	一四	万事崩壊があり、失意煩悶《はんもん》、労多くして功なく、家族縁なく親子夫婦の縁も薄い。短命数にて病弱。
○Θ	一五	富貴幸福心身健全であって、上位の愛顧があり立身出世し、大業を成就し多幸となる最大吉数。
□	一六	気力旺盛で人の頭となって衆信を得る。愛情も深く人の上位に立ち、大事業を完遂する大吉数。
○	一七	意志強固で万難を排して成功し、意志は鉄石で権威がある。自我心が強く、これを慎めば大吉となる。女性は健康となる。
□	一八	百難を排する鉄石心を有する。ただし、抱擁力なく剛情心が強いため不和論争に煩わされることから、戒心することが必要。そうすれば名誉か権力を手

		にして社会の中流以上の人物となり、大事業を成就し得る大吉数。
一九	●★	活動的で才智《さいち》の能力があり大事業に従事し得る実力があるが内外不和になり、多くは成功しない。病弱、孤独、刑罰、親族血縁の生死別、または遭難し易く、他の吉運が助けない時は短命非業の誘導がある。異性トラブルも発生。
二〇	●★	大きな計画等たてる時もあるが、ゼロを意味し破壊の霊動に支配され固定されるため成功できない。子孫運なく、孤独、苦労、厄難、遭難、病弱、非業、夫婦生死別、又は親子生死別等、何らかの凶災をこうむり不安定な運命となる。この数を人画に有した時、他の吉運が助けない時は短命となる。異性問題で苦しむ。
二一	∞Θ※	意気旺盛で独立権威必ず長と仰がれ、何事も多少の辛苦があっても漸次発達し、遂に大成功する貴重なる大吉数である。名誉と繁栄を約束される意がある。ただし、女性は大凶で夫婦親子生死別、又は自ら死に至るか子どもの運

数理階級	数	数に秘められた霊力
		を破る大凶数である。独立婦人の場合成功するが家庭運及び子どもの運がなく、夫に先立たれることが多い。未婚者は特に結婚運が遅延する。異性トラブルが多い。
■	二二	無気力か無活動で、自然の霊動は幾多の障害があり、再び起き上がる勇気もなく挫折することが多く離散薄幸に泣き病弱。家庭運なく、あるいは一時順調と言えど、内実は耐久力がない。また、予定、希望等がはずれ、時に外面の虚栄に陥るものもある。病難、盗火難、異性トラブル等に注意。
※Θ∞	二三	感情が鋭く、智力《ちりょく》があり活気旺盛で必ず成功する。万難に打ち耐えて大志大業を成就し高貴幸福となる大吉数である。ただし、女性にこの数があれば、逆に大凶となり夫と生死別あるいは子どもの運がなく、また、自ら短命になることが多い。結婚運が特に悪く異性トラブルもある。

◎Θ	二四	無形より有形を作り出す能力があり、大事業を成就、大名を博し社会の上流に立ち勝利を得る最大吉数である。
○Θ	二五	貴重なる才能を有し活動の素質があり、成功をするが傲慢の恐れがあるため、修養して慎めば大吉数である。
▼▲	二六	平安を得る事ができず、短命、悲劇的大凶運で病弱長患い辛苦惨憺《さんたん》となる等、生涯災難が続発する。配偶者を失い孤独と大破乱、大変動の象を含んでおり、このことを稀《まれ》に実行して英雄となるものもある。従って英雄運とも言われるが、多くは失敗する。異性トラブルに注意。
■★	二七	非難陰口等が多く、挫折苦労多く奮発心に乏しく、小欲に捕らわれて不運となり、刑罰、異性トラブルに陥ることがある。中途挫折の象、中年まで幸福、中年以降逆運となる。多くは家庭が寂しく生涯苦労の連続。

数理階級	数	数に秘められた霊力
■★	二八	剛情なる一面があり、難関も切り抜けようとする鉄石心があるが、空虚滅亡破乱が多く非難厄難に遭乱され易く迫害を受ける。また、夫婦生死別、家族縁薄く平安を得がたく不和争論、逆難、刑罰に触れることがある。女性は孤独的となり寡婦運となる場合が多い。
△※	二九	理性に富み権力、財力を兼備する方向へ伸びようとするが不足不平、不満の念と短気とを慎まなければ中途挫折が多い。自己の謀略を使い過ぎぬことが肝要である。女性は男性的に流れ易く、孤独にならないよう常に心がけなければならない。異性トラブルに注意。
▲	三〇	吉凶相半ばする善悪定め難き数である。多くは素行が不良で概して投機的境遇となる。その困難が益々増大して失意、孤独、妻子生死別等に遭遇する。一時的な成功に終わるものが多い。健康、異性トラブルに注意。後継者に恵まれない。

記号	数	解説
◎Θ※	三一	漸進的に基礎を作り大業を成就する運気であり、社会的人物となるものが多い。名誉、高貴、幸福を引き寄せる最大吉祥数。
□Θ	三二	上位の援助、庇護《ひご》等があり、望外の成功幸福を得るか意外の巨利を手にする。他運との関係が相剋《そうこく》（相性が悪い）の時は健康面で注意を要する。
∞※	三三	剛気、果断、勇猛心があり、大業、大事に当たり富貴繁栄するのだが、吉凶紙一重で、貴重なる運気であるため、凡人には軽々しく用いてはならない。女子は病難、孤独、後家運となり相続者との縁が悪く大凶である。異性トラブル、三角関係も発生することがある。
●★	三四	滅亡乱離の大凶数で、成功できぬ数であるから、苦心惨憺破乱が多く、生命と財産とを二つ持てぬ不安定な数で他運との関係によっては病弱、短命、家庭運なき等、あるいは発狂、刑罰等を受けることがある。妻子生死別、事業挫折の運である。異性トラブルに注意。

数理階級	数	数に秘められた霊力
○Θ	三五	中庸、円満、誠実、正義、寛容、柔和温和、和順の数にして、特に智達の能力があり、上下に愛護され、信頼されて交友関係も多く、各方面に成功者が多い。特に女性には最高運。
▼▲	三六	中年後に一時的成功に達したように見えても、自身は幸運にならず一生平安得難く、苦心困難多く他運との関係によっては短命、長患、家庭運がない等、不運数である。また、破乱の多い英雄運。異性トラブルが多い。
◎Θ	三七	智略《ちりゃく》があり果断。不撓不屈《ふとうふくつ》万事を成就する意があって、大志を遂行、富貴、幸福、名誉を得る最大吉数。
□	三八	謙虚、誠実、努力の特質は着々と安定方向に導入する。少々堅実にすぎて、大志大業の志があっても、慎重なる保守的数であるから、学術、文芸、技能、芸術方面に成功し、女性は特に保守的で賢婦人が多い。威望権力には少々統

		率の威望に欠ける。
三九	◆※	極めて貴重な運気であり、家内繁栄意の如く活動旺盛で大衆の信望を得ても、貴重なる運気の裏面には極端なる逆運等があり、失敗者、悲運者等出ることがある。女性には大凶悪である。三十三と同じ。
四〇	■★	慢心が強く徳望に乏しく、善悪定め難い数であり、人を眼下にすることがあれば非難攻撃を受けることがある。投機的な事をやって成功の人もあるが、晩年は甚だしく失敗を招き破乱に終わる場合が多い。短命数。
四一	◎Θ※	智力《ちりょく》と勇があり偉大なる大望に伴う大智《だいち》を具備して大成功し、社会的人物になることが多く、家門繁栄疑いなく終生まで名を現す。
四二	▲	有識者が多く技術的技芸的方面など、器用であるから発明心にも富むが、自ら活躍することができず自立の念が乏しい。

数理階級	数	数に秘められた霊力
▲	四三	才能と智力もあるのだが意志が弱く忍耐力も乏しい。一事を守り通すことができず表面は平和、幸福の様に見えるが晩年困窮する。異性トラブルに注意。
■	四四	大凶悪の数。孤独運のため、煩悶《はんもん》、厄難遭難があって家を破産させるなど行き詰まる運命で病難、災難が多い。
○Θ	四五	大志大望を抱き智謀《ちぼう》も深く意志強固であって、目的を完遂する貴重なる大吉数。
▼★	四六	破産するか国を乱すか測り知れぬ一面と変怪運数のため英雄怪傑など現れることもあるが、病災孤独、短命、刑罰数である。子孫運悪し。
○Θ	四七	礼節正しく知識、才能に優れて目上の人の引き立てもあり、名誉、地位、権力を得る吉数。

四八	○	活動的にして常に希望に燃え衆信を得、徳望もある。思慮、周密で福徳栄達家門繁栄の吉数。
四九	◆※	奮闘努力をして一時的に栄えるが、次第に衰えて吉事も永続きせず、前半良くても後半に変化があり、吉凶の表裏紙一重の運気。
五〇	■★	順調なる反面、大凶の霊動を含み、富貴栄達も一場の夢となり半幸、半禍、殺傷、刑罰、破滅等の可能性大。
五一	□	吉慶を得る数であり、盛運なのだが、持続することができない。日頃の修養と調和性を持つことが大事である。他運との関係が相生《そうしょう》（相性が良い）の時、大吉。
五二	○Θ	成功富栄を手にする貴重なる数で、無形より有形を造り出す意があり、卑賤より身を起こしても後に大功を得る。勢力強大投機心旺盛、機略に富んで大

数	数理階級	数に秘められた霊力
		業を遂行する。
五三	▲	相当の努力と鉄石心とにより幾多の困難を切り抜けていつかは成功することもあるが、内実相当の災害、不幸等あり。
五四	▲★	非常な凶悪数で万事に成就の見込みがなく、苦心惨憺《さんたん》の意があり身体の自由を失う等困難が多い。
五五	□	大盛運にすぎるため、かえって失敗に至ることがある。ただし、堅固なる意志と実行力ある場合は成功することが多い。他運との関係がよく総数にこの数がある場合は大吉。
五六	▲	何事も順調に発達する事ができず、不和病苦、不如意のため気力がなく、晩年孤独者など多く悲痛の凶悪数である。異性トラブルに注意。

五七	□Θ	晩年に至ってから家業繁栄盛大になって機略を持っていることと強固な意志をもって万難を排し成功する。
五八	□Θ	万難が来るため辛酸、辛苦を味わうが、その結果遂に名声を現す。また、一難去ってまた一難となっても奮闘者は成功する。
五九	▲	物事を成し遂げる意がなく、財産地位等を保ち難く自然に凶運となって不幸、厄難、次々と起こり不遇の大凶悪運。
六〇	■★	平安を得難き意があって散財失意、刑罰病災の逆運であるため投機的な目算を立てるが、いつも失敗に終わり損失甚だしい運となる。
六一	○Θ	志操堅固、努力発展の意があり、独立自営の気力もある。名誉、富貴、子孫興隆となる。

数理階級	数	数に秘められた霊力
▲	六二	不平、不信が多く、独立の気力もなく財産地位を失って災禍が起こり、失意失敗を招き病災困難。
○Θ	六三	健全なる幸運発達を得る大吉数であって、大志大望を遂行、富栄名声を博す。
■	六四	破滅の凶数であって悲運惨憺《さんたん》、家族生死別等、労しても功なく何事も思いどおりにならない。突然の逆難、短命に終わることがある。
○Θ	六五	財産、収入豊大で名誉、権威、徳望があり、大志大業を成就して家門隆盛する。
▲	六六	中年後から困難辛苦に遭い、不測の禍に遭う等、破乱滅亡の意が深く、一面欲望が多くて失敗する。
○Θ	六七	忠実にして意志強固。万難を排して成功する貴重な運気を蔵している。天賦

		の吉慶を受け、大業を成就し大功を奏し、財禄豊大となって子孫に吉慶を伝える数。
○	六八	経倫深く、智謀《ちぼう》大であって意志が強固。独立自営の念が盛んであって財を積み、晩年益々増大繁栄して名を天下に知らせ得る運。
■	六九	肉体、精神を苦しめて窮迫に遭い進退きわまる数である。
■★	七〇	善悪定め難き悪運を有し、失敗、破滅、孤独、短命、病災、刑罰等の災が多い。
□	七一	中年において相当の苦労、努力の結果時期を得て驚く程の成功をなすことがあるが、他の吉運助けない時は凶となり不遇となる。
▲	七二	穏健な中に吉慶ある数なのだが、晩年は大抵失敗、破産滅亡の意があるため、吉凶半々の場合が多く骨折り損となる。

数理階級	数	数に秘められた霊力
□	七三	堅実で意志が強く成功するものが多く、創意と努力により成功、名誉者となる。大衆の信望を得る。
▲	七四	破滅の象があり、独立の気力なく信用失墜、何事も意の如くならないことが多く、逆境不沈も多く不幸に泣く等衰退の象がある。
□	七五	徳量を用い、和順平静を心掛けることによって栄える。
▲	七六	外観平和、幸福なのだが、内面は不足不備。一家の統一困難の意があり、破産、逆難に陥り易く病災、困難、辛苦等多い。
▲	七七	吉凶相半ばする数。衆心を得、徳望を得て大業成就し成功の城に達しようとするが失敗が起こり易い数である。晩年不慮の災害が起こる晩災運でもある。

▲	七八	知略剛健であって発展向上の運を有するのだが、真の実力を発揮することができず、中年後から損失災害が起こって浮き沈みの多い運である。
■	七九	徳望が乏しく不和孤独、非難、動揺、浮沈等多く平安を得ることができず、破壊滅亡の大凶となる。
■	八〇	空に戻る数であり、何事も意の如くならず労して功はなく、波乱が多い。没落失意逆境に向かい平安を得ることは困難。
○	八一	八十一数は基数の一と同じ、霊動数である大吉祥数の一に戻って大吉である。

陰陽五行の解説

陰陽《いんよう》五行《ごぎょう》とは、易学の本質的な法則の専門用語ですが、古代中国に起源を持つ哲理《てつり》のことを言います。哲理とは、人生や世界の本質にかかわる、深い道理を言うのですが、その教えによると、天地の間に循環流行して停息しない、木・火・土・金・水の五つの元気（精気）を五行と言い、万物組成の元素とするものです。

つまり、五種の働き、作用、活動であり、天地、人間を通じた創造、進化、造化の働きを木・火・土・金・水の五つの根本概念に分類したものなのです。

古来、中国民族は、抽象的理論にとどめることを好まない民族で、常に具体化する象徴というものを愛する民族性があると言われています。造化（神が造った天地自然）の働きについても、五行という五つの象徴を用いるのです。

つまり、木とか、火とか、土とか、金とか、水というそのものを造化の実体としたということではなく、それに象徴される力、実体、造化の作用、そして、創造、進化の営み、働きを、木・火・土・金・水というシンボルを借りて把握し、解説したのが五行なのです。

そして、陰陽五行には相生《そうしょう》・相剋《そうこく》という相反する二つの性質があります。

まず、相生関係です。例えば木ですが、人間がまだ原始人の頃から一番認識の対象になったと言われています。それから火をつくること、火を用いることを覚えたのです。そして火は灰となり灰は土になります。その土の中に色々な鉱物を見つけました。これが金です。また、土や山から出てくるものが水であり。これが木を養います。そこで木から火を出し、火は土になり、土は金を生み、金から水が、水から木が生じるというので、木生火《もくせいか》、火生土《かせいど》、土生金《どせいきん》、金生水《きんせいすい》、水生木《すいせいもく》を相生《そうしょう》関係（相性が良い）と言うのです。

これに対して、相剋関係は、木は土から養分を吸って育ちますから、これを剋《こく》すと言います。木は土を剋《こく》す、木剋土《もくこくど》。土は水を剋《こく》す、土剋水《どこくすい》。水は火を消す、水剋火《すいこくか》。火は金を熔かす、火剋金《かこくきん》。金（属）は木を切る、金剋木《きんこくもく》。これを相剋《そうこく》関係（相性が悪い）と言うのです。

また、一切の万物は陰・陽の二気によって生じ、今説明した五行中、**木・火**は**陽**に、

金・水は**陰**に属し、**土**はその中間にあるとしています。これらの消長によって天地の変異《へんい》、災祥《さいしょう》、人事《じんじ》の吉凶を説明するのが、いわゆる陰陽五行説なのです。

　また、熊﨑健翁氏の著書によれば、五行説をこのように要約しています。

「東方を春とし、朝とし、生気の地とし、その色を青色とし、『木』を連想し。南方を夏とし、昼とし、旺気とし、その色を赤色（朱）とし、『火』を連想し。西方を秋とし、夕べとし、その色を白色とし、『金』を連想し。北方を冬とし、夜とし、その色を黒色（玄）とし、『水』を連想し。我が住む土地を中央土とし、土気とし、その色を黄色として『土』を連想する」（㊟文中、一部筆者要約）

　また、青春の言葉は、五行説の「東方を春、その色を青」が語源であり、北原白秋の名は、「西方を秋、その色を白」から採ったとも言われています。いずれにしても、陰陽五行説は、四季や、昼夜の風物の移り変わりからくる、連想暗示や直観に基礎をおいたものであり、造化の働きを五つの象徴に用いたものだということをご理解いただきたいと思います。

　そして、姓名学は、この陰陽五行説を四つの要素の一つに応用したのです。五行に配当した数の関係ですが、1・2は**木**。3・4は**火**。5・6は**土**。7・8は**金**。9・0は**水**という具合にそれぞれ当てはめます。

また、画数が13の時は3、15は5、19は9というように、その数の端数を五行に当てはめるのです。

このように陰陽五行とは、古代中国の易学に起源を持つもので、相生、相剋関係を非常に重視した考え方でもあります。

姓名学はこうした考えを応用して採り入れているのですが、ここで注意しなければならないのは、ただ単にそのまま採用している訳ではないということです。

例えば、この後に続く第五章の「天画に適合した配列」では、水・木・土を好配列と例示しています。ところが、本項では「木は土から養分を吸って育ちますから、これを剋すといいます。木は土を剋す、木剋土」と記しています。

つまり、陰陽五行をそのまま充てた場合、水・木・土は相剋していますので、不適合となるはずです。同様に本項の相生関係では、水・木・火の場合、陰陽五行に順応した好配列のはずですが、これも第五章では逆に好配列に入っていません。

その理由は、姓名学は陰陽五行を活用してはいますが、そのまま充てたものではなく、長年研究を重ねた結果、統計学的に確信を持てた配列だけを好配列と決めているからなのです。ですから、陰陽五行をそのまま充てた場合に適合と判定されても、研究で確信を持てない配列は除外し、逆に、陰陽五行で不適と判定されたものでも、研究で確信を持てた場合は適合と判定された配列もあるということをご理解いただきたいと思います。

五運の働きと周期

易経では宇宙の働きを「才《さい》」と称しています。

そして、天と地と人の相互関係を「三才」と呼称しております。

易経では、これを『三元』、『三義』、『三極』ともいいますが、三つの働き（天・人・地）という意味です。

姓名学では、天を姓に当てはめ、その全部の画数を**天画**と称し、**祖運**（先祖との関係）とも言います。また、名の全部の画数を充て**地画**といい、**親運**（親との関係）とも言います。姓の一番下の文字と名の一番上の文字の画数を足した画数を**人画**（自分の持つ運）といって**主運**とも言います。これが三才です。

この三才（天・人・地の三つの働き）にほかの二つの運を加えたのが**五運**なのです。その一つは、姓の一番下の文字と名の一番上の文字以外の文字の全部の画数を**外画**といって**社会運**（女性は家庭運）とも言います㊟ここまでの説明は、姓・名ともに二文字以上に限ります。例えば姓が一字、名が一字の場合は、画数の計算方法が異なりますので別項で詳しく説明します）。残りの一つは、姓名全部の文字の画数を足した数で**総画**といい**完成運**とも言います。

つまり五運とは、**祖運**、**主運**、**親運**、**社会運**（女性は家庭運）、**完成運**のことであり、この五つの働きを**五運の働き**というのです。

祖運は先祖との関係ですが、この画数が良い数字でも悪い数字であっても、それ自体は心配は要りません。主運はその人の人格をつかさどる運で、一生に関係してきます。親運は親との関係で、その人がどのような家庭環境に生まれ育ったか等が現れます。社会運は外部との関係を表します。完成運はその人の一生、特に晩年の吉凶を現すのですが、いずれにしても大切なのは、五運の関係が良好でなければならないことです。

従って命名する時は、祖運、主運、親運、社会運、完成運の相互関係に陰陽五行を応用配列するのですが、相生《そうしょう》（相性が良い）関係でなければいけません。相剋《そうこく》（相性が悪い）関係にならない画数の文字を選ぶことが大切なのです（詳しくは第五章の「天画（祖運）に適合した配列」を参考にしてください）。

そして命名の時、最初に考えなければならないのは、祖運の画数に見合った良数（八十一数理に示した）を充て、その数が陰陽五行にも合致していなければいけないことです。

五運の関係と八十一数理に示した良数の一つでも合致しない時は完全無欠の良姓名とは言えないのです。

また、前に説明したように姓名学では、数の基本数を九としていますが、同様に姓名の持つ数霊にも周期があって、数霊作用による運命は九年ごとに変化するとされています。

数霊作用は早くは九歳で現れますが、大体は青年期の十八歳から社会人として活躍し始める三十六歳までを第一周期、三十六歳前後の成熟期から完成期の七十二歳までを第二周期、余生期といわれる七十二歳から百八歳までを第三周期と、大きく三つの周期に分けられています。

つまり、細分化すると運命が変わるのは九年前後ですが、大きく節目として運命が変わるのは三十六年ごとの周期であり、人間誰もが第三周期の百八歳までは天命があるとされているのです。

そして第一周期の運命は、親運（地画・親との関係）で観ることができます。ただし、二十七歳頃からは、社会運（外画・外部との関係・女性は家庭運とも）が働きますから、親運と社会運の両方を観る必要があります。

また、人間の一生の運命をつかさどるのが、主運（人画・姓の一番下の字と名の一番上の字の画数）ですから、その画数と完成運（総画）で観ます。

さらに全体を観るには、先ほど説明したように五運の関係と八十一数理も含めた全体のバランスが大切なのです。

文字（名前）には霊理力が宿っている

そして大切なのは、その名前の音《おん》の響きです。

姓名学では音霊《おんれい》と言いますが、五運の関係と数理が良くても、その人の持つ姓名の響きが悪くては、それこそ完全無欠の良姓名とは言えないのです。また、近年、何と読むのか理解に苦しむような珍妙で、奇妙奇天烈《きみょうきてれつ》な名前をつける風潮が見られますが、これは絶対に避けなければなりません。

漢字の起源は、神との会話に使用したのが始まりと言われるように、とても神聖なものです。

文字は点や線の集合でしかありませんが、実は文字には「霊理力《れいりりょく》」というものが宿っています。「壽」や「慶」という字を見ただけで、人はすぐ祝い事を連想するのに対し、「死」や「凶」という文字は不吉な事を連想させ、時に不安な暗澹《あんたん》たる気持ちにさせたりします。このように文字自体が意味を持ち、人の精神を左右することを、「文字が万象《ばんしょう》の霊理力を発する」と言います。

人は宇宙（自然界）の全てのものに文字を使い名前をつけました。そして、それは目に見えるものだけに限らず、悲しみや喜びといった心の働き、さらには神や天など人知のほかにも及びます。人は、全てのものを文字で表すのです。

そして、人は自らの存在にも名前をつけました。例えば、私は「人間」で「日本人」で「男」であり、また「札幌市議会議員」ですが、それは、あくまでも人種や性別や職業であって、三上洋右という個人を指し示すものではありません。姓名だけがその人を代表する唯一無二のものです。

また、姓名はその人の姿かたちだけを表すものではなく、その人の言動や性格、精神までも含めて全てを表すものなのです。例えば、「札幌の三上さんをご存じですか？」とたずねられた時に、おそらく全ての人が私の姿かたちだけではなく、私の言葉や行動、あるいは性格などを思い浮かべながら「ああ、あの三上さんですか」と答えることと思います。

姓名を形成する文字自体は、単なる点や線の集まりであると思うかもしれませんが、実は、点の合成延長は線となり、線は互いに交錯し直となり曲となり、その大小長短を問わずして文字を形成します。大は宇宙を廻り、小は点となり、円を成し方を示し、自由自在にその静と動とを陰陽に分かち、数理の霊動力を発揮します。

人の名を形づくる文字により人生の相を観ることができます。それは、まるで絵に描くかのように克明に万象を描写《びょうしゃ》し、その人が語らなくても一度姓名の数理を観て判断すれば、その数理によって全ての真理を悟ることができ、森羅万象《しんらばんしょう》のことごとくを伝えます。

これを私情をはさむことなく、明解率直《めいかいそっちょく》に受け入れれば、初めて天地を知り自分を知り、達観《たっかん》の境地《きょうち》に到達し、安心立命の絶対境へと到達することができるということなのです。実に不思議なことです。

ですから、珍しくて変わった名前が良いとか、ただ単純に考えて命名してはいけないのです。その人の生まれ持った姓に対してふさわしい、理にかなった、音《おん》の響きの良い名前をつけることが大切なのです。

第四章　有名人の姓名分析

五運の働きと応用分析（田中角栄《たなかかくえい》・竹下登《たけしたのぼる》）

前章では、姓名学の四つの要素とその働き（数理霊動）について説明してきましたが、ここでは総理大臣を経験した二人の人物を例にとって、実際に応用分析して説明したいと思います。

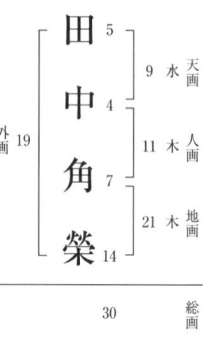

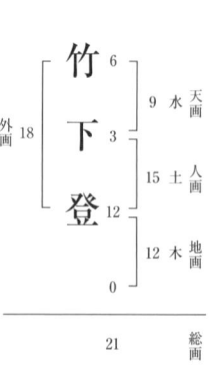

文字	画数	五運		
田	5	天画	水	9
中	4	人画	木	11
角	7	地画	木	21
栄	14	外画		19
		総画		30

文字	画数	五運		
竹	6	天画	水	9
下	3	人画	土	15
登	12	地画	木	12
	0	外画		18
		総画		21

まず五運（天・人・地・外・総の五画）の各部所から説明します。

一、**天画（祖運）**

天画とは姓の画数の全てを合計したものです。お二人とも九画ですが、この数は先祖から受け継いだもので、これ自体は悪数でも関係ありませんので心配は要りません。

一、人画（主運）

人画とは、姓の一番下の字の画数と名の一番上の字の画数を合計した数です。田中さんは十一で、竹下さんは十五でお二人とも良数です。この数は自分を代表する数で、一生を支配する最も重要な部分です。人画は主運ともいい、気質や個性などの裏面も観ることができます。

一、地画（親運）

地画とは名の画数の合計です。ここの部分は親運ともいい、家庭環境、境遇などを観ることができます。田中さんは二十一で、竹下さんは十二です。

一、外画（社会運・女性は家庭運とも）

外画は総画数から人画数を差し引いた数です（㊟この場合、第三章で説明したように、姓・名ともに二文字以上に限ります。それ以外は画数の計算方法が異なりますので、別項で詳しく説明します）。この数には社会との関係によって生じる運が秘められていて、人気、信用、名誉など対外的な運命を左右します。特に異性問題、配偶者運、職業運の強弱を観ることができます。田中さんは十九で、竹下さんは十八です。

一、総画（完成運）

総画とは姓名全ての画数で、子どもや子孫、本人の晩年の強弱、寿命など将来を予測できる部分で、晩年に近づくにしたがって徐々に力を発揮します。田中さんは三十で、竹下さんは二十一です。

以上、田中角榮さんと竹下登さんという二人の総理大臣経験者を例にとって、五運（天・人・地・外・総）の関係と、それぞれの部位の数を示しましたが、八十一数理を参考にしていただければ、その数の良しあしが判ると思います。

それではもう少し詳しく全体的に観て解説します。

田中角榮さんは、陰陽五行の解説で示した相生・相剋と比べて観ればおわかりのように、天・人・地三才の配列が水・木・木となっていて、五行に相生（相性が良い）

した、とても良い配列となっています。

そして、地画（親運）に持つ二十一の画数は女性には避けなければならない数ですが、男性にはこれ以上のない超特級の剛数で最大吉数です。この頭領運でもある二十一の数を地画（親との関係）に持ったことは、若い時から頭角を現すことを意味しているのです。

ただし、外画（社会運）に十九、総画（完成運）に三十の数を持ったことは、社会的抑圧で晩年は波乱、大困難等で失敗に陥《おちい》るということを表しており、ロッキード事件と病で倒れたことで的中しています。ただ、無理をしなければこうはならなかったと思います。

一方、竹下登さんは、人画、外画、総画に吉数を持っています。特に総画の二十一は田中角榮さんと同じ超特級の最大剛数を有しており、田中さん同様に総理大臣を経験し、政治家として位人臣を極めました。

しかし、天・人・地三才の配列と陰陽五行の関係が相剋しています。人生の後半までは人画（主運）、外画（社会運）、総画（完成運）の持つ良数によって、才能をフルに生かし、田中さん同様に若い時から不動の地位を獲得しますが、残念ながら天・人・地の三才が五行に照らして相剋（相性が悪い）していることで、後半大きな責任や抑圧に見舞われます。不足分は人画（主運）に現れた人徳で融合調和を図るのですが、次々と波乱が生じ、安定を欠くため、心身ともに過労になり疲れ切ってしまいます。

このように、今太閤と呼ばれた田中さんも竹下さんも、日本の総理大臣となられた大変な権力者でありましたが、実は、内面には外部からの計り知れない圧力と心配事を抱えており、実際には二進《にっち》も三進《さっち》もいかない難問と苦労に悩まされていたということです。

政治家というのは、例外なく、大なり小なり他人には言えないような苦労を抱えるものですが、お二人の場合は特に無理が多かったものと思われます。

例えば、仮に田中角榮さん、竹下登さんと同姓同名の人がいたとしましょう。しかし、その人が普通の立場、普通のサラリーマンの暮らしをしている人であれば、成功も失敗もごく普通のものになっていたものと考えられます。立場が大きければ報いも挫折も大きなものとなり、普通の生活者であれば、もっと小さい結果が出るということなのです。

また、先ほど説明したように五運の中で人画（主運）は一生を支配するとても重要な部分ですが、その人の人格を表します。そして、人画に現れた数理には、姓の一番下の字の画数の数理と、名の一番上の字の画数の両方の数理が秘められていることも理解しなければなりません。

例えば、田中さんの「中」は四画で、角榮の「角」は七画ですが、田中さんの人格には四画の数理と七画の両方の数理が秘められていることになります。八十一数理で比較してみれば、田中さんの内（裏）面をうかがい知ることができるのです。

同様に、竹下さんには「下」の字の三画と、「登」の字の十二画の両方の数理が内（裏）面に隠されていることになります。

このほかにも、まだまだ姓名学には奥深いものがあるのですが、大体は、今まで知識のなかった人にも理解ができたのではないでしょうか。

女性競艇選手三浦《みうら》永理《えり》さん

女性競艇選手で一躍注目を浴びているのが三浦永理選手です。平成二十四年十二月十六日、大村競艇場で行われた「第一回賞金女王決定戦」において、トライアルを三位で通過し、ファイナルでは三コースから、まくり差しを決め、Ｇ１初優勝の栄冠に輝いています。

私は元来、競輪、競馬などの賭け事を行ったことがなく、競艇についても全くの門外漢ですが、新聞広告に、某社の広告塔として大きく掲載されていたのを見て、ふと目に止まったのが、三浦永理選手のお名前でした。姓名学的にとても良いお名前だったからです。

三浦永理、昭和五十八年二月二日生まれ。静岡県出身。やまと競艇学校時代のリーグ戦勝率は四・二五の成績で、平成十四年十一月二十三日に浜名湖競艇場で行われたデビュー戦で三位に入賞。平成十五年の多摩川競艇での「第八回ダブル優勝ＴＶＫカップ」で初勝利を飾ったのをはじめ、連戦連勝の快進撃を続けています。

女性ボートレーサーとして華々しい活躍を続けている三浦永理選手の姓名運格を分析してみます。

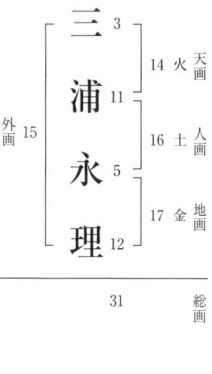

文字	画数
三	3
浦	11
永	5
理	12

天画 14 火
人画 16 土
地画 17 金
外画 15
総画 31

◎**天画・人画・地画の関係（陰陽五行）**
火生土生金（相性が良い）

◎**地画十七の数霊**
意志強固で万難を排して成功する。意志は鉄石で権威がある。自我心が強く、これを慎めば大吉となる。女性は健康になる。

◎**人画十六の数霊**
気力旺盛で人の頭となって衆信を得る。愛情も深く人の上位に立ち、大事業を完遂する大吉数。

◎**外画十五の数霊**
富貴幸福、心身健全で、上位の愛顧があり、立身出世し、大業を成就し多幸となる大吉数。

◎**総画三十一の数霊**
漸進的に基礎を作り大業を成就する運格であり、社会的人物となる者が多い。名誉、高貴、幸福を引き寄せる最大吉祥数。

これらを総合的に観ますと、天・人・地の三才の配列は火・土・金と最適の配列となっており、地画十七、人画十六、外画十五、総画三十一と、八十一数理に比較して全て適合しています。五運の働きも文句なしです。

これをもとに分析してみますと、三浦永理選手は、表面は温厚ですが質実剛健の気質を有しており、勝負勘や根性を必要とするプロスポーツ選手としては最適だと思います。しかも、正義感が強く慈愛に満ちた敏腕で達見の持ち主だと思います。そして実行力も備えた情熱家でもあります。

また、多少強情な面も見られますが、雅量《がりょう》と協調性のバランスが取れていて、上下に恵まれることから、青年期から責任感の強さを発揮、着々と運命を切り拓きます。向上心と信念によって目的や希望を着実に達成し、人間的にも魅力を増して大成功者となるでしょう。今後の活躍が期待できる選手です。

歌手雨谷《あまがい》麻世《まよ》さんの場合

平成二十四年秋、出版社の役員Nさんのご紹介で、ソプラノ歌手雨谷《あまがい》麻世《まよ》さんと東京でお会いしました。初対面でした。

お話によると雨谷さんは、当初、別の名前で歌手活動を続けていたようですが、友人の勧めで今の雨谷麻世という名前に改名してからは、トントン拍子に仕事が決まるようになり、今では全国各地からお呼びがかかるようになったとのことです。

雨谷さんの改名を知っていたNさんが、本当に良名かどうか私に観てもらうことと、何かの機会に北海道でも出演できるようにとの配慮から引き合わせていただいたものです。

雨谷麻世、東京芸術大学音楽学部声楽科卒業。ルネッサンス、バロック、フランス歌曲までも歌いこなす数少ない実力派シンガー。クラッシックからジャズ、ポピュラー、シャンソン、カンツォーネ、ラテン、童謡、民謡に至るまでレパートリーは広く、ジャンルにとらわれず、心に響く美しい歌を歌い続けている歌姫です。

それでは改名した雨谷麻世さんの姓名分析をしてみます。

文字	画数
雨	8
谷	7
麻	11
世	5

天画 15 土
人画 18 金
地画 16 土
外画 13
総画 31

◎天画・人画・地画の関係（陰陽五行）

土生金生土（相性が良い）

◎地画十六の数霊

気力旺盛にして人の頭となり衆信を得る。愛情もあり人の上に立ち大事業を完遂。

◎人画十八の数霊

百難を排する鉄石心と耐久力を持っている。剛情心が強いがこれを慎めば吉となる。そうすれば大事を成就できる運格である。

◎外画十三の数霊

才能により信用を得易く、いかなる難も巧みに切り抜ける天賦の智略で立身成功、幸福を得る。

◎総画三十一の数霊

漸進的に基礎を作り、大業を成就する運格。社会的人物多し、名誉、高貴、権威、幸福を手中にする最大吉祥数。

これらを総合的に観ますと、第五章「幸運を呼ぶ名づけ方」の「土性に適合した配列」に記したように、天・人・地の配列は土・金・土と最適の配列となっており、地画十六、人画十八、外画十三、総画三十一と、八十一数理に比較しても全て適合しています。

芸名を雨谷麻世に改名してからは、以前にも増して、非常に誠実で、義理堅い性格になったと思います。それが、歌の実力もさることながら、ファンに好感をもって受け入れられる魅力となったのでしょう。何事にも強い信念で向かい、大衆の人望を得て敬愛される人柄は、歌手としては大切な要素です。

さらに改名をきっかけに、より誠実で着実に考えを実践するようになり、別の意味での基礎を確立したはずです。実行力が信頼につながり、順調に発展して目的や希望も意の如《ごと》く叶えられるでしょう。

雨谷さんは、子どもと環境に関するチャリティーコンサートを続けて十六年になるそうですが、オリジナルソング、森づくり讃歌「僕にできること」は、小学校五年生の音楽の教科書に採用されました。植樹など地球環境を守る活動に積極的に参加している姿勢は、歌手としてだけではなく、人間雨谷麻世さんの生き様として現われています。これらの活動は必ず多くの人々に評価され、より多くのファンが集まることが期待されます。

改名の好事例です。今後大活躍が期待できると思います。

樹木希林《きききりん》さんは大女優

テレビドラマやＣＭで、今昔《こんじゃく》変わりなく活躍しているのが、女優の樹木希林《きききりん》さんです。個性派ナンバーワンの女優と言えます。自分の持ち味をいかんなく発揮し、どんな役でもはまり役としてしまうなど、存在感をあますことなく発揮しています。その芸域は広く、至芸の境地に達していると言っても過言ではありません。正に大女優の名にふさわしい女優でもあります。

樹木希林、本名は内田啓子《うちだけいこ》、旧芸名は悠木千帆《ゆうきちほ》（初代）、夫は別居中のロック歌手の内田裕也《うちだゆうや》氏。

芸能人は大体が本名を名乗ってはいません。大抵の場合は芸名を名乗っています。そして、売れる名前にこだわることから、売れるまで何度も何度も改名する芸能人も数多くいます。

芸能界と芸能人は元々験《げん》を担《かつ》ぐ傾向が非常に強いのですが、姓名学的にフィットする芸名の持ち主はそう多くはいません。そんな数少ない中で、樹木希林という名前は、姓名学的に申し分なく、芸能人にぴったりです。

そこで樹木希林という大女優の姓名分析をしてみたいと思います。

文字	画数	
樹	16	天画 水 20（樹＋木）
木	4	人画 木 11（木＋希）
希	7	地画 土 15（希＋林）
林	8	
外画 24（樹＋林）		
総画	35	

◎**天画・人画・地画の関係（陰陽五行）**

水生木生土（相性が良い）

◎**地画十五の数霊**

心身健全にして上位の愛顧あり立身出世。

◎**人画十一の数霊**

漸進的な徳を有し、草木春陽に伸びる意あり。天賦の幸福に恵まれ、和順の大吉数。

◎**外画二十四の数霊**

無形より有形を作りだす能力あり、大事業を成就。大名を博し社会の上位に立ち、勝利を得る大吉数。特に財運に恵まれる。

◎**総画三十五の数霊**

中庸、円満、誠実、正義、寛容、柔和温和、特に智達の能力あり、上下に愛護され、信頼され交友関係も多い。財運豊かで特に女性には最高運格。

これらを総合的に観て、第五章「幸運を呼ぶ名づけ方」の「水性に適合した配列」の水・木・土に記したように、天・人・地の配列は最適の配列になっているほか、人画十一、地画十五、外画二十四、総画三十五と、八十一数理にも全て適合しています。

樹木希林さんは、勤勉な努力家で度胸もすわっています。温厚にも柔和にも見えますが、実は不《ふ》撓《とう》不《ふ》屈《くつ》の精神の持ち主なのです。

また、名誉を重んじ仁に厚い特性から、頼まれると断ることができない姉《あね》御《ご》肌《はだ》でもあります。

情熱も豊かで、能力を十分に生かす天分と積極性を持っています。

創意工夫、能力と努力が周囲の認知度を高め、理想と目的を遂行する等、指導力も十分に発揮して順調に成功を収め、名誉、権威、富も手中にできる最大運格の持ち主なのです。

また、多少の困難が伴っても、巧みに難事を解決できる能力も兼ね備えています。

これらを要約すると、樹木希林という女優は、何事であれ自分で飲み込んで解決できる、度量がある人物だということがわかります。

そう言えば、ご主人の内田裕也さんが、どんなトラブルを起こしても、お構いなく泰然としていられるのは、この姓名のお陰なのかもしれません。

どなたに改名してもらったのかは存じませんが、私と同じ流儀の姓名学者だったと思われます。

今後の大活躍が期待できる大女優だと言えるでしょう。

姓が変わり運命が変わった馳浩《はせひろし》さん

私の好きな政治家のお一人が馳浩《はせひろし》さんです。馳氏が元母校の高校教師で、プロレスラー出身だということは知っていましたが、元々が川辺姓だったということは、つい最近まで存じませんでした。実は、馳氏は養子になって姓が変わっているのです。元々のお名前は川辺浩だったのです。

馳氏の経歴はホームページに詳しく掲載されていますので、ここでは簡単にご紹介をします。馳浩、一九六一年（昭和三十六年）五月五日生まれ。旧姓川辺、政治家、元プロレスラー、衆議院議員（五期）、参議院議員（一期）、富山県小矢部市生まれ。

石川県金沢市育ち。元文部科学副大臣。

インターネットで検索すれば、「裸一貫たたき上げ！　少年はせひろし物語」を読むことができます。

そこにはこう記載されています。馳浩は富山県小矢部市興法寺町で、農家である川辺家の三男坊として生まれています。そして、浩少年が小学校二年生の時に、石川県金沢市の親戚である馳家から、浩少年を跡取りとして養子にしたいとの話が持ち込まれます。まだ、あどけない男の子が人生の大きな転機を迎えようとしていたのですが、この時、お母さんは浩少年の判断に任せます。浩少年は目を輝かせ「わし行くちゃ！養子に行くちゃ」と即座に答えたといいます。あとから思えば、この瞬間、富山生まれの少年が金沢の代議士になる道を自分自身で選び取ったのだと「少年はせひろし物語」に記載されています。

運命が変わった瞬間でもあります。それでは浩少年が、川辺浩から馳浩に姓名が変わって、運命がどう変わったのか観てみたいと思います。

旧姓

川	3
辺	22
浩	11
	0

天画	土	25
人画	火	33
地画	木	11
外画		14
総画		36

◎天画・人画・地画の関係（陰陽五行）
土生火生木（相性が良い）

◎地画十一の数霊
漸進的な徳を有し、草木春陽に伸びる意あり、天賦の幸福に恵まれ和順の大吉数。

◎人画三十三の数霊
剛気、果断、勇猛であり、大業、大事に当たり、富貴繁栄するも吉凶紙一重のため凡人には軽々に用いてはならない。

◎外画十四の数霊
万事崩壊あり、失意煩悶、労多くして、家族縁なく親子夫婦の縁が薄い。

◎総画三十六の数霊
大波乱、大変動の象がある。英雄運とも言われるが多くは失敗する。

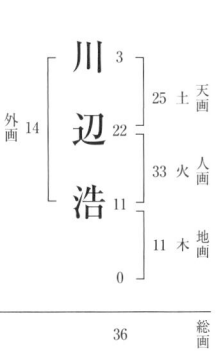

まず旧姓名の天・人・地三才の配列は相性（相性が良い）となっていて、これ以上文句のつけようのない好配列となっています。ただし、八十一数理と比較して、地画の十一画と人画の三十三画は最大吉数ですが、三十三は、五運（天・人・地の三才と外画、総画）の全てと、八十一数理の全てが合致しない時は軽々に用いてはならない

超特級の剛星数と言われているのです。そして、外画の十四画は、家族、親子縁が薄く、総画の三十六画は、大波乱の霊意があり、ともに八十一数理に合致していません。

従ってこの場合、川辺姓であっても、地画（親運）の十一画と天・人・地三才の好配列によって幼少時代から三十六歳頃までは順調に基礎を築いて、才能を伴う仕事に従事して境遇も安泰なのですが、三十七歳頃からは波乱を含んだ人生を送る運命だったと観ることができます。

それでは改姓後の馳氏の運命はどう変わるのでしょうか。改姓後の姓名を分析してみます。

改姓後

	画数		
（0）	0		
馳	13	天画 13 火	
		人画 24 火	外画 24
浩	11	地画 11 木	
（0）	0		
総画	24		

◎天画・人画・地画の関係（陰陽五行）

火剋火生木（やや相性が良い）

◎地画十一の数霊

斬新的な徳を有し、草木春陽に伸びる意あり、天賦の幸福に恵まれ和順の大吉数。

◎人画二十四の数霊

無形より有形を作りだす能力があり、大事業を成就、大名を博し社会の上位に立ち、勝利を得る最大吉数で財運に恵まれる。

◎外画、総画も同数ですから、霊意は人画と同じです。

改姓後は、八十一数理と比較して、地画の十一は、旧姓と変わりなく最高の良数です。人画、外画、総画はともに二十四ですが、これも、無形より有形を作り、大事業を成就して、大名を博し、社会の上位に立って勝利を得る最大吉数です。

また、天・人・地三才の配列も、火・火・木となっていて全体的には相性（相性が良い）となっています。これらを総合的に観ますと、馳氏は、幼少時代から草木春陽に伸びるがごとくスクスクと成長し、素養を積み、資質を磨き、天賦の幸福に恵まれ、地位も名誉も富も手中にできる、最大吉祥運の持ち主だと言えると思います。

この場合、自ら進んで養子となることを決心したご本人が、自ら運命を切り拓いた典型例でもあります。今後、より大成を期すためには、多少急進的（せっかち）で時折爆発するような面もありますので、周囲の信頼とご夫人の理解と協力が必要です。しかし、それも馳氏でしたら見事に乗り越えることができるものと思われます。

次期文部科学大臣の呼び声の高い馳衆議院議員には、今後ますます国家国民のためにご活躍いただけますようお祈りいたします。

あの櫻井《さくらい》よしこさんも改名？

女性ジャーナリスト、ナンバーワンの誉れ高い櫻井よしこさんが、改名した名前だと知っている人は案外少ないと思います。本名は「良子《よしこ》」ですが、平仮名の「よしこ」と改名して名乗っているのです。

櫻井よしこさんは、一九四五年十月二十六日、旧フランス領、インドシナ・ハノイ（現ベトナム）で日本人のご両親の間にお生まれになっております。慶應義塾大学文学部中退、ハワイ大学マノア校歴史学部卒業。ジャーナリスト。一九九五年、第二十六回大宅壮一ノンフィクション賞受賞。現在、国家基本問題研究所理事長。

日本における保守論客の一人であり、報道番組「ＮＮＮきょうの出来事」（日本テレビ）でメーンキャスターを長年（一九八〇年～一九九六年）務めたことでも知られています。女性キャスターの草分けとも言われ、テレビや講演での論説は常に歯切れが良く、態度には気品が漂い、その発言力には定評があります。

改名の動機は、「りょうこ」と読み間違えられることや、ＮＨＫアナウンサーの桜井洋子さんと混同されることなどから、一九九四年四月から平仮名の「よしこ」に改めたそうですが、姓名学的には申し分のない、改名の好事例です。

それでは櫻井さんの本名と、改名後の姓名ではどう変わったのか分析してみます。

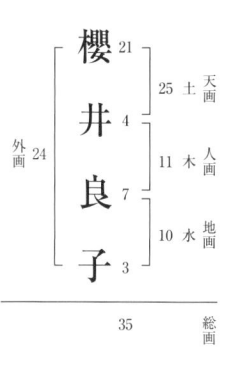

本名

文字	画数
櫻	21
井	4
良	7
子	3

天画	土	25
人画	木	11
地画	水	10
外画		24
総画		35

◎天画・人画・地画の関係（陰陽五行）

土剋木剋水（相性が悪い）

◎地画十の数霊

不活発、無気力、親子の縁が薄い。

◎人画十一の数霊

漸進的な徳を有す。草木春陽に伸びる意あり。天賦の幸福に恵まれ、富貴な運の大吉数。

◎外画二十四の数霊

無形より有形を作りだす能力があり、大事業を成就。大名を博し社会の上位に立ち、勝利を得る最大吉数で、財運に恵まれる。

◎総画三十五の数霊

中庸、円満、誠実、正義、寛容、柔和温和和順の数。智達の能力あり。上下に愛され、信頼され、交友関係も多い。財運豊かで、特に女性には最高運格。

まず本名ですが、八十一数理と比べてみて、人画十一、外画二十四、総画三十五の画数は最高の良数ですが、地画の十が悪数です。地画は親運ともいって親子の関係を表します。推察するに、幼少時病弱だったか、親子の縁が薄かったかのどちらかだったと思われます。

また、天・人・地三才の配列は、土・木・水と相剋（相性が悪い）しています。そのため人画十一、外画二十四、総画三十五の良数も足を引っ張られます。全体としては、やさしくて親切でよく気がつくタイプで、才能も豊かですが、波乱が生じる運命となっています。不平や反発、批判があって堂々と訴えたつもりでも、実力を十分発揮できなかったかも知れません。

改名前の櫻井さんは、表舞台から見た華やかさとは裏腹に、内面には相当の苦労を抱えていたのではないでしょうか。

それでは改名後の姓名を分析してみます。

改名後

文字	画数		
櫻	21	天画 25	土
井	4	人画 7	金
よ	3		
し	1	地画 6	土
こ	2		
外画 24			
総画	31		

◎天画・人画・地画の関係（陰陽五行）

土生金生土（相性が良い）

◎地画六の数霊

富貴あり、繁栄して社会に発顕。万宝家門に集まる。

◎人画七の数霊

剛情だが、温和雅量柔順を心掛ければ、成功栄達し、独立権威の象でもあるので万難を排して成功する。

◎外画二十四の数霊

無形より有形を作りだす能力があり、大事業を成就。大名を博し社会の上位に立ち、勝利を得る最大吉数で、財運に恵まれる。

◎総画三十一の数霊

漸進的に基礎をつくり大事を成就する運格。社会的人物多し、名誉、高貴、権威、幸福を手中にする最大吉祥数。

改名後は、八十一数理と比べてみて判るように、地画六、人画七、外画二十四、総画三十一のどの画数も良数です。天・人・地三才の配列も陰陽五行に順応した好配列で、文句のつけようがありません。確実に、名誉、権威、富も手中にできる運格を持っているのです。

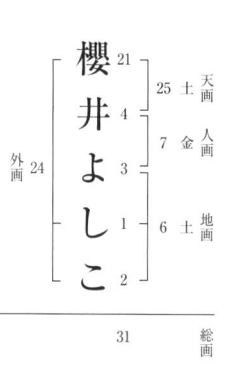

その特性は、誠実で義理堅く、信念が強いことから何事にも真剣に取り組み、着実に考えを実践します。テレビや講演での論説は常に歯切れがよく、非常に分かりやすい論評が好評で人気を呼んでいますが、今後においては、ジャーナリストとしてだけではなく、全ての面で今まで以上にその存在感を増すものと思われます。また、論客としての凛然《りんぜん》とした姿だけではなく、女性としての柔和さも兼ね備え、人間的にも益々魅力が高まると思います。

改名の動機は、前述したように姓名学に拠るものではないようですが、偶然にしては出来過ぎと言ってもいいくらい、姓名学的にピッタリの運格の持ち主となったのです。

このように「良子」という名前を平仮名の「よしこ」と変えただけで、波乱の人生から順風満帆《じゅんぷうまんぱん》の全く逆の人生を歩めるという典型的な好事例です。

第五章　幸運を呼ぶ名づけ方

命名・改名の手順

本章では、幸運を呼ぶ命名・改名の方法（実技）について説明します。

その前に皆さんにお断りしておきたいのは、本気でご自身やお子さん、ご家族、お知り合いの命名・改名を希望しているのであれば、ぜひ、第一章から第四章まで読み終えてから、この第五章に進んでください。もし読んでいないのでしたら、本章を読み終えてからでも結構ですから、必ず読んでほしいのです。

なぜなら、真に姓名学を理解しないまま命名・改名に踏み込むのは好ましくないからです。物事には何事も順序があります。最初が肝心なのです。原理原則を理解しないまま結果だけを得ようとしても、あまり効果はありません。試験の正解だけを知りたいという考え方と同じだからです。その場合、後で必ず無理が生じます。よく姓名学を理解してほしいのです。

それでは手順について説明します。

一、その文字の正しい画数を確認。
（別章の「命名・改名の正しい画数字典」を参考にしてください）
一、天画数に適合した人画数、地画数の文字を選定。
（第三章の「八十一数理」を参考にしてください）
一、天画・人画・地画の三才が陰陽五行の配列に適合しているか確認。
（第五章の「天画（祖運）に適合した配列」を参考にしてください）
一、人画数、地画数、外画数、総画数が八十一数理に適合しているか確認。

以上の点を確認した上で、その名の音の響きに好感が持てれば、つまり、好印象の持てる呼び方であればそれで完了となります、命名については、例えば「郁《いく》子《こ》」（「郁《ゆう》子《こ》」とも読みますが）を「郁《かおる》子《こ》」と読ませることもできます。ご自身で愛着を持てる名にするためには、このような工夫も大切だと思います。

そして、この名が、前述したように天・人・地の三才と外画、総画が適合し、八十一数理に合致していれば、五運の働きが良い方向に霊動を発し、幸運を引き寄せることになるのです。

次項からは具体的に、幸運を呼ぶ名づけ方の説明に入ります。

画数の正しい数え方

名前をつけたり調べるときに注意が必要なのは、その字の正しい画数を知ることです。漢字にはもともとの成り立ちがあり、常用漢字そのままの画数を数えるのは間違いの元になります。特に部首には注意が必要です。

例えば、「氵」（さんずい）は水《みず》へんで四画、海、澤、河など水に関係した字に用いられています。ただし、酒だけはそのままに三画に数えます。酒はその昔、果実を熟成させ水を用いなかったからです。

「犭」（けものへん）は犬で四画、「扌」（てへん）は手で四画、「王」（おうへん）は玉《たま》で五画、「礻」（しめすへん）は示すで五画、神という字は示し申すで十画となります。「衤」（ころもへん）はそのまま六画です。「艹」（くさかんむり）は艸《くさ》で六画、「辶」（しんにゅう）は走《はしる》と同義語で七画、また、阿部という字の阿の「阝」（こざとへん／左）は阜《おか》で八画、従って阿という字は十三画となり、部の「阝」（おおざと／右）は邑《むら》で七画、従って部という字は十五画になります。また、月《つき》という字では四画ですが、脇という字は肉づきへんで、十二画になります。

このように、漢字の画数を調べるときには、『康熙字典《こうきじてん》』を基準に画数を出さなければなりませんので、注意する必要があります。ちなみに『康熙字典』は康熙五十五年（一七一六年）に勅命（皇帝の命令）で大学士張玉書、陳廷敬らが、四万七千余字を収書した、もっとも権威ある画引き字書と言われているものです。

このほか、画数で注意するのは漢数字です。一は一、二は二、三は三、四は四、五は五、六は六、七は七、八は八、九は九、十は十画とそれぞれの画数を数えますので間違わないようにしなければなりません。

ですから、漢字の画数を出すときには、必ず『康熙字典』に沿った正しい画数を出すということが大切です。

別章に『康熙字典』を基準にした漢字画数と部首画数、カタカナ・ひらがなの画数を掲載していますので参考にしてください。

命名・改名で次に大切なことは、姓に適合した名を選ぶことです。そのためには、その人の姓が**木性**（1・2）、**火性**（3・4）、**土性**（5・6）、**金性**（7・8）、**水性**（9・0）の五行の中でどの部分に当たるかを確認し、その上で姓に適合した天・人・地三才と外画、総画の配列を行わなければなりません。その際には、第三章で示した八十一数理にも合致していることが前提となります。

また、天・人・地三才と外画、総画の計算方法は、姓と名の文字数によって、それぞれ異なります。

次項では、有名人の姓名を用いて、天・人・地三才と外画、総画の計算方法を説明します。

さらに、１５８ページ以降には、それぞれの天画（姓）に適した配列を掲載しますので、命名・改名の時には必ず適合した配列を選定するようにしてください。

【天・人・地三才と外画、総画の計算方法】

姓が二文字で名が二文字の例

●スポーツキャスター　松《まつ》岡《おか》修《しゅう》造《ぞう》

文字	画数	天・人・地		外画
松	8	天画 16	土	外画 22
岡	8	人画 18	金	
修	10	地画 24	火	
造	14			
総画	40			

天画

松	8
岡	8
修	10
造	14

（松＋岡）16

「松」の八画と「岡」の八画の合計数、十六画となります。

人画

松	8
岡	8
修	10
造	14

（岡＋修）18

姓の下の「岡」の八画と名の上の「修」の十画を足した十八画となります。

地画

松	8
岡	8
修	10
造	14

（修＋造）24

名の「修」の十画と「造」の十四画の合計数、二十四画となります。

外画

松	8
岡	8
修	10
造	14

（松＋造）22

姓の下の「岡」と名の上の「修」以外の画数の合計数ですから、「松」の八画と「造」の十四画の合計数、二十二画となります。

総画

松	8
岡	8
修	10
造	14

40

姓と名の画数全部の合計数ですから四十画となります。

松岡修造さんの天・人・地三才の配列は、土（十六）金（十八）火（二十四）となります。

（㊟修造さんの造の辶《しんにゅう》は辵《はしる》で七画となります。従って造の字は十四画となります）

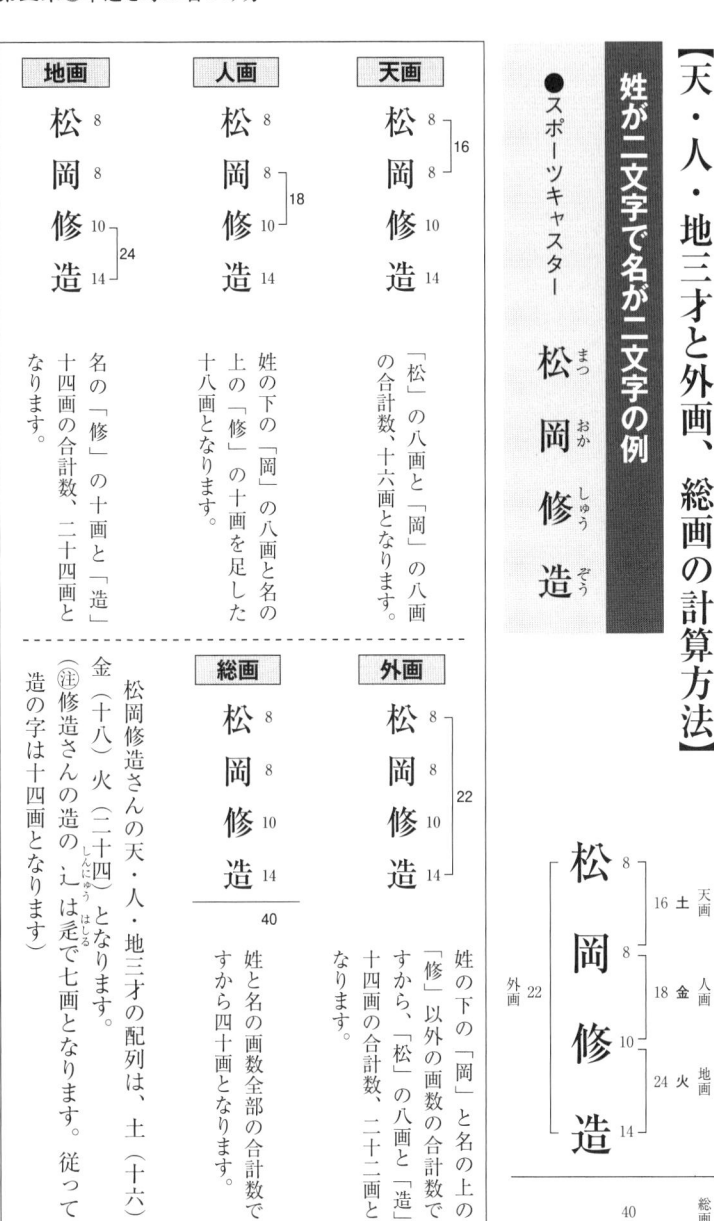

姓が二文字で名が三文字の例

●作家

高《たか》樹《ぎ》のぶ子《こ》

高 10
樹 16
の 1
ぶ 6
子 3

天画 土 26（高 10・樹 16）
人画 金 17（樹 16・の 1）
地画 水 10（の 1・ぶ 6・子 3）
外画 19
総画 36

天画

高 10・樹 16 → 26
の 1
ぶ 6
子 3

「高」の十画と「樹」の十六画の合計数、二十六画となります。

人画

高 10
樹 16・の 1 → 17
ぶ 6
子 3

姓の下の「樹」の十六画と、名の上の「の」の一画の合計数、十七画となります。

地画

高 10
樹 16
の 1・ぶ 6・子 3 → 10

名の全部の画数の合計数、十画となります。

外画

高 10
樹 16
の 1
ぶ 6
子 3
→ 19

姓の下と名の一番上以外の、「高」十画、「ぶ」六画、「子」三画の合計数、十九画となります。

総画

高 10
樹 16
の 1
ぶ 6
子 3
36

姓と名の画数全部の合計数ですから三十六画となります。

高樹のぶ子さんの天・人・地三才の配列は、土（二十六）金（十七）水（十）となります。

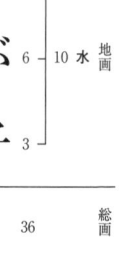

姓が三文字で名が一文字の例

●元プロ野球選手

那《な》須《す》野《の》巧《たくみ》

那 11
須 12
野 11
巧 5
0

- 天画 34 火（那11＋須12＋野11）
- 人画 16 土（野11＋巧5）
- 地画 5 土（巧5＋0）
- 外画 28（那11＋須12＋巧5）
- 総画 39

天画

那 11 ／ 須 12 ／ 野 11 → 34 ／ 巧 5

姓の「那」十一画、「須」十二画、「野」十一画の合計数、三十四画となります。

人画

那 11 ／ 須 12 ／ 野 11 ／ 巧 5 → 16（野＋巧）

姓の一番下の「野」十一画と名の「巧」五画の合計数、十六画となります。

地画

那 11 ／ 須 12 ／ 野 11 ／ 巧 5 ／ 0 → 5（巧＋0）

名の「巧」の五画がそのまま地画となります。

外画

那 11 ／ 須 12 ／ 野 11 ／ 巧 5 → 28（那＋須＋巧）

姓の一番下以外の「那」十一画と「須」十二画と名の「巧」五画の合計数、二十八画となります。

総画

那 11 ／ 須 12 ／ 野 11 ／ 巧 5 → 39

姓と名前の全部の画数の合計数、三十九画となります。

那須野巧さんの天・人・地三才の配列は、火（三十四）土（十六）土（五）となります。

（注）那須野さんの那の字の阝《おおざと》は邑《むら》で七画となります。従って那の字は十一画となります）

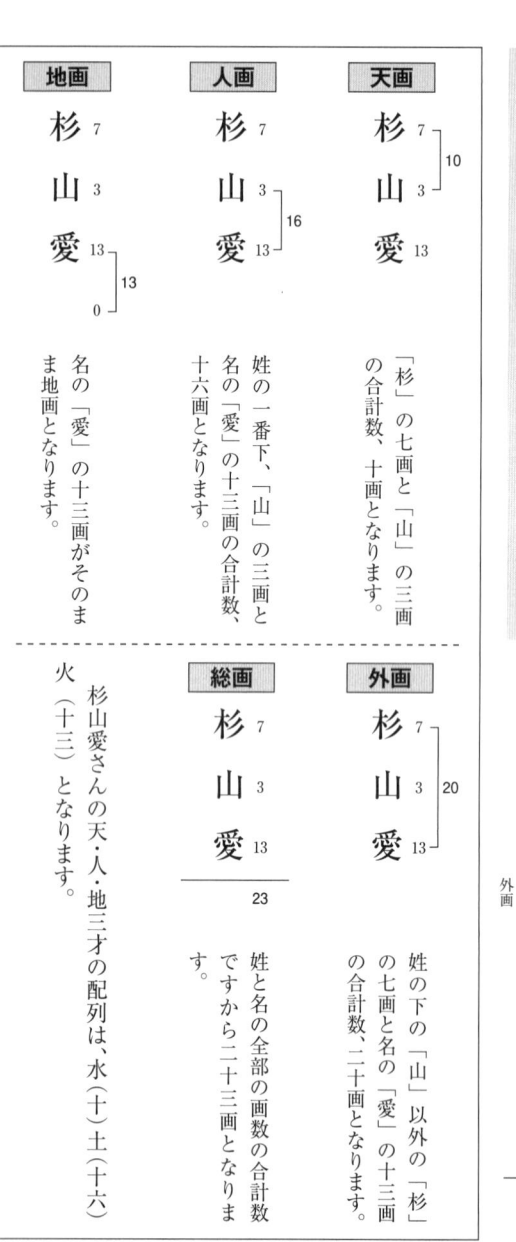

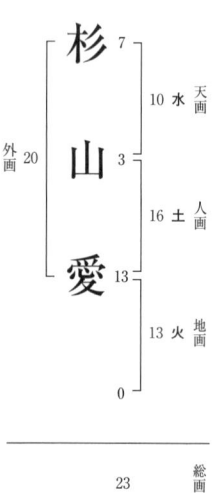

姓が二文字で名が一文字の例

●スポーツキャスター

杉《すぎ》山《やま》愛《あい》

杉 7
山 3
愛 13
0

天画 10 水
人画 16 土
地画 13 火
外画 20
総画 23

天画

杉 7
山 3　10
愛 13

「杉」の七画と「山」の三画の合計数、十画となります。

人画

杉 7
山 3
愛 13　16

姓の一番下、「山」の三画と名の「愛」の十三画の合計数、十六画となります。

地画

杉 7
山 3
愛 13
0　13

名の「愛」の十三画がそのまま地画となります。

外画

杉 7
山 3
愛 13　20

姓の下の「山」以外の「杉」の七画と名の「愛」の十三画の合計数、二十画となります。

総画

杉 7
山 3
愛 13

23

姓と名の全部の画数の合計数ですから二十三画となります。

杉山愛さんの天・人・地三才の配列は、水（十）土（十六）火（十三）となります。

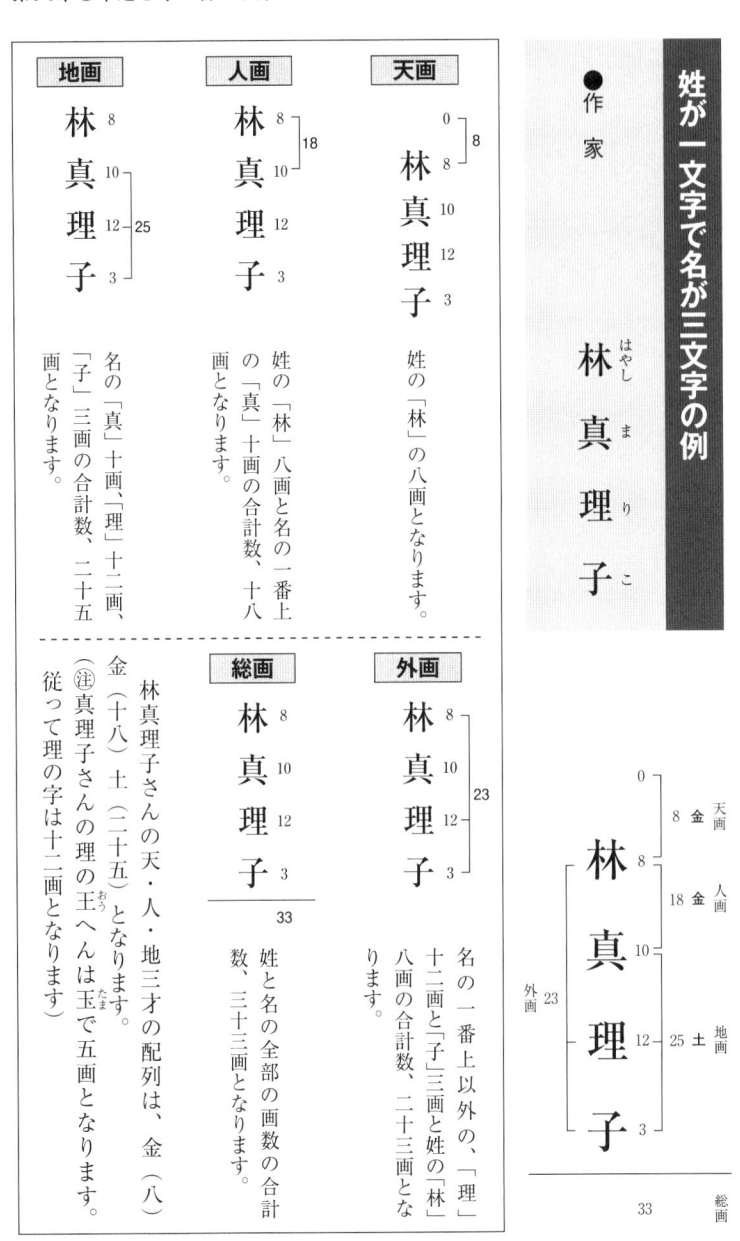

姓が一文字で名が三文字の例

●作家

林《はやし》真《ま》理《り》子《こ》

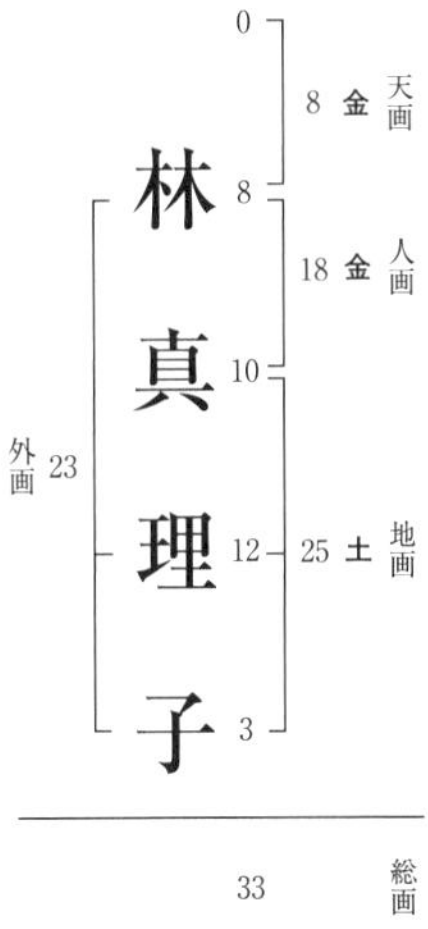

天画

0 ┐
林 8 ┘ 8
真 10
理 12
子 3

姓の「林」の八画となります。

人画

林 8 ┐
真 10 ┘ 18
理 12
子 3

姓の「林」八画と名の一番上の「真」十画の合計数、十八画となります。

地画

林 8
真 10 ┐
理 12 ├ 25
子 3 ┘

名の「真」十画、「理」十二画、「子」三画の合計数、二十五画となります。

外画

林 8 ┐
真 10 │
理 12 ├ 23
子 3 ┘

名の一番上以外の、「理」十二画と「子」三画と姓の「林」八画の合計数、二十三画となります。

総画

林 8
真 10
理 12
子 3
33

姓と名の全部の画数の合計数、三十三画となります。

林真理子さんの天・人・地三才の配列は、金（八）金（十八）土（二十五）となります。

（㊟真理子さんの理の王《おう》へんは玉《たま》で五画となります。従って理の字は十二画となります）

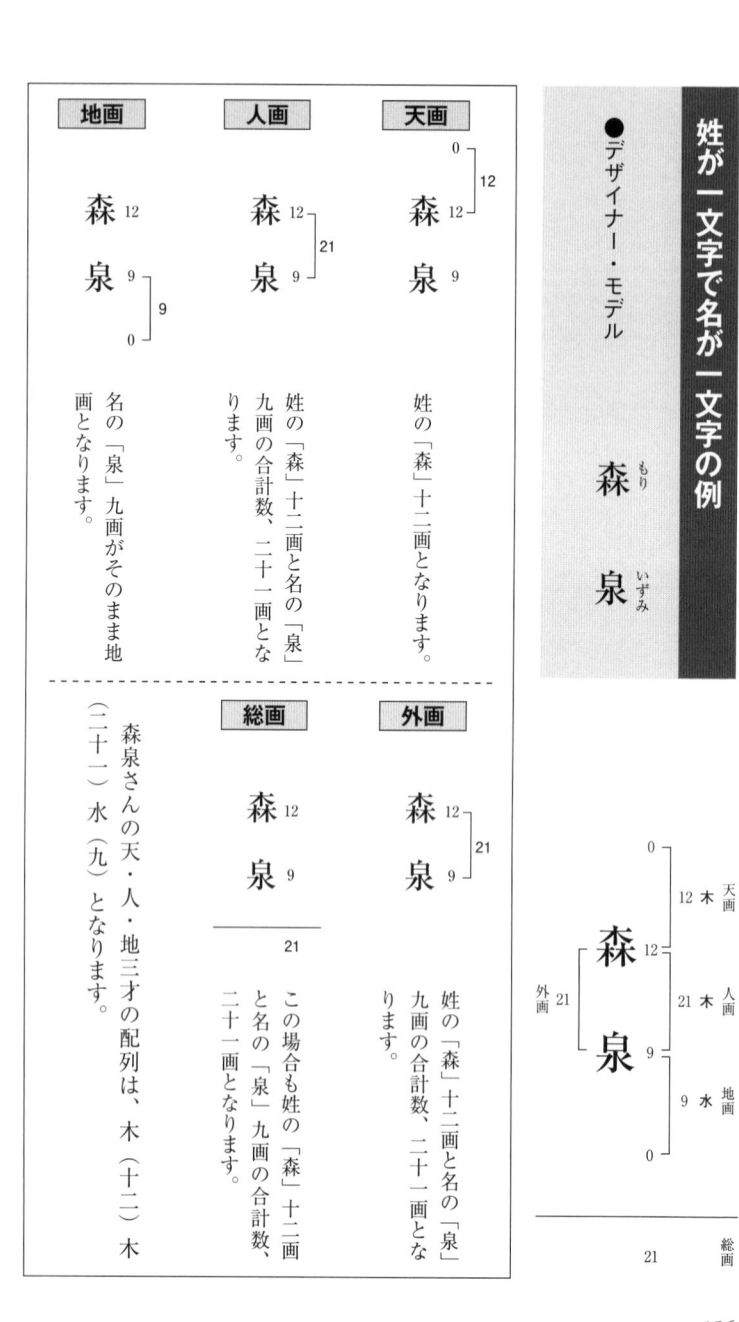

姓が一文字で名が一文字の例

●デザイナー・モデル

森《もり》　泉《いずみ》

天画　0　12　木
森　12
人画　21　木
外画　21
泉　9
地画　9　水
0

総画　21

天画

0
森　12
泉　9
（0〜12）12

姓の「森」十二画となります。

人画

森　12
泉　9
（12〜9）21

姓の「森」十二画と名の「泉」九画の合計数、二十一画となります。

地画

森　12
泉　9
0
（9〜0）9

名の「泉」九画がそのまま地画となります。

外画

森　12
泉　9
（12〜9）21

姓の「森」十二画と名の「泉」九画の合計数、二十一画となります。

総画

森　12
泉　9

21

この場合も姓の「森」十二画と名の「泉」九画の合計数、二十一画となります。

森泉さんの天・人・地三才の配列は、木（十二）木（二十一）水（九）となります。

姓が四文字で名が一文字の例

●前防衛省防衛大学校長

五《い》百《お》籏《き》頭《べ》真《まこと》

文字	画数		
五	5		
百	6		
籏	20		
頭	16		
真	10		
	0		

天画 47 金
人画 26 土
地画 10 水
外画 41
総画 57

天画

五 5
百 6
籏 20
頭 16 ─ 47
真 10

姓の「五」の五画、「百」の六画、「籏」の二十画、「頭」の十六画の合計数、四十七画となります。

人画

五 5
百 6
籏 20
頭 16
真 10 ─ 26

姓の一番下の「頭」十六画と名の「真」十画の合計数、二十六画となります。

地画

五 5
百 6
籏 20
頭 16
真 10
0 ─ 10

名の「真」十画がそのまま地画となります。

外画

五 5
百 6
籏 20 ─ 41
頭 16
真 10

姓の一番下以外の「五」の五画、「百」六画、「籏」二十画と名の「真」十画の合計数、四十一画となります。

総画

五 5
百 6
籏 20
頭 16
真 10
57

姓と名の画数全部の合計数、五十七画となります。

五百籏頭真さんの天・人・地三才の配列は、金（四十七）土（二十六）水（十）となります。

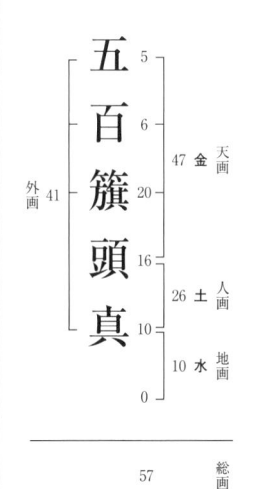

【天画（祖運）に適合した配列】

木性（1・2）に適合した配列

天画（祖運）	人画（主運）	地画（親運）
木	木	木
1、2の系列	1、2の系列	1、2の系列

《特徴と性格》

計画性、実行力、指導力に優れ、理論家でもある。警戒心も強く用意周到。目的や希望に向かって着々と力を発揮し不動の立場を得る。金融に長《た》け財産運用が得意。責任感も強い。親分肌で仁を重んじ愛情深い。頼まれれば断ることができない。そのため後で苦しむことがある。短気で怒りやすいのが欠点。これを慎めば吉となる。女性は優雅な気品を感じさせるが、物質的に過敏なのが特徴。

《全　体》

助力者、引立者に恵まれる。青年期は苦労するが、成功へ向かって基礎を形成する。同僚、上役に恵まれ引き立てもある。生来の責任感の強さから周囲の信頼も厚く、着々と名誉と権威を手中にする。ただし、八十一数理に合致すること。歌手の矢沢永吉さん、女優の音無美紀子さん、北海道ワイン創業者の嶌村彰禧さんが同配列。

天画（祖運）	木	1、2の系列
人画（主運）	木	1、2の系列
地画（親運）	火	3、4の系列

《特徴と性格》

緻《ち》密《みつ》で用意周到。不《ふ》撓《とう》不《ふ》屈《くつ》の精神で社会に立ち向かう理論を有している。自己顕示欲が強い。慎重ではあるが、いったん決めたら積極的に転じ、結論が早いのが特徴。競争に打ち勝つ才能を有している。

《全　体》

青年期からバランスよく発展し、才能と指導力を発揮する。無理、無駄なく着々と優位に立ち、思いがけないほど社会に進出できる。社交性と協調性が特性で、周囲との信頼関係を築き、次第に指導力を発揮する。努力が認められ成功。地位、名誉を得る。ただし、八十一数理に合致すること。天風会創始者の中村天風さん、女優の真野響子さん、アナウンサー・リポーターの小松靖さん、作家の岩下尚史さん、プロ野球選手の谷繁元信さんが同配列。

天画（祖運）	木	1、2の系列
人画（主運）	木	1、2の系列
地画（親運）	土	5、6の系列

《特徴と性格》

理論家でもあるが、義理人情を優先させる特性をもっている。他人の面倒見がよく仁義に厚い。支配欲が強く、強引さが目立つ。無理を覚悟で行動を起こしがちだが、親分肌であることから成功する例が多い。反発心が強いのと癇癪《かんしゃく》を起こしやすいのが特徴。

《全　体》

意志が強固で何事にも意欲的。自己顕示欲が強く、多少の苦労をものともせず着々と基礎を形成する。特殊な天分があり、努力が認められ、新天地を開拓したり、他と協力して大事業を遂行するなど、他の引き立てがあって成功する。ただし、八十一数理に全て合致すること。人画・地画・外画・総画のいずれかに凶数があれば、短絡的行動をとり、波乱万丈の運命となる。吉数であれば、この配列には成功者が多い。従って、この配列で命名の場合、最大の注意を必要とする。俳優の片岡千恵蔵さん、作家の富島健夫さんが同配列。

木	天画（祖運）	1、2の系列
火	人画（主運）	3、4の系列
木	地画（親運）	1、2の系列

《特徴と性格》

明朗活発。性格は急進的。才能に長《た》け理性が強い。堅実なのだが時に癇癪《かんしゃく》を起こすのが欠点と言えば欠点。表面は温厚に見えることと、明敏で品格を有することから周囲から敬愛を受ける。名誉と権威に憧《あこが》れるのが特徴。

《全　体》

境遇が安定することから順調な発展を見、将来への大なる基礎を形成する。周囲の引き立てと援助者が現れ順調に安定へと進む。名誉、繁栄、希望をことごとく達成できる強運の持ち主となる。ただし、八十一数理に合致すること。慶應義塾創設者の福沢諭吉さん、元総理大臣の池田勇人さん、女優の小泉今日子さん、作家の小谷野敦さんが同配列。

木	天画（祖運）	1、2の系列
火	人画（主運）	3、4の系列
火	地画（親運）	3、4の系列

《特徴と性格》

急進的だが、理性と学芸に秀でた鋭敏な才能を有している。几《き》帳面《ちょうめん》な性格で天才的な感覚を発揮できる。耐久力が不足していることと、せっかちで結論が早すぎるのが欠点と言えば欠点。努力を重ね個性を生かすことができれば吉となる。

《全　体》

天分とも言える鋭敏な才能を発揮し、青年期より成功への足掛かりを築く。才能をフルに生かして自然に安定へと至る。周囲に才能と努力が認められ順調に安定し、成功は容易。八十一数理に合致すれば、名誉、富も手中にできる吉祥配列。作家の小松左京さん、女優・脚本家の中江有里さん、女優の木村多江さん、歌手の長山洋子さん、参議院議員の西田昌司さん、ジャーナリストの森啓子さんが同配列。

木	天画（祖運）	1、2の系列
火	人画（主運）	3、4の系列
土	地画（親運）	5、6の系列

《特徴と性格》

心身が健全。才能、能力、意志、理想、目標など全てが好感度を与える天分を有している。鋭敏で感受性も強く、陽気な性格とさわやかな弁舌、協調性が特徴。

《全　体》

急進的でもあるが若くしてリーダーとなる。交友関係の広さから自然に安定へと至り、順序良く基礎を築く。目的の実現が容易で、全てが順調に進み、自然に幸運を得て繁栄する。八十一数理に合致すれば最大吉祥配列。歌手の小林旭さん、政治家の小泉進次郎さんが同配列。

◉木性（1・2）に適合した名前の組み合わせパターン

（この他にも組み合わせのパターンがあります。○は姓の、□は名の画数を表します）

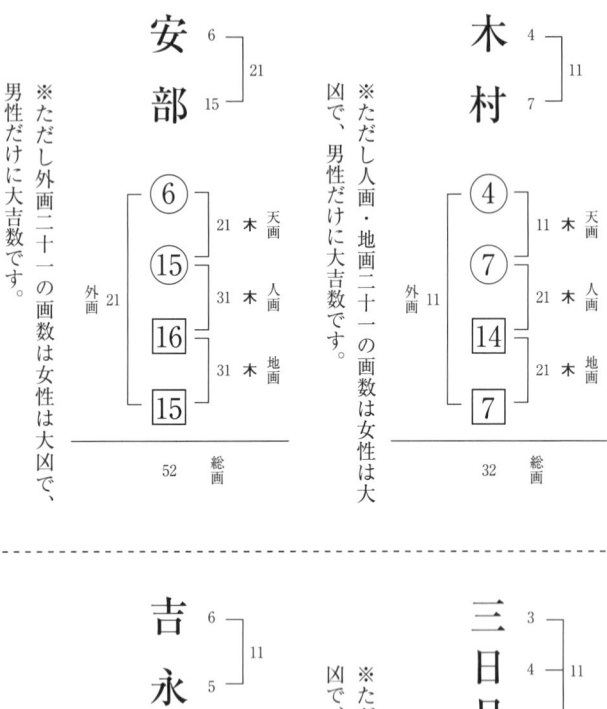

木村（木 4・村 7 ＝ 11）

画数		画	数	五行
④		天画	11	木
⑦		人画	21	木
[14]		地画	21	木
[7]		外画	11	
		総画	32	

※ただし人画・地画二十一の画数は女性は大凶で、男性だけに大吉数です。

安部（安 6・部 15 ＝ 21）

画数		画	数	五行
⑥		天画	21	木
⑮		人画	31	木
[16]		地画	31	木
[15]		外画	21	
		総画	52	

※ただし外画二十一の画数は女性は大凶で、男性だけに大吉数です。

三日月（三 3・日 4・月 4 ＝ 11）

画数		画	数	五行
③		天画	11	木
④		人画	11	木
④		地画	21	木
[7]		外画	21	
[14]		総画	32	

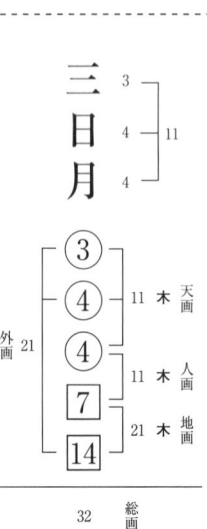

※ただし地画・外画二十一の画数は女性は大凶で、男性だけに大吉数です。

吉永（吉 6・永 5 ＝ 11）

画数		画	数	五行
⑥		天画	11	木
⑤		人画	11	木
[6]		地画	13	火
[7]		外画	13	
		総画	24	

安 6
田 5
11

⑥
⑤
6
5
13

天画 11 木
人画 11 木
地画 24 火
外画 24
総画 35

成 7
田 5
12

⑦
⑤
6
14
3

天画 12 木
人画 11 木
地画 23 火
外画 24
総画 35

※ただし地画二十三の画数は女性は大凶で、男性だけに大吉数です。

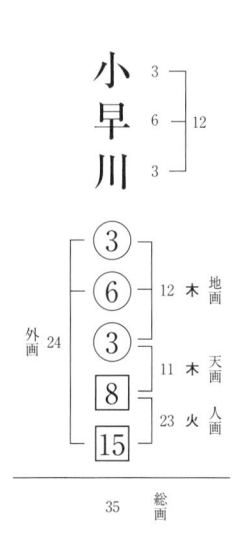

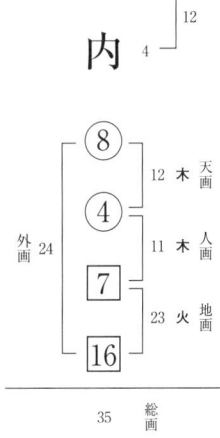

小 3
早 6
川 3
12

③
⑥
③
8
15

地画 12 木
天画 11 木
人画 23 火
外画 24
総画 35

※ただし地画二十三の画数は女性は大凶で、男性だけに大吉数です。

長 8
内 4
12

⑧
④
7
16

天画 12 木
人画 11 木
地画 23 火
外画 24
総画 35

※ただし地画二十三の画数は女性は大凶で、男性だけに大吉数です。

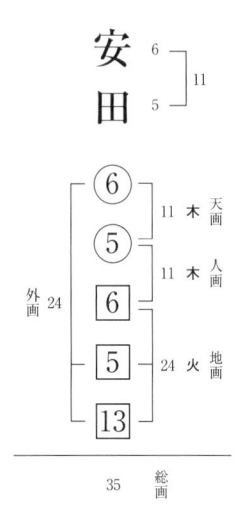

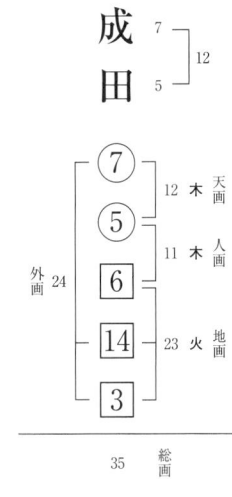

堺

0
12
（12）

⓪ ⑫ 9 4

画	画数	五行
天画	12	木
人画	21	木
地画	13	火
外画	16	
総画	25	

※ただし人画二十一の画数は女性は大凶で、男性だけに大吉数です。

吉田

6
5
（11）

⑥ ⑤ 8 5

画	画数	五行
天画	11	木
人画	13	火
地画	13	火
外画	11	
総画	24	

小松

3
8
（11）

③ ⑧ 16 5

画	画数	五行
天画	11	木
人画	24	火
地画	21	木
外画	8	
総画	32	

※ただし地画二十一の画数は女性は大凶で、男性だけに大吉数です。

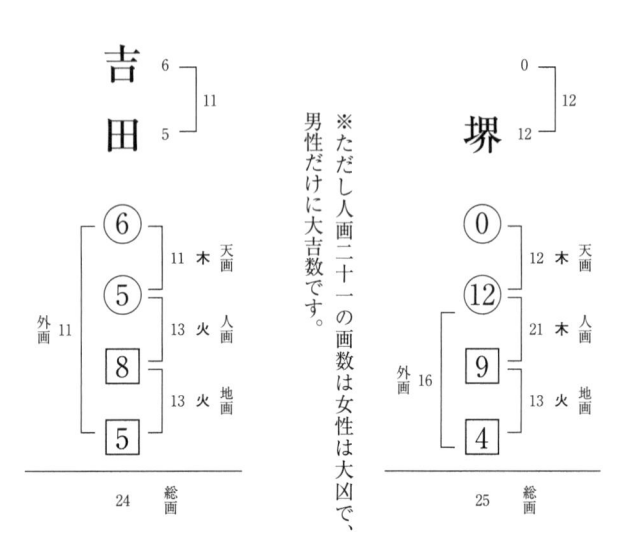

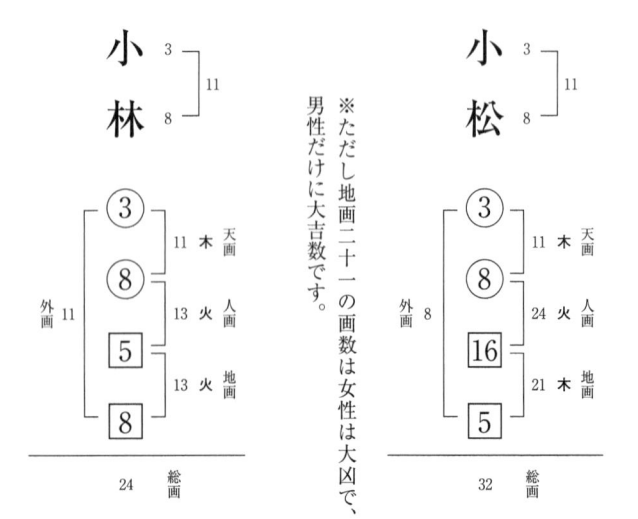

小林

3
8
（11）

③ ⑧ 5 8

画	画数	五行
天画	11	木
人画	13	火
地画	13	火
外画	11	
総画	24	

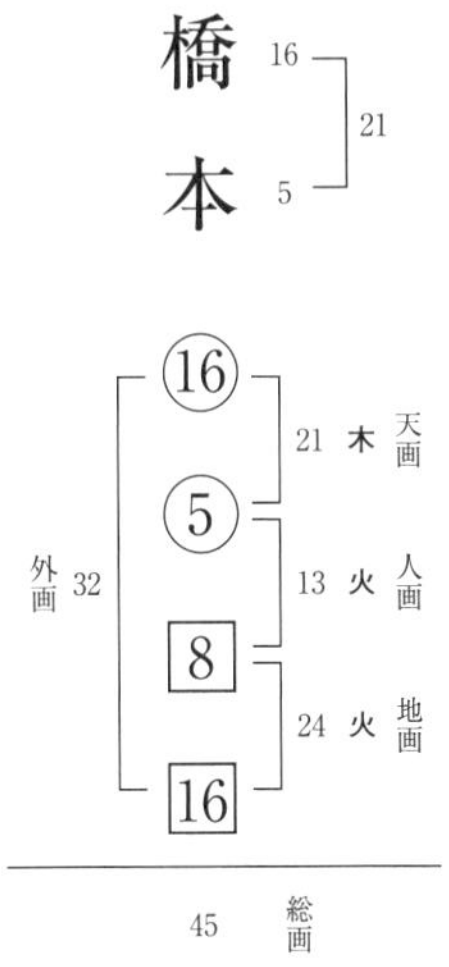

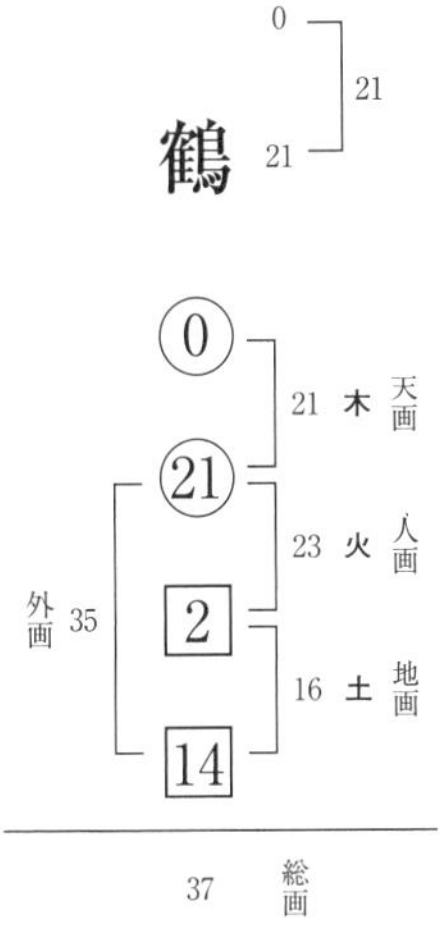

※ただし人画二十三の画数は女性は大凶で、男性だけに大吉数です。

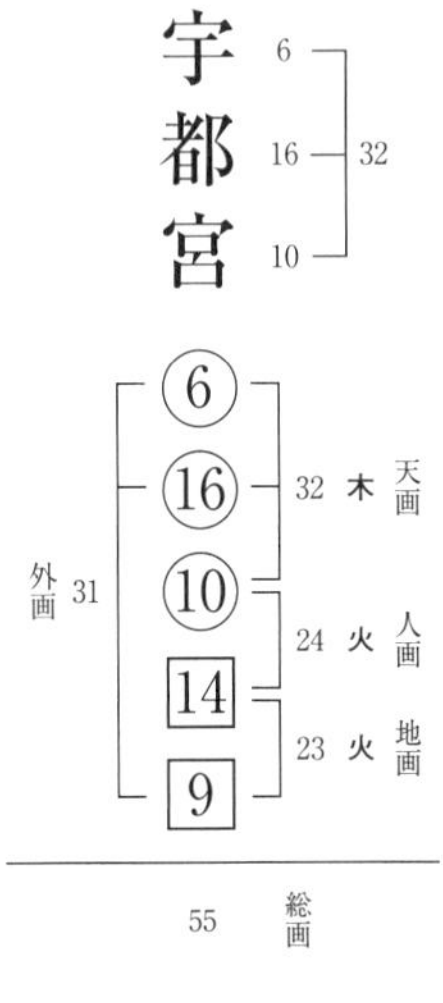

※ただし地画二十三の画数は女性は大凶で、男性だけに大吉数です。

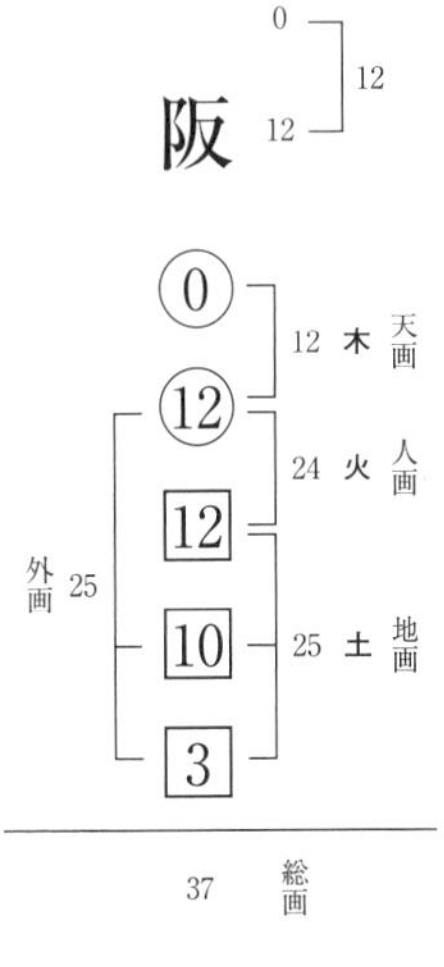

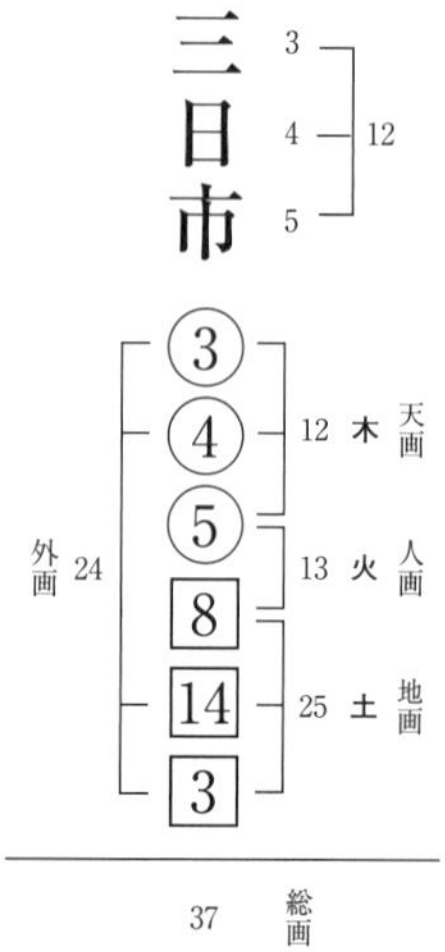

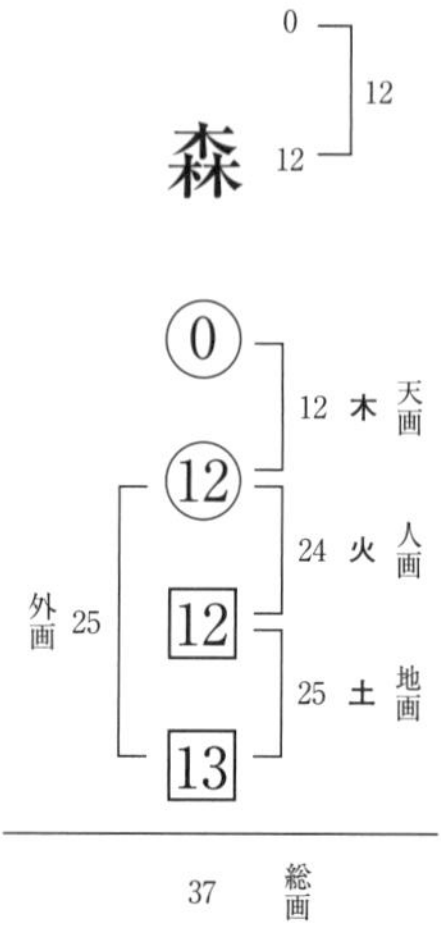

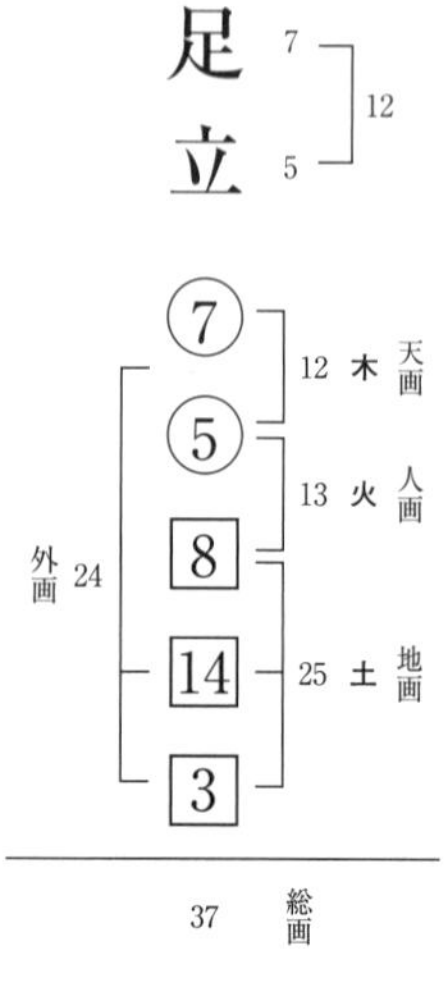

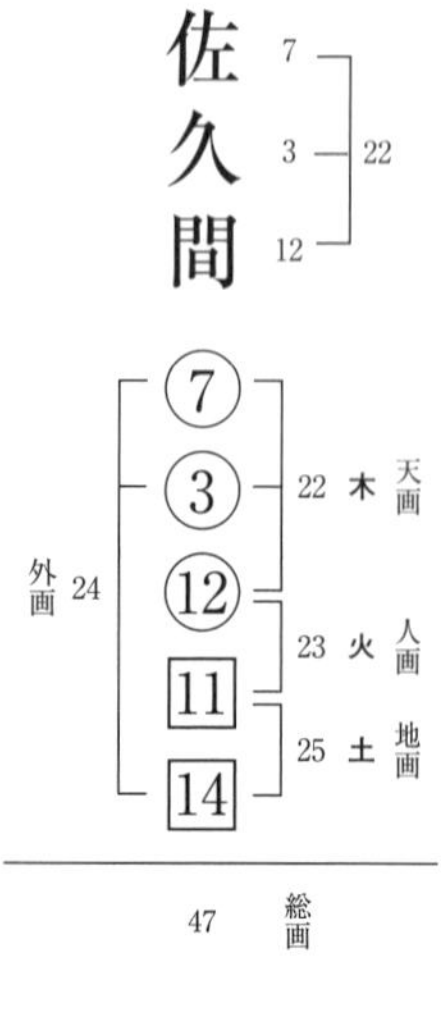

※ただし人画二十三の画数は女性は大凶で、男性だけに大吉数です。

火性（3・4）に適合した配列

天画（祖運）	人画（主運）	地画（親運）
火	木	木
3、4の系列	1、2の系列	1、2の系列

《特徴と性格》

性格は温厚で明朗闊達《かったつ》。義理人情に厚い。斬新さと鋭敏さを持っている。積極的で果敢だが用心深い。慎重に努力を重ね徐々に向上心を発揮する。表面には見せないが内実は短気なのが特徴。それでいて周囲に好かれる得な性格を有する。

《全　体》

温厚で努力をこつこつ重ねるタイプ。肉親や上位の援助を受け、着々と堅固な基礎を形成する。指導性、創造性が抜群。多感だが夢が多く、何事にも積極果敢にぶつかる。交友関係も良好。順応性によって周囲と調和を図ることから社会に認められる。多少自己主張や自己顕示欲が強いが成功できる運格を持っている。八十一数理に合致すれば吉祥運となる。横浜ＤｅＮＡベイスターズ監督の中畑清さんが同配列。

火	天画（祖運）	3、4の系列
木	人画（主運）	1、2の系列
火	地画（親運）	3、4の系列

《特徴と性格》

緻密《ちみつ》な理論家で天才的才能を有している。努力に励み、無理なく自分の計画を実行する能力もある。性格は温厚で明敏。社会に自分の考えを訴え、説得する力もある。情感も豊富で、趣味も中身が深く、人に好かれる常識を身に着けている。怠け者を極端に嫌うのが特徴。指導者、責任者として適任。

《全　体》

才能を有した努力家で、社会との順応性に優れ、交友関係も広く深いことから、順調な青年期を経て、自らの特技を生かし存分に活躍を続ける。努力が実ることから、ますます信念が強固となり、目的や理想が意のままに遂行できる。富や栄誉も獲得できる。八十一数理に合致すれば吉祥の運格。作家の三浦哲郎さんが同配列。

火	天画（祖運）	3、4の系列
木	人画（主運）	1、2の系列
土	地画（親運）	5、6の系列

《特徴と性格》

意志、信念が強固。明朗闊達《かったつ》で理性に富む。洞察力と先見性がある。能力や天分を発揮する特質を持っている。自己主張、顕示欲が強く指導的役割を目指すタイプだが、実力以上の野心を起こしがちなところは注意を要する。

《全　体》

意欲的性格から、理想を求め飛躍するため、多少の難事に遭遇しても努力邁進《まいしん》してこれを克服。少しばかりの変動があっても、希望がはっきりしていることと、順風満帆な強運によって、基礎を確立。才知と努力によって困難に耐えることから、能力を発揮して徐々にだが大いなる繁栄へと至る。誠実さが認められ助力者が現れ、富や名誉を得ることができる。ただし、八十一数理に合致すること。俳優の三船敏郎さん、女優の榊原るみさんが同配列。

天画（祖運）	人画（主運）	地画（親運）
火	**火**	**木**
3、4の系列	3、4の系列	1、2の系列

《特徴と性格》

急進的な考え方の持ち主。感情も鋭敏。才能も豊かだが、急進的な性格から時として感情を抑えられず癇癪《かんしゃく》を起こすことがある。感情にむらがあることと耐久力不足が欠点だが、努力によって十分克服できる。

《全　体》

境遇が安泰なことから、青少年期より順調に発展、基礎が形成される。才能が見込まれ、上司や周囲の引き立てがある。目的も順調に遂行し、成功できる。ただし、八十一数理に合致すれば幸運に恵まれるが、合致しない場合は逆運になることも考えられるので注意が必要。女優の新珠三千代さん、日本出版販売㈱会長の古屋文明さん、国会議員の馳浩さんが同配列。

天画（祖運）	火	3、4の系列
人画（主運）	火	3、4の系列
地画（親運）	土	5、6の系列

《特徴と性格》

青少年期からリーダーとして頭角を現す。明朗闊達《かったつ》で円満な性格。全身に才気が溢《あふ》れている。人望も厚く、明敏な才能を活かした実践力を持っている。先見性、判断力もある。整理整頓が得意で複雑を簡略化して、安定した方向に向かう。名誉欲、自己顕示欲が強いのが特徴。

《全　体》

青年期から人望によって安定した方向に進み、基礎を形成する。活気旺盛で意欲満々。順調に成功へと進む。指導力も抜群で、周囲が驚くほど成功する。ただし、癇《かん》癪《しゃく》は健康に害となるので注意を要する。それを抑えることができれば名誉と権威を得る。この場合も八十一数理に合致すること。歴史学者の氏家幹人さん、女優の岡田奈々さん、芸能界の大御所、美輪明宏さんが同配列。

天画（祖運）	人画（主運）	地画（親運）
火 3、4の系列	土 5、6の系列	火 3、4の系列

《特徴と性格》

円満で重厚、円熟した人柄。正義感が強く強固な意志を秘めている。上下の愛護を受け、実力を十分に発揮する。少々飽きっぽく不徹底な面が欠点だが、不屈の精神で指導力を発揮する。

《全　体》

耐久力は十分で、実力そのままに順調に青年期を過ごし、大きな基礎を形成する。周囲の絶大な信頼を得、上位の引き立てと努力が実り、目的と希望が達成できる。ただし、胃腸系が弱いので注意が必要。この場合も八十一数理に合致すること。ジャーナリスト・ニュースキャスターの辛坊治郎さん、お笑いタレントの辻本茂雄さんが同配列

天画（祖運）	人画（主運）	地画（親運）
火	土	土
3、4の系列	5、6の系列	5、6の系列

《特徴と性格》

明敏重厚で円満な人格の持ち主。周囲の信頼も厚く、大仕事をこなす力も十分にある。些細《ささい》なことにはこだわらず、物事を大局的観点から見る器量を有している。そのことが緻密《ちみつ》さに欠けるように感じられることもあるが、いったん問題が起こると豪快に処理する。

《全　体》

青少年期から友人関係も多く、平凡ながらいつの間にか悠々と大きな基礎を確立する。人望と実力により順調に成功し、目的や希望を意の如《ごと》く達成する。大人物が多く、名誉、富、権威を得る。八十一数理に合致すれば最大吉祥の運格。元官房長官の町村信孝さん、歌手の夏川りみさんが同配列。

天画（祖運） **火** 3、4の系列	人画（主運） **土** 5、6の系列	地画（親運） **金** 7、8の系列

《特徴と性格》

表面は温厚だが質実剛健の気質を有する。正義感が強く慈愛にも満ち、敏腕で達見。実行力も備えた情熱家でもある。強情だが雅量と協調性のバランスが取れ、上下に恵まれる。

《全　体》

青年期より責任感の強さを発揮、着々と運命を切り拓き大きな基礎を築く。向上心と信念によって目的や希望が着実に達成し、大成功者となる運格である。ただし、八十一数理に合致すること。トヨタ自動車㈱代表取締役社長の豊田章男さん、政策研究大学院大学教授の北岡伸一さん、ニュースキャスターの村尾信尚さん、歌手の佐良直美さん、札幌商工会議所副会頭の布施光章さんも同配列。

◉火性（3・4）に適合した名前の組み合わせパターン

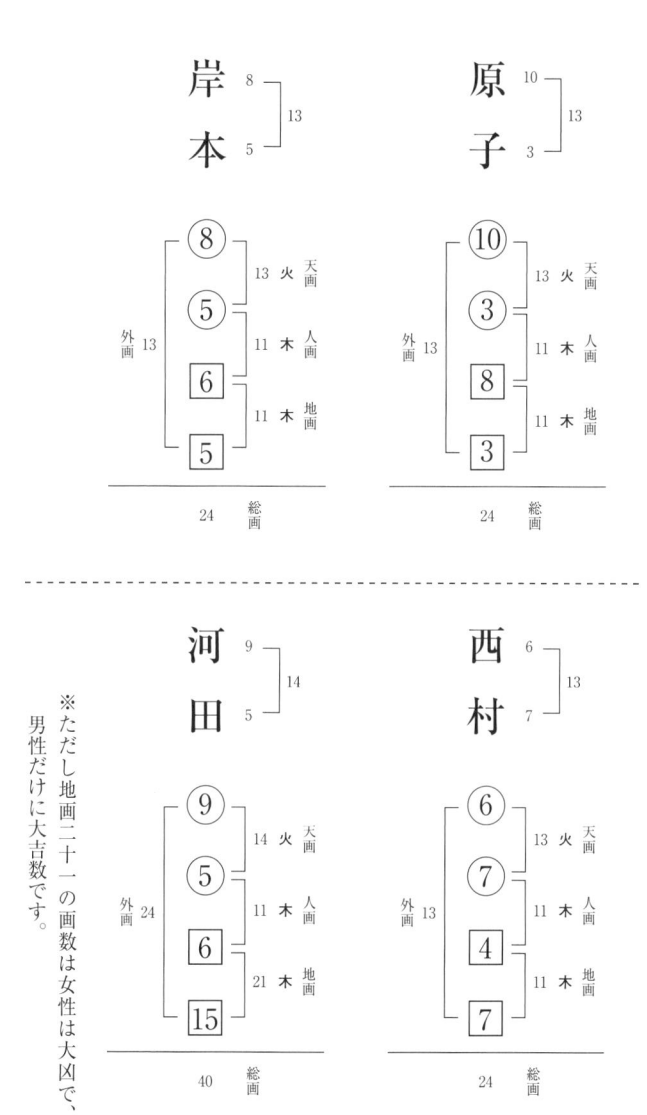

（この他にも組み合わせのパターンがあります。○は姓の、□は名の画数を表します）

原 10
子 3
13

⑩ ③ 8 3

天画 火 13
人画 木 11
地画 木 11
外画 13
総画 24

岸 8
本 5
13

⑧ ⑤ 6 5

天画 火 13
人画 木 11
地画 木 11
外画 13
総画 24

西 6
村 7
13

⑥ ⑦ 4 7

天画 火 13
人画 木 11
地画 木 11
外画 13
総画 24

河 9
田 5
14

⑨ ⑤ 6 15

天画 火 14
人画 木 11
地画 木 21
外画 24
総画 40

※ただし地画二十一の画数は女性は大凶で、男性だけに大吉数です。

細川

細 11
川 3
（14）

⑪ ③ [8] [13]

天画	14	火
人画	11	木
地画	21	木
外画	24	
総画	35	

※ただし地画二十一の画数は女性は大凶で、男性だけに大吉数です。

田岡

田 5
岡 8
（13）

⑤ ⑧ [13] [11]

天画	13	火
人画	21	木
地画	24	火
外画	16	
総画	37	

※ただし人画二十一の画数は女性は大凶で、男性だけに大吉数です。

菅

0
菅 14
（14）

⓪ ⑭ [17] [14] [10]

天画	14	火
人画	31	木
地画	41	木
外画	38	
総画	55	

坪田

坪 8
田 5
（13）

⑧ ⑤ [16] [8]

天画	13	火
人画	21	木
地画	24	火
外画	16	
総画	37	

※ただし人画二十一の画数は女性は大凶で、男性だけに大吉数です。

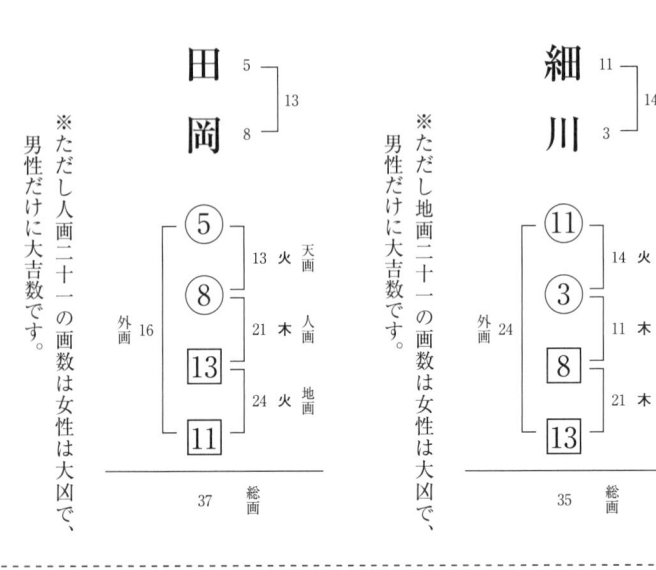

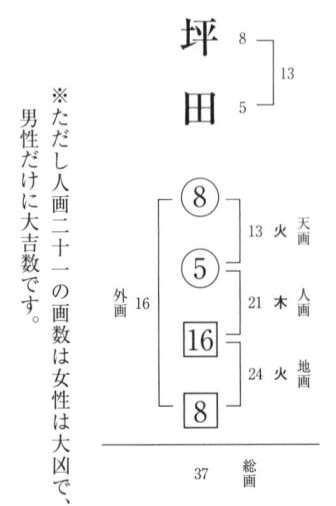

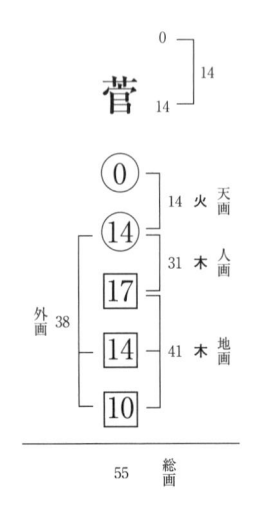

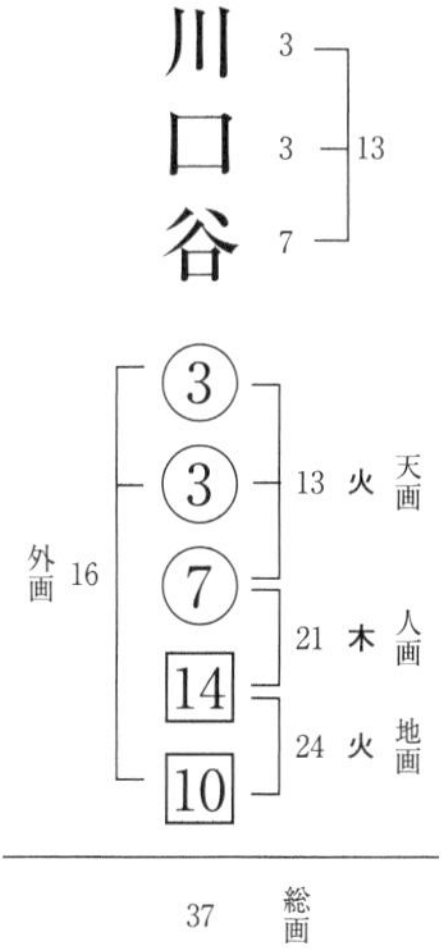

※ただし人画二十一の画数は女性は大凶で、男性だけに大吉数です。

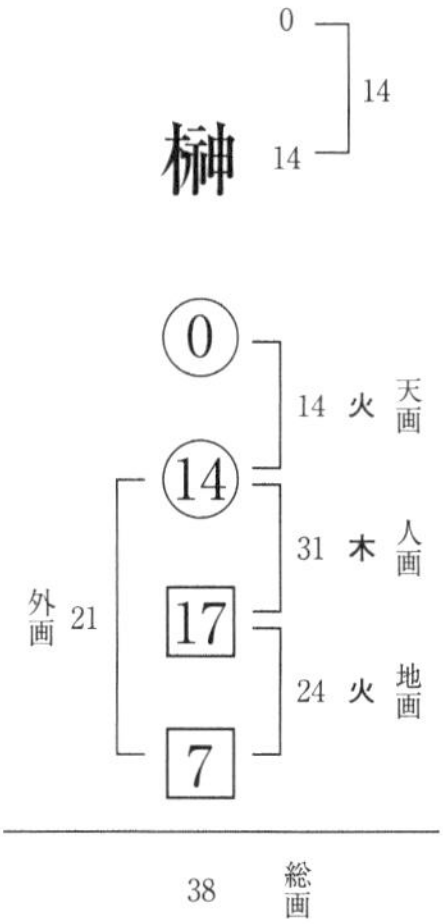

※ただし外画二十一の画数は女性は大凶で、男性だけに大吉数です。

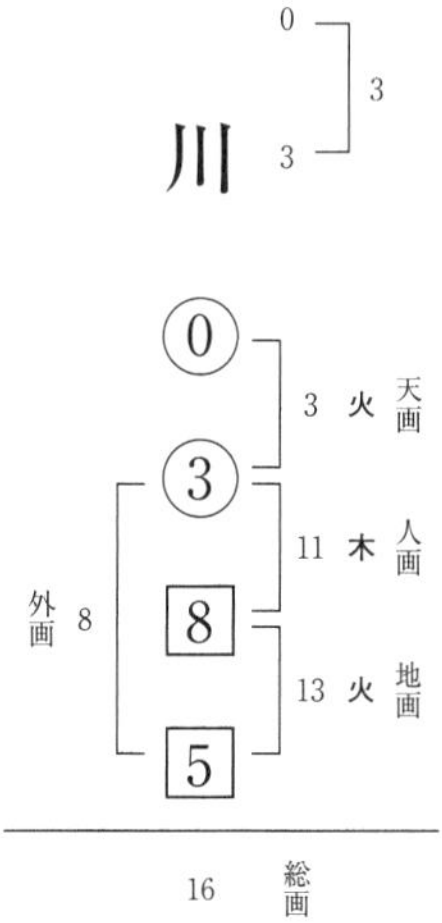

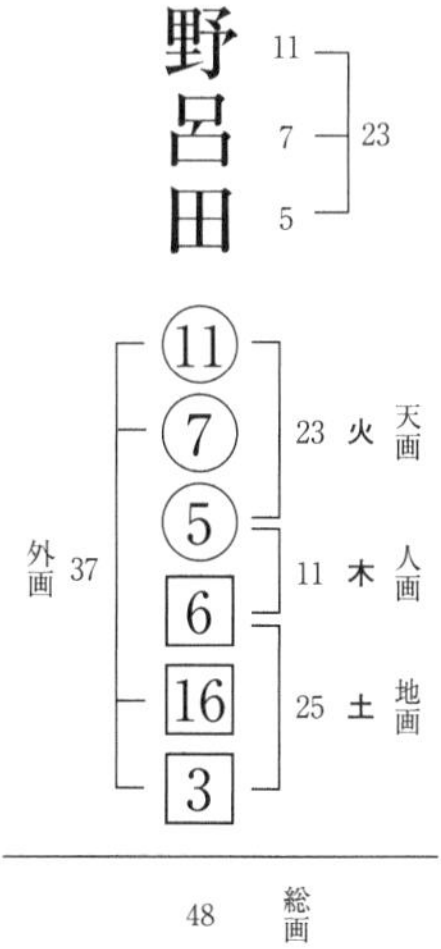

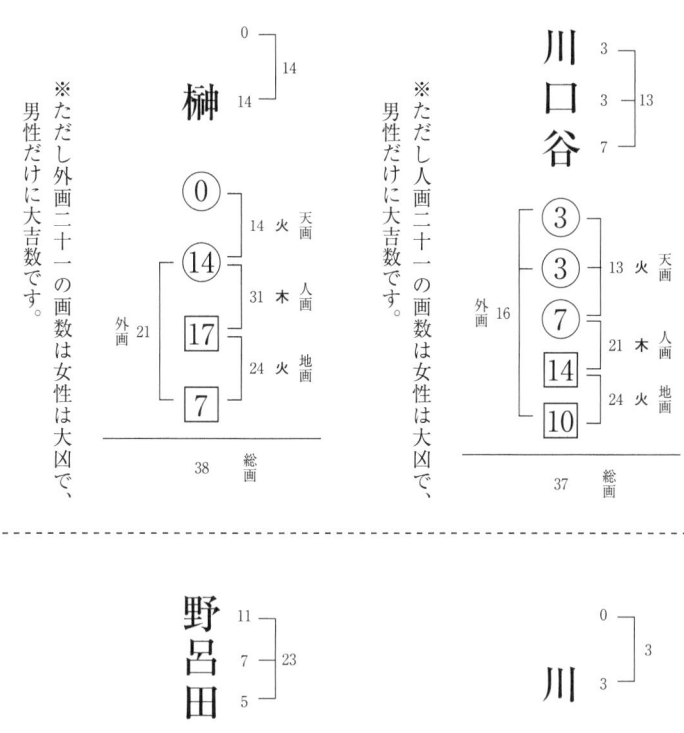

奥

奥 13（0 + 13 = 13）

⓪ ⑬ 11 21 3

- 天画 13 火
- 人画 24 火
- 地画 35 土
- 外画 37
- 総画 48

今

今 4（0 + 4 = 4）

⓪ ④ 11 2

- 天画 4 火
- 人画 15 土
- 地画 13 火
- 外画 6
- 総画 17

小笠原

小 3、笠 11、原 10（24）

③ ⑪ 10 15 9

- 天画 24 火
- 人画 25 土
- 地画 24 火
- 外画 23
- 総画 48

※ただし外画二十三の画数は女性は大凶で、男性だけに大吉数です。

林田

林 8、田 5（13）

⑧ ⑤ 11 7

- 天画 13 火
- 人画 16 土
- 地画 18 金
- 外画 15
- 総画 31

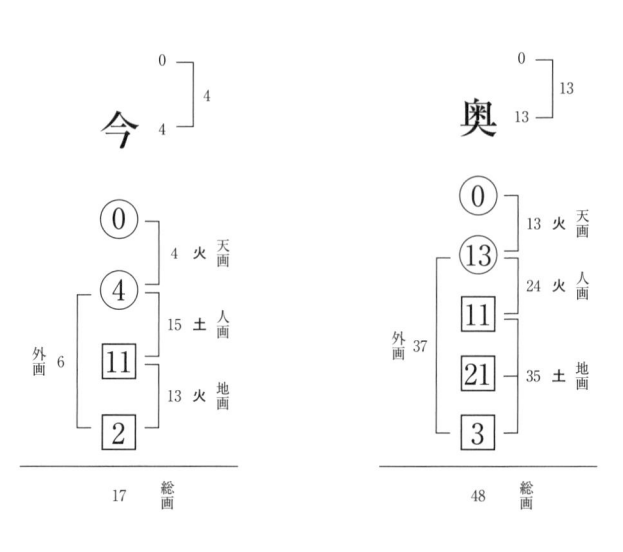

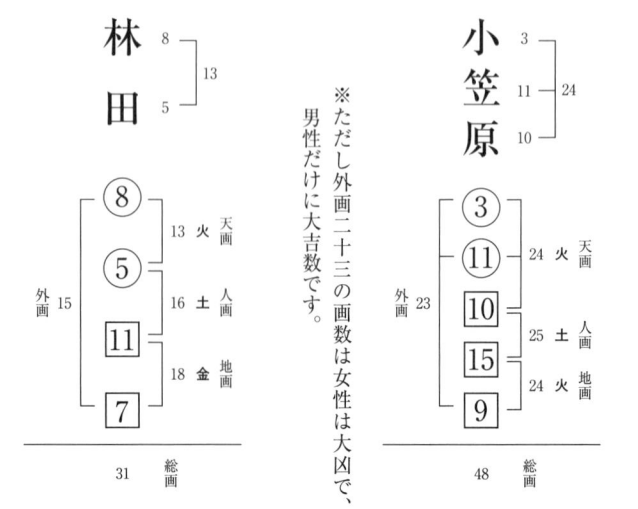

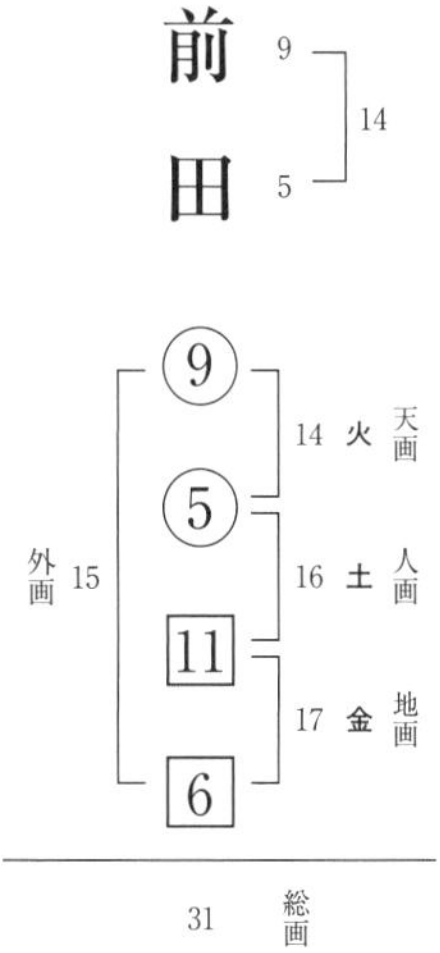
前 9
田 5
14
9
5
11
6
14 火 天画
16 土 人画
17 金 地画
外画 15
31 総画

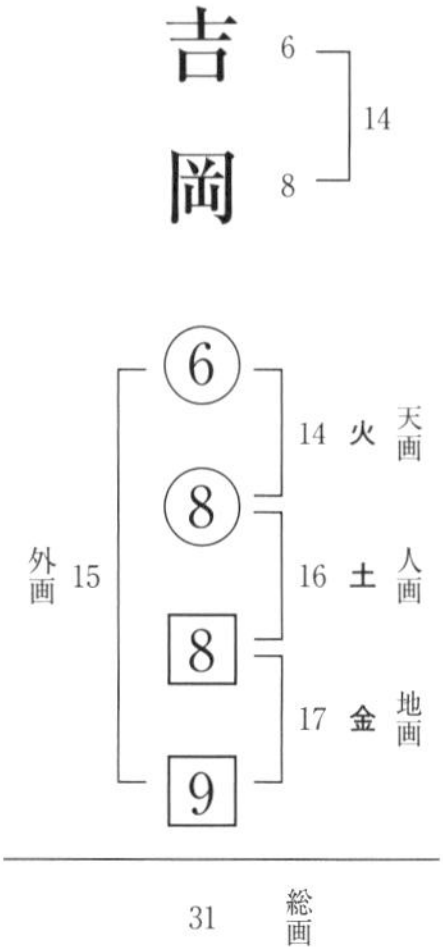
吉 6
岡 8
14
6
8
8
9
14 火 天画
16 土 人画
17 金 地画
外画 15
31 総画

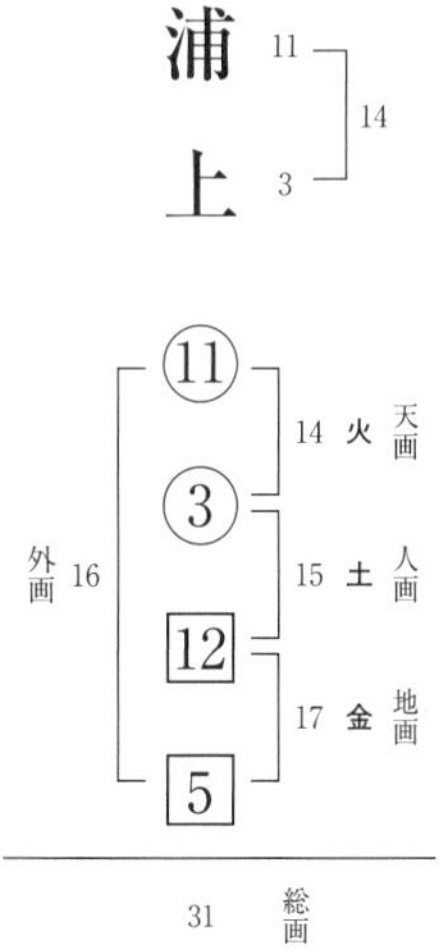
浦 11
上 3
14
11
3
12
5
14 火 天画
15 土 人画
17 金 地画
外画 16
31 総画

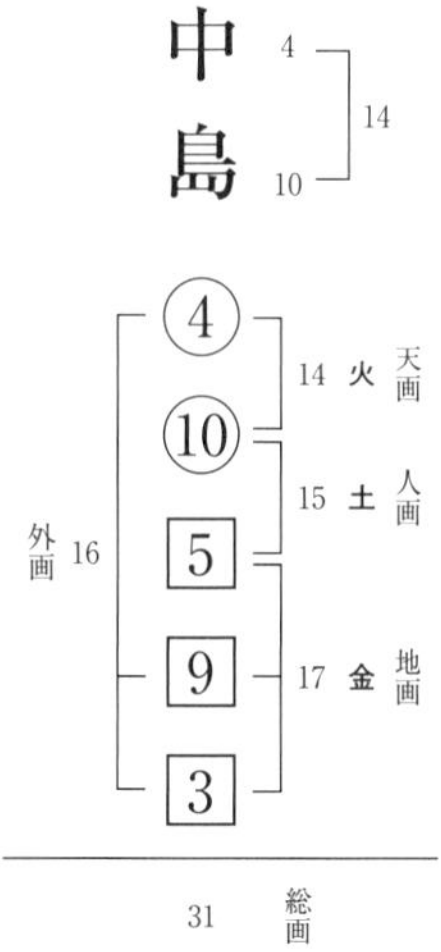
中 4
島 10
14
4
10
5
9
3
14 火 天画
15 土 人画
17 金 地画
外画 16
31 総画

土性（5・6）に適合した配列

天画（祖運）	土	5、6の系列
人画（主運）	火	3、4の系列
地画（親運）	木	1、2の系列

《特徴と性格》

特質は明敏で順応性に富むこと。臨機応変に物事に対処して人心を掌握し、着々と人望を集める。困難に耐え、競争に打ち勝つ。名誉と権勢を好むのと少々気が早いのが特徴。

《全　体》

温厚、誠実な人柄に意欲と才能が加わり、順調に基礎を築くことができる。目的や希望を意の如《ごと》く達成し、社会的指導者となって、名誉、権力を手中にできる運格。ただし、八十一数理に合致すること。作詞家の阿久悠さん、政治家の石原慎太郎さん、女優の左幸子さん、日本医師会会長の横倉義武さん、国際政治学者の浅井信雄さんが同配列。

天画（祖運）	土	5、6の系列
人画（主運）	火	3、4の系列
地画（親運）	火	3、4の系列

《特徴と性格》

感受性が鋭い。几《き》帳面《ちょうめん》な性格。頭脳労働者や学者などに多い配列で、常に敏感に反応する鋭敏な能力を持っていて指導力もある。

《全　体》

豊かな才能によって盤石な基礎を作る。意外なほど急激な成功を収める。何事も順調に推移し、実績が認められ、社会的評価を得る。周囲の引き立て運も持っている吉祥運格。ただし、八十一数理に合致すること。将棋十五世名人の大山康晴さん、俳優の石原裕次郎さん、女優の小川真由美さんも同配列。

天画（祖運）**土** 5、6の系列	人画（主運）**火** 3、4の系列	地画（親運）**土** 5、6の系列

《特徴と性格》

温厚な性格だが、内面にはいち早く目的に到達しようとする活気が溢《あふ》れている。才能が全体のバランスをとって、清潔さと品格が感じられる。洞察力、見識も抜群。

《全　体》

知識階級に多い配列で、才能と努力が安定へと導き、基礎を確立する。目的や希望が着実に達成でき、大なる発展を遂げ成功に至る。ただし、八十一数理に合致すること。作家の五味川純平さん、演出家の宮本亜門さん、野球評論家の梨田昌孝さんが同配列。

天画（祖運）**土** 5、6の系列	人画（主運）**土** 5、6の系列	地画（親運）**火** 3、4の系列

《特徴と性格》

温厚で雅量もあるが強情でもある。それでいて協調性と親しみやすさを感じることから得な性格である。愛情深く正義感も強い。才能も豊かで名誉欲も深い。少々飽きっぽいのが特徴。

《全　体》

敬愛される性格で、青年期より才能を発揮する。耐久力があり、周囲の人望も厚いことから順調に発展、大なる基礎を形成。厄災難も巧みにかわせる強運を持つ。平凡だが安定した盤石の体制を築き、地位と名誉を手にして大成功できる。ただし、八十一数理に合致すること。俳優の鶴田浩二さんが同配列。

天画（祖運）	土	5、6の系列
人画（主運）	土	5、6の系列
地画（親運）	土	5、6の系列

《特徴と性格》

円満、柔和、情に厚い。細かいことが苦手で物事を大局にみる。寛大で正直なことから人に好かれる。正義感が強く、信念に燃える人柄。多情で少々スローなのが特徴。

《全　体》

青少年期は平凡で不活発な面も見られるが、敏腕で達見の持ち主である。変化はそうそうなく、平穏で安泰な環境から幸福となる。ただし、剛健な反面、不徹底な点もあるので注意が必要。八十一数理に合致すれば成功できる。脳科学者の茂木健一郎さん、女優の吉高由里子さん、山口智子さん、タレントの高田純次さんが同配列。

天画（祖運）	人画（主運）	地画（親運）
土	土	金
5、6の系列	5、6の系列	7、8の系列

《特徴と性格》

質実剛健な考え方だが、重厚で円満な性格から人の良さを感じさせる。雅量、協調性、耐久力もある。細かいことが苦手なのが特徴。

《全　体》

青年期から着々と地歩を固め順調に基礎を築く。目的や希望が遅々とした感じが見られるが、敏腕で堅実な考え方から、平凡のうちに幸福へと至る。ただし、八十一数理に合致すること。作家の山口義正さん、女優の堀北真希さんが同配列。

天画（祖運）	人画（主運）	地画（親運）
土	金	土
5、6の系列	7、8の系列	5、6の系列

《特徴と性格》

義理堅い性格。質実剛健の気概で信念に向かって勇猛果敢に突進する。協調性に欠けることもあるが、約束を厳守することから、大衆の人望を得て敬愛される人柄でもある。

《全　体》

誠実で着実に考えを実践し、基礎を確立する。目的や希望も意の如《ごと》く実現。実行力が信頼につながり順調な発展で成功に至る。ただし、八十一数理に合致すること。元官房長官の細田博之さん、ジャーナリストの櫻井よしこさん、文楽人形遣いの桐竹勘十郎さん、歌手で女優の櫻田淳子さんが同配列。

◉土性（5・6）に適合した名前の組み合わせパターン

（この他にも組み合わせのパターンがあります。○は姓の、□は名の画数を表します）

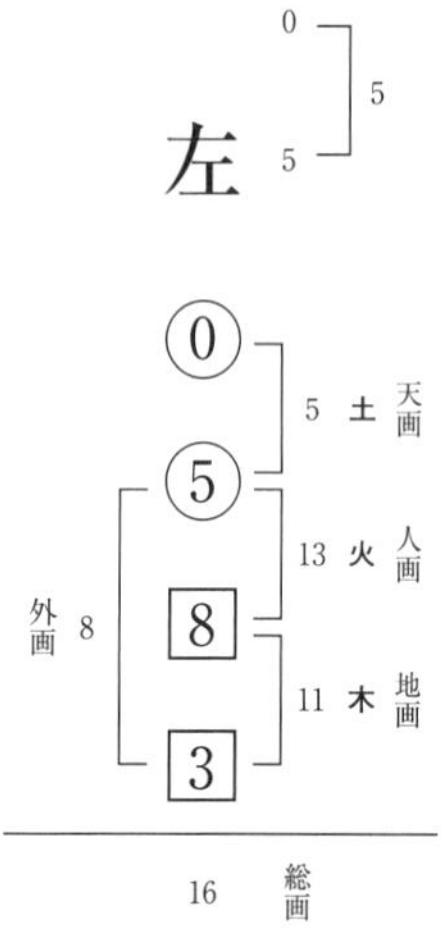

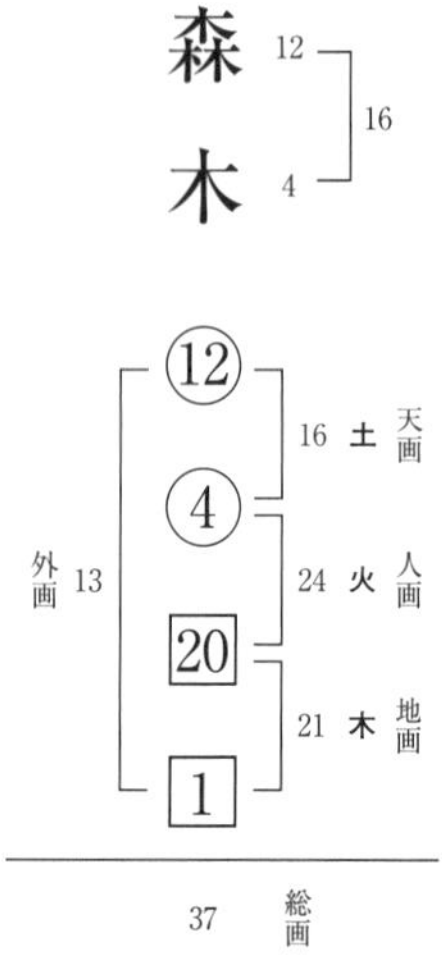

※ただし地画二十一の画数は女性は大凶で、男性だけに大吉数です。

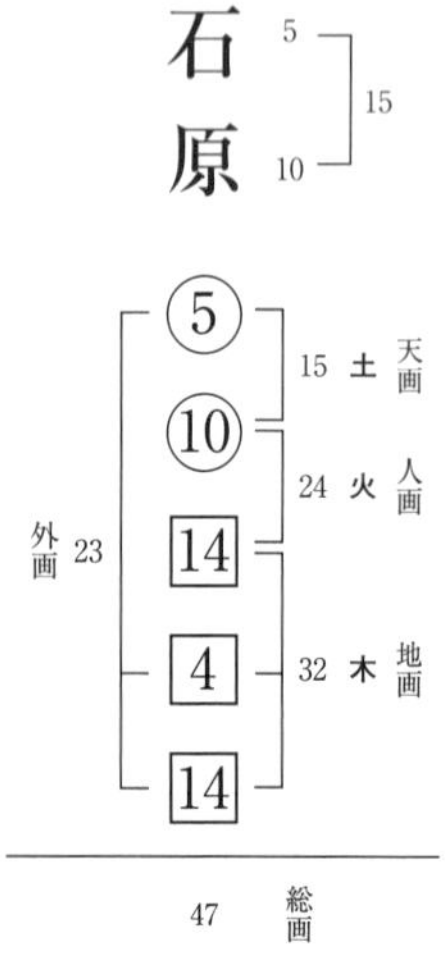

※ただし外画二十三の画数は女性は大凶で、男性だけに大吉数です。

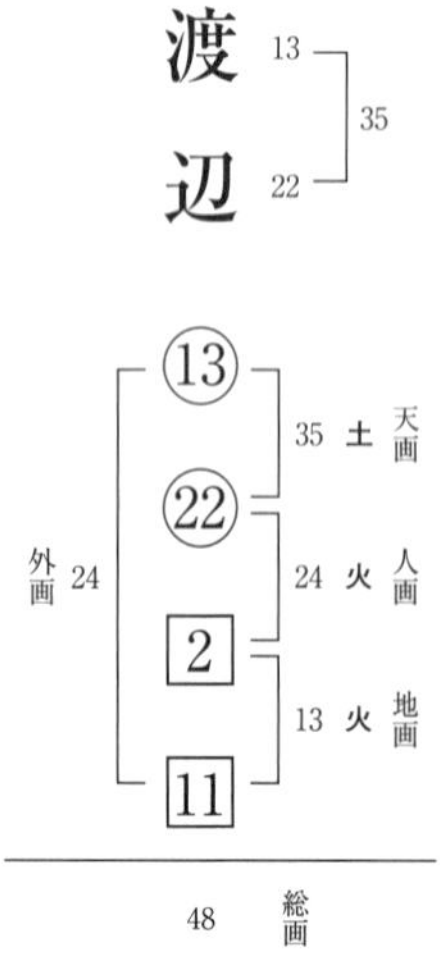

坂東

坂	7
東	8
計	15

画数		
⑦⑧	15 土	天画
⑧[5]	13 火	人画
[5][8][10]	23 火	地画
外画	25	
総画	38	

※ただし地画二十三の画数は女性は大凶で、男性だけに大吉数です。

倉田

倉	10
田	5
計	15

画数		
⑩⑤	15 土	天画
⑤[8]	13 火	人画
[8][8]	16 土	地画
外画	18	
総画	31	

宗形

宗	8
形	7
計	15

画数		
⑧⑦	15 土	天画
⑦[6]	13 火	人画
[6][7][3]	16 土	地画
外画	18	
総画	31	

水野

水	4
野	11
計	15

画数		
④⑪	15 土	天画
⑪[13]	24 火	人画
[13][3]	16 土	地画
外画	7	
総画	31	

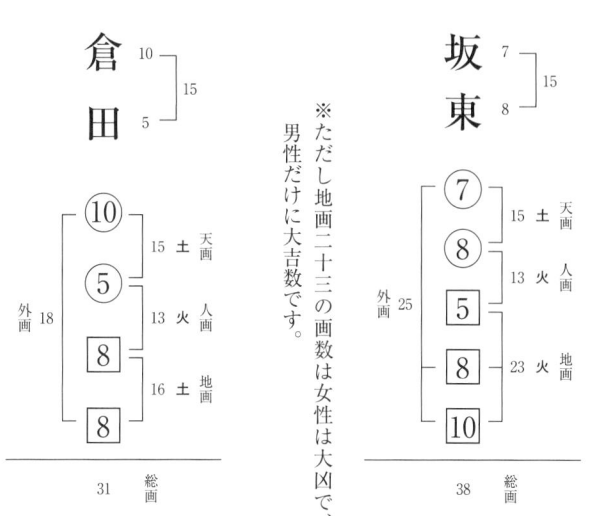

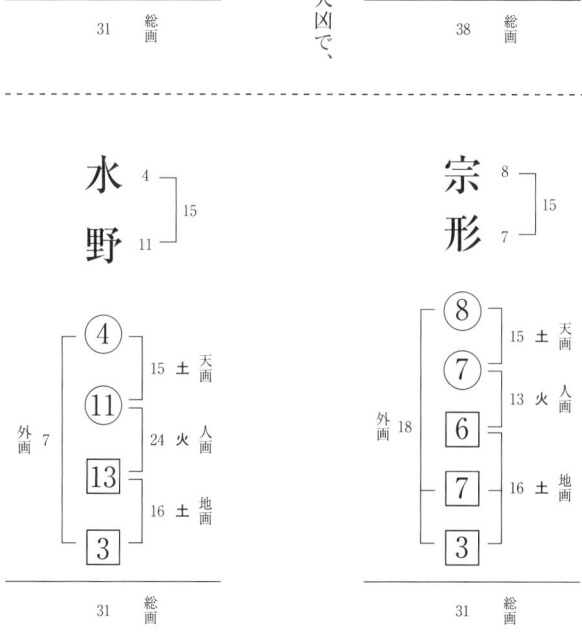

内藤

内 4
藤 21
(4 + 21) 25

④
㉑
[3]
[13]

天画 25 土
人画 24 火
地画 16 土
外画 17

総画 41

五味川

五 5
味 8
川 3
(5 + 8 + 3) 16

⑤
⑧
③
[10]
[5]

天画 16 土
人画 13 火
地画 15 土
外画 18

総画 31

橋

0
橋 16
(0 + 16) 16

⓪
⑯
[8]
[7]

天画 16 土
人画 24 火
地画 15 土
外画 23

総画 31

※ただし外画二十三の画数は女性は大凶で、男性だけに大吉数です。

小川

小 3
川 3
(3 + 3) 6

③
③
[10]
[5]

天画 6 土
人画 13 火
地画 15 土
外画 8

総画 21

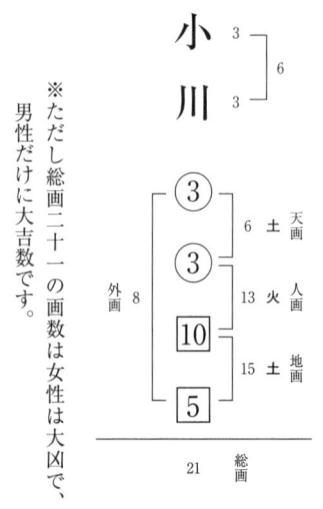

※ただし総画二十一の画数は女性は大凶で、男性だけに大吉数です。

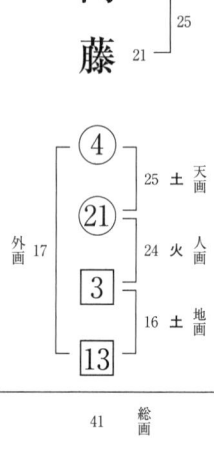

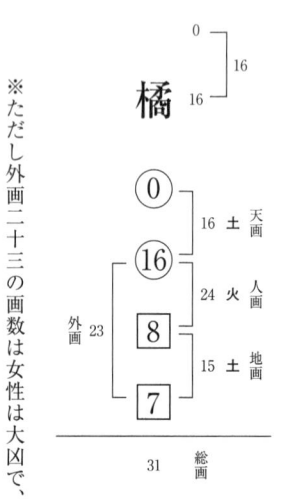

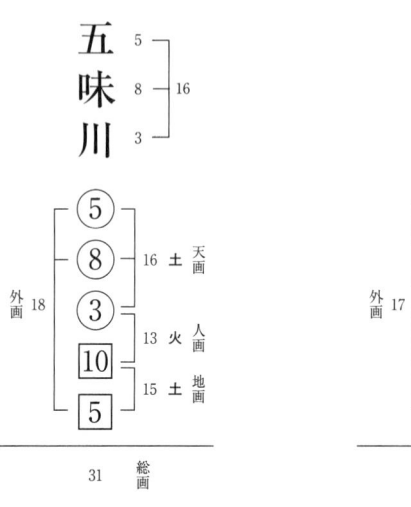

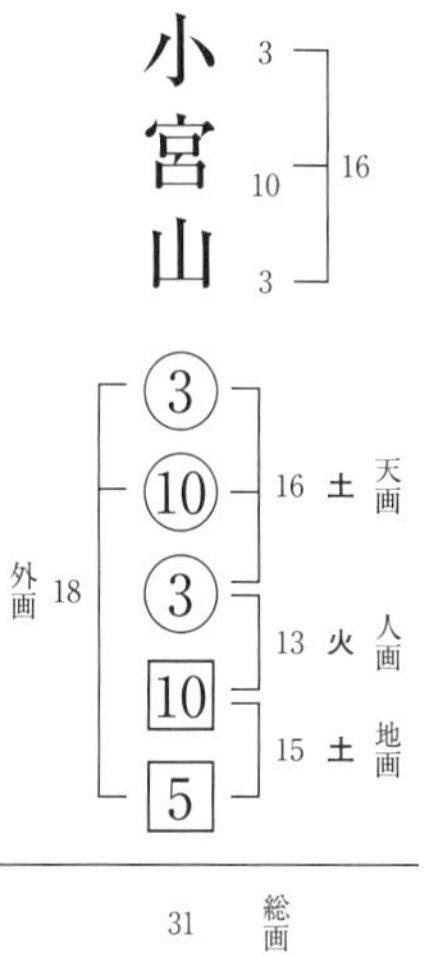
小 3
宮 10
山 3
16
3
10
3
10
5
16 土 天画
13 火 人画
15 土 地画
外画 18
31 総画

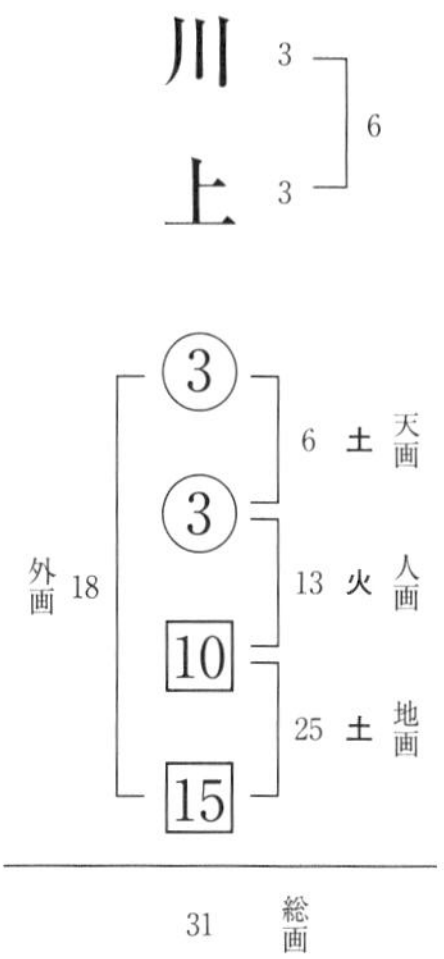
川 3
上 3
6
3
3
10
15
6 土 天画
13 火 人画
25 土 地画
外画 18
31 総画

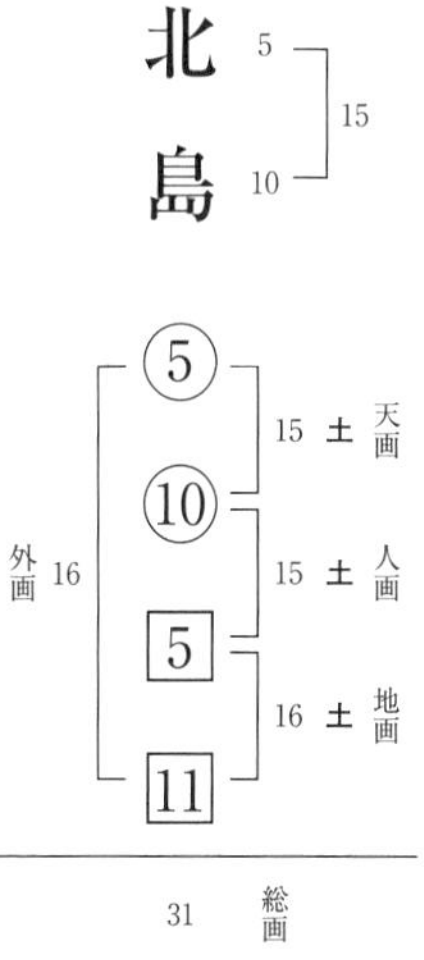
北 5
島 10
15
5
10
5
11
15 土 天画
15 土 人画
16 土 地画
外画 16
31 総画

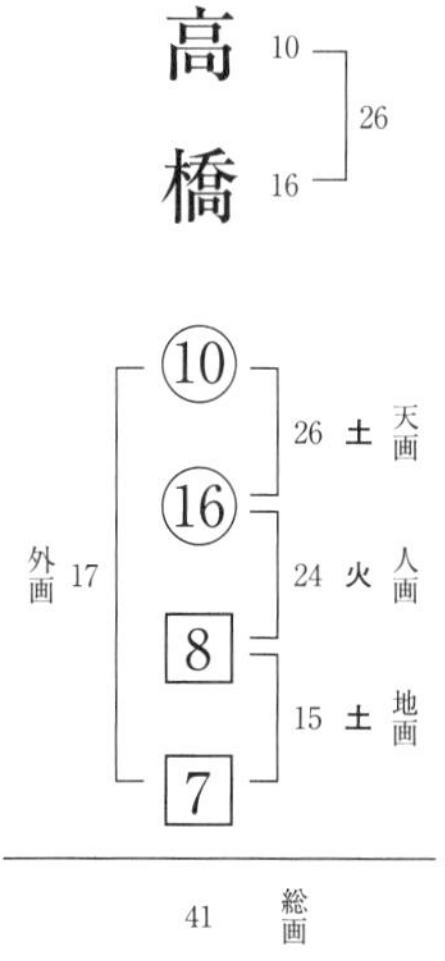
高 10
橋 16
26
10
16
8
7
26 土 天画
24 火 人画
15 土 地画
外画 17
41 総画

北野

文字	画数
北	5
野	11
（合計）	16

画数	数	五行
⑤ ⑪	16	土 天画
⑪ [5]	16	土 人画
[5] [3]	8	金 地画
外画	8	
総画	24	

阿久

文字	画数
阿	13
久	3
（合計）	16

画数	数	五行
⑬ ③	16	土 天画
③ [10]	13	火 人画
[10] [11]	21	木 地画
外画	24	
総画	37	

※ただし地画二十一の画数は女性は大凶で、男性だけに大吉数です。

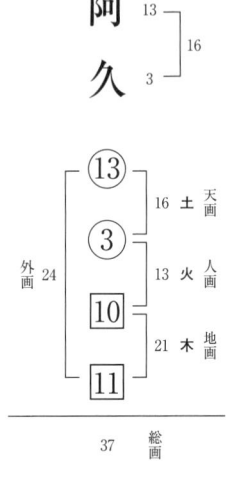

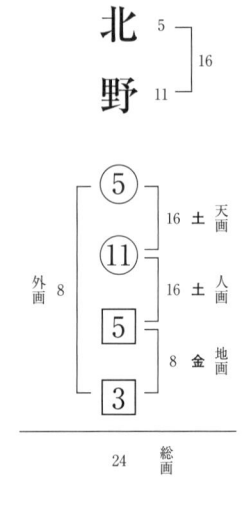

藤井

文字	画数
藤	21
井	4
（合計）	25

画数	数	五行
㉑ ④	25	土 天画
④ [13]	17	金 人画
[13] [3]	16	土 地画
外画	24	
総画	41	

松岡

文字	画数
松	8
岡	8
（合計）	16

画数	数	五行
⑧ ⑧	16	土 天画
⑧ [10]	18	金 人画
[10] [5]	15	土 地画
外画	13	
総画	31	

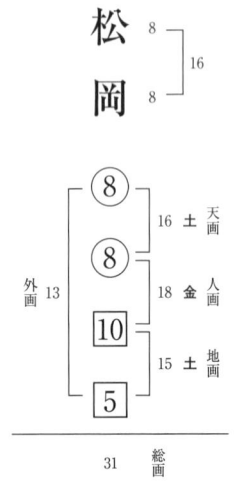

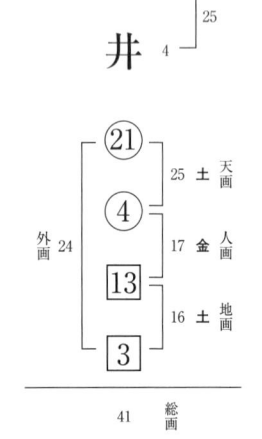

金性（7・8）に適合した配列

天画（祖運）	人画（主運）	地画（親運）
金	土	火
7、8の系列	5、6の系列	3、4の系列

《特徴と性格》

気力旺盛、重厚で雅量もある。円満であるが、質実剛健。愛情深く正義感も強い。学芸の才能もある。努力邁進《まいしん》型の特質は人望を呼び大仕事に当たれる徳分を持つ。名誉心と向上心が強い。

《全　体》

慎重に事を進める性格だが活動的で、有能さを発揮して青年期より基礎を築く。目的や計画、希望は意の如く実現できる。先輩、上位の引き立てによって大成功となる。ただし、八十一数理に合致すること。映画監督の山本晋也さん、女優の朝丘雪路さん、深田恭子さん、俳優の中井貴一さん、侍ジャパンの監督を務めた山本浩二さん、奈良教育大学教授の金原正明さんが同配列。

天画（祖運）	金	7、8の系列
人画（主運）	土	5、6の系列
地画（親運）	土	5、6の系列

《特徴と性格》

じっくりとした落ち着きと、円満重厚な徳分を持つ。一見、覇気がないように見えるが、大仕事に当たり、実現させる力を持つ。堅実正義を重んじる人柄。

《全　体》

青年期目立たなくても平穏のうちに着実に基礎固めをする。三十六歳前に基礎的技術を習得、三十七歳頃より管理者、責任者、指導者として頭角を現し、地位を確実なものとする。目的や計画が順調に推移、安泰と成功に至る。ただし、八十一数理に合致すること。俳優の加山雄三さん、映画監督の山田洋次さん、フィギュアスケートの浅田真央さん、俳優の今井雅之さん、加森観光㈱社長の加森公人さんが同配列。

天画（祖運）	人画（主運）	地画（親運）
金　7、8の系列	土　5、6の系列	金　7、8の系列

《特徴と性格》

意志強固で自我が強い。それでいて外見は温厚で、雅量のある人柄に見える。堅実で沈着冷静。上下に愛される特質を持つ。名誉を重んじ、正義感が強い。機運に乗れば大きな力を発揮する。

《全　体》

生来真面目《まじめ》なことから、青年期より飾ることなく着々と地歩を固め順調に基礎固めができる。周囲から実力が認められ、急激な変化に見舞われることがあっても目的や計画、希望は順調に達成し、成功をつかむ運格。ただし、八十一数理に合致すること。

歌手の石川さゆりさんが同配列。

● **金性（7・8）に適合した名前の組み合わせパターン**
（この他にも組み合わせのパターンがあります。○は姓の、□は名の画数を表します）

鈴木 13, 4] 17

```
      ⑬
      ④  ] 17 金 天画
外画25      ] 16 土 人画
      12
         ] 24 火 地画
      12

      41 総画
```

平森 5, 12] 17

```
      ⑤
         ] 17 金 天画
      ⑫
         ] 25 土 人画
外画16 13
         ] 24 火 地画
      11

      41 総画
```

青沼 8, 9] 17

```
      ⑧
         ] 17 金 天画
      ⑨
         ] 16 土 人画
外画25 7
         ] 24 火 地画
      17

      41 総画
```

久保田 3, 9, 5] 17

```
      ③
      ⑨  ] 17 金 天画
      ⑤
         ] 16 土 人画
外画25 11
         ] 24 火 地画

```

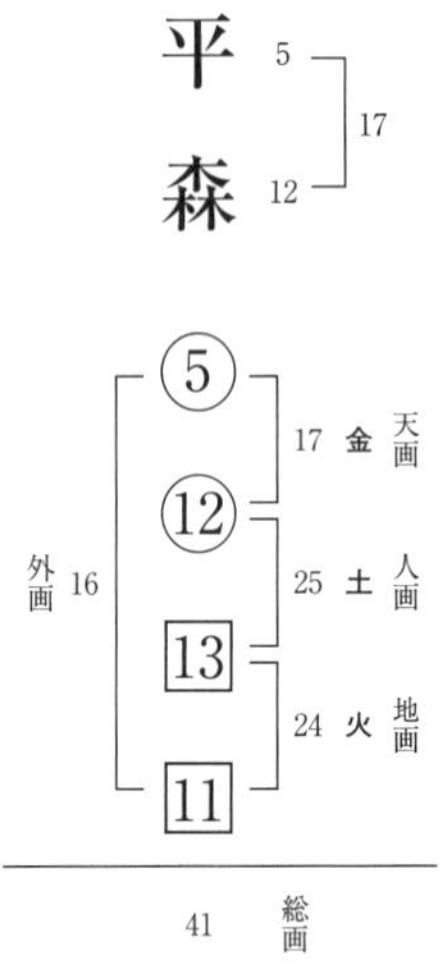

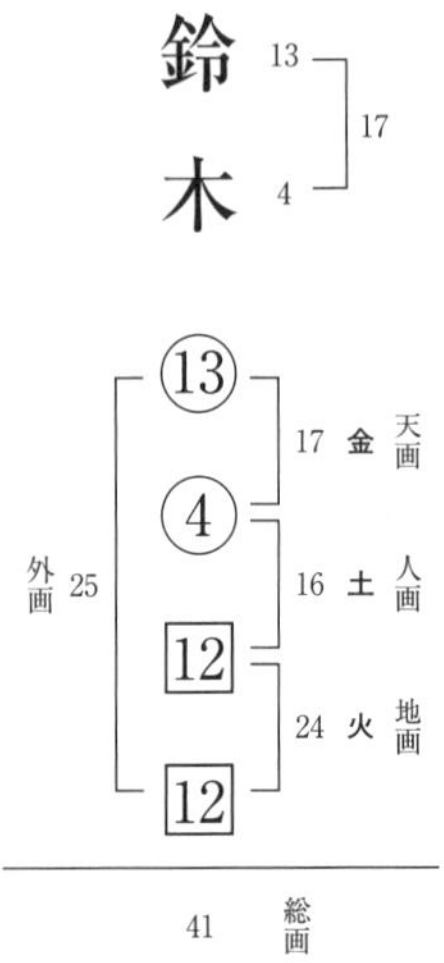

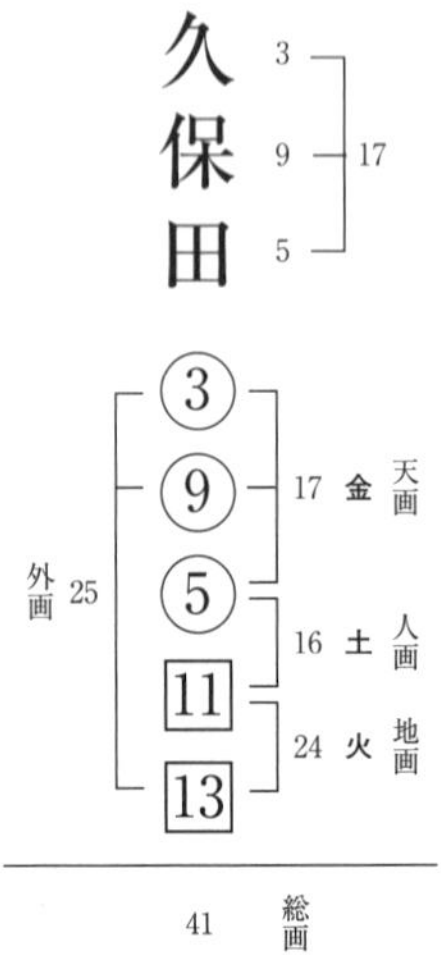

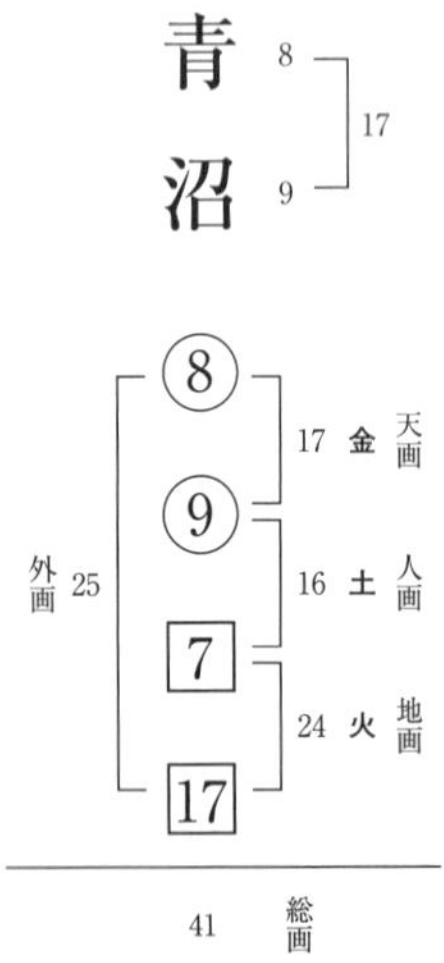

大 3
石 5
（8）

③
⑤
[10]
[14]

天画 8 金
人画 15 土
地画 24 火
外画 17
総画 32

川 3
田 5
（8）

③
⑤
[10]
[3]

天画 8 金
人画 15 土
地画 13 火
外画 6
総画 21

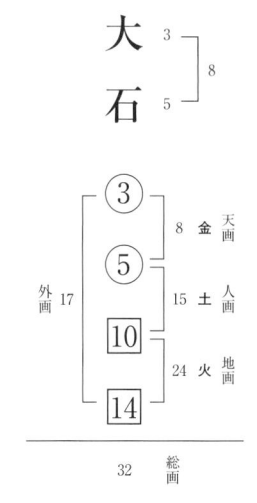

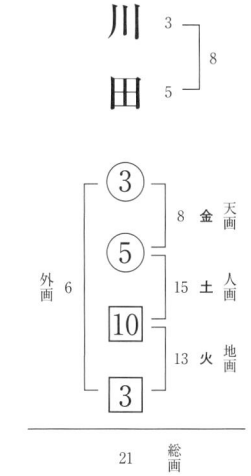

※ただし総画二十一の画数は女性は大凶で、男性だけに大吉数です。

田 5
川 3
（8）

⑤
③
[12]
[12]

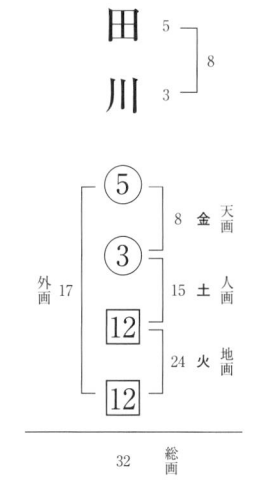

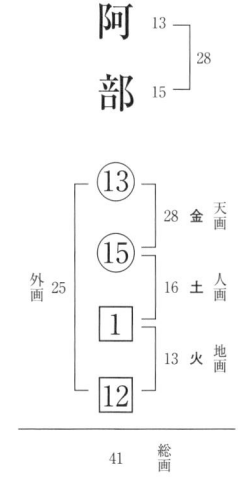

天画 8 金
人画 15 土
地画 24 火
外画 17
総画 32

阿 13
部 15
（28）

⑬
⑮
[1]
[12]

天画 28 金
人画 16 土
地画 13 火
外画 25
総画 41

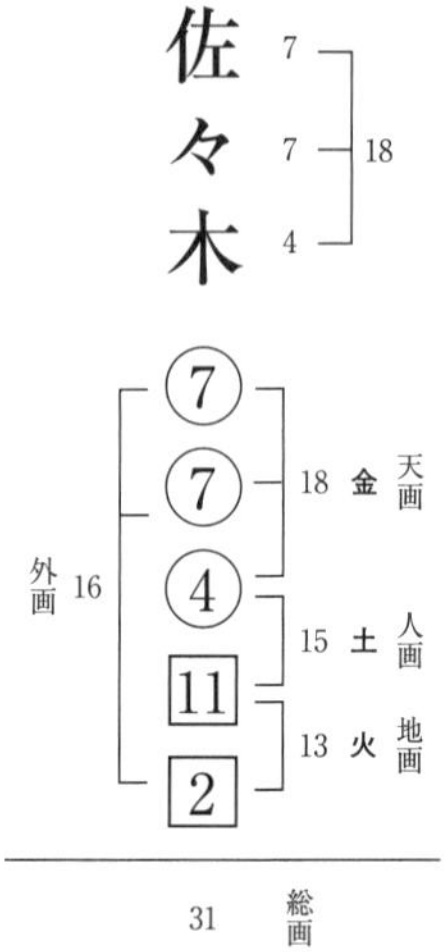

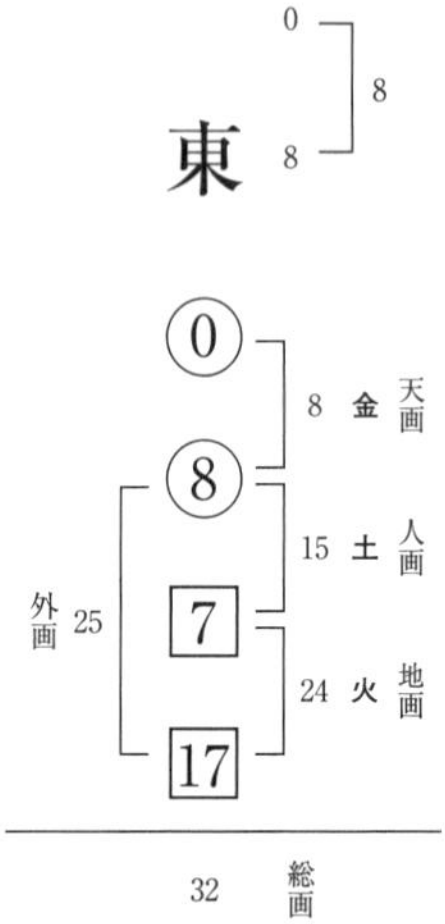

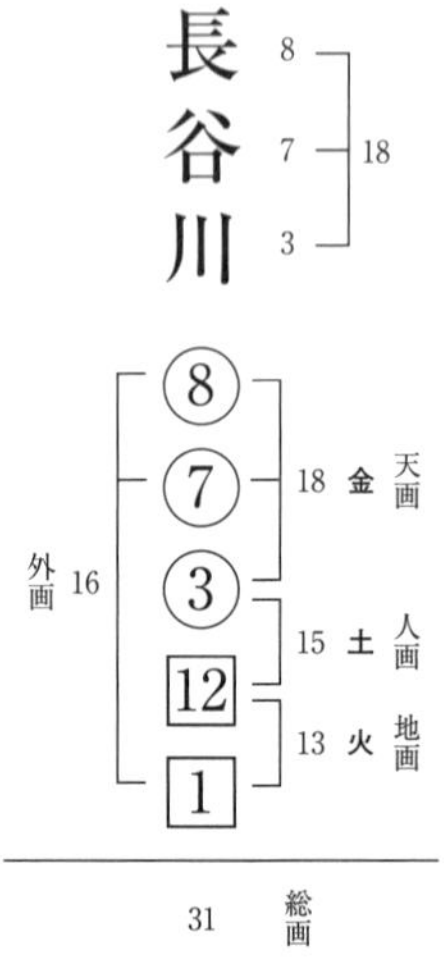

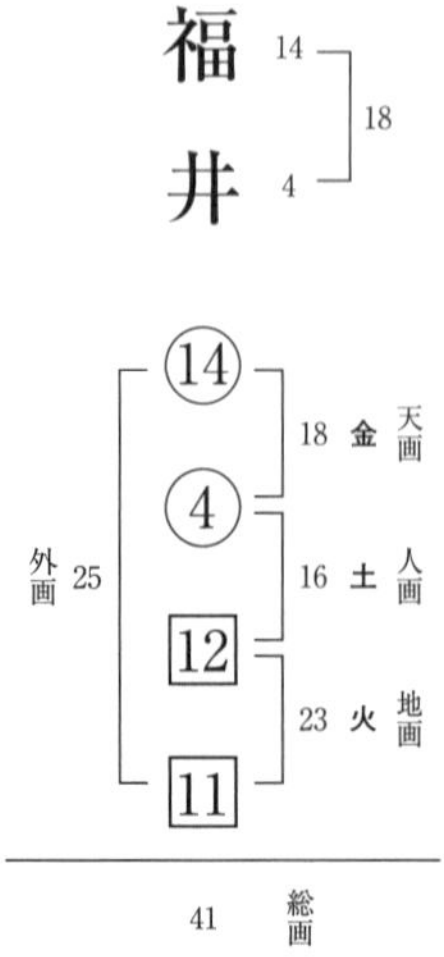

※ただし地画二十三の画数は女性は大凶で、男性だけに大吉数です。

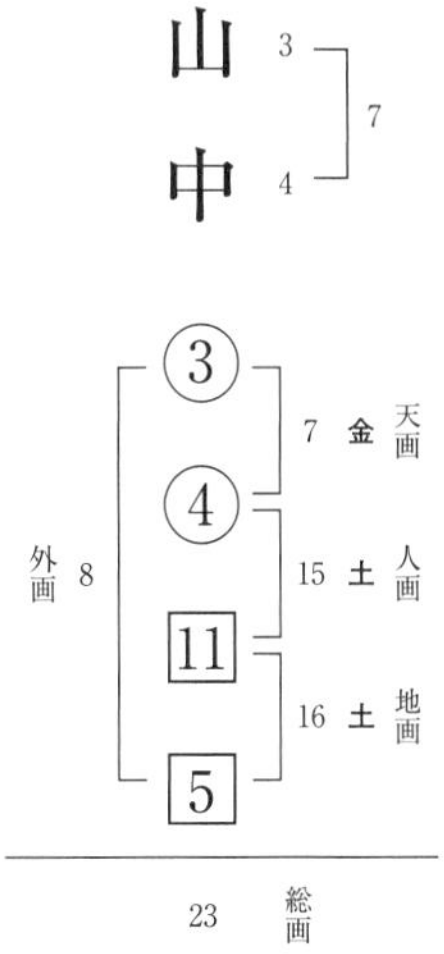

※ただし総画二十三の画数は女性は大凶で、男性だけに大吉数です。

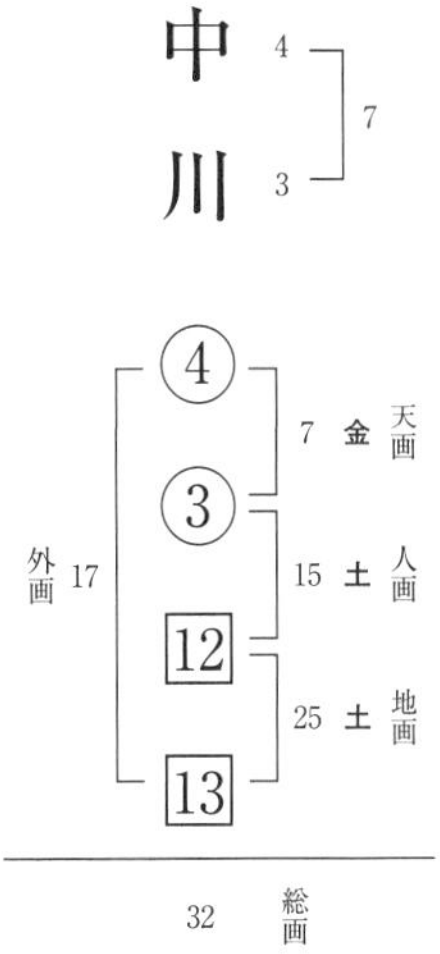

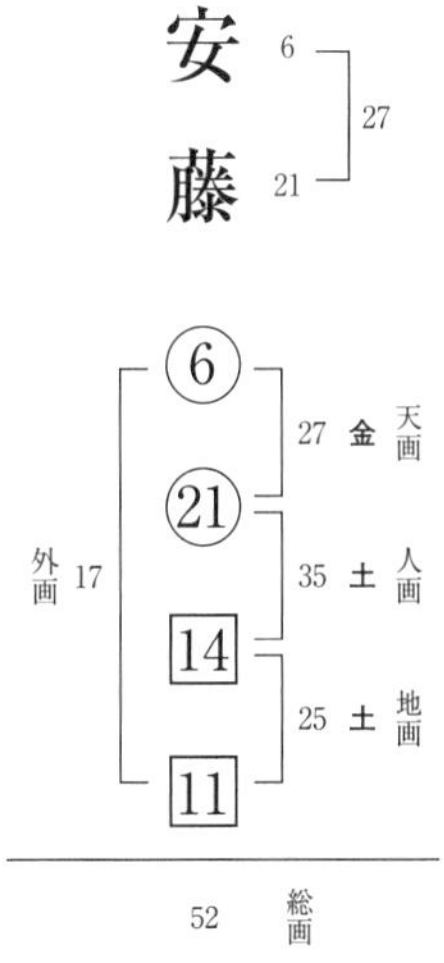

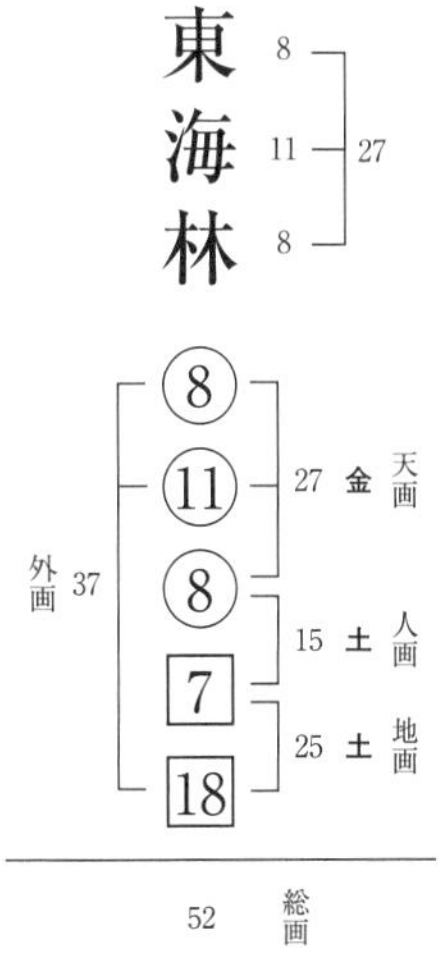

瀬戸内

瀬 20
戸 4
内 4
（20＋4＋4＝28）

⑳ ④ ④ 11 13

28 金 天画
15 土 人画
24 火 地画
外画 37

52 総画

澤

0
澤 17
（0＋17＝17）

⓪ ⑰ 8 7

17 金 天画
25 土 人画
15 土 地画
外画 24

32 総画

伴

0
伴 7
（0＋7＝7）

⓪ ⑦ 8 9

7 金 天画
15 土 人画
17 金 地画
外画 16

24 総画

小田

小 3
田 5
（3＋5＝8）

③ ⑤ 11 5

8 金 天画
16 土 人画
16 土 地画
外画 8

24 総画

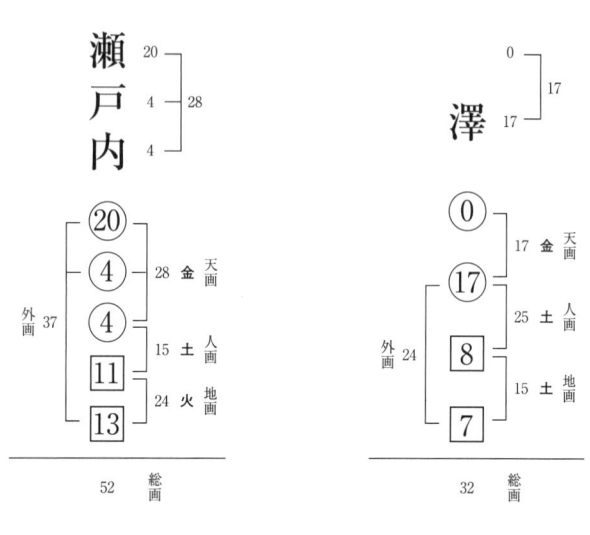

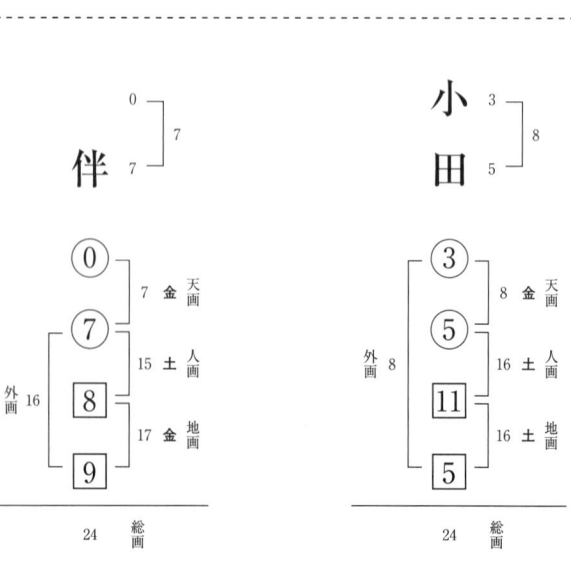

水性（9・0）に適合した配列

天画（祖運）	人画（主運）	地画（親運）
水	木	木
9、0の系列	1、2の系列	1、2の系列

《特徴と性格》

外見は柔和だが内面は意欲的な理論家。不《ふ》撓《とう》不《ふ》屈《くつ》の精神の持ち主で努力型。愛情深く、物質欲もある。欠点は癇癪《かんしゃく》を起こしがちなこと。勤勉で努力家。不眠症にかかりやすいのが特徴。

《全　体》

青年期より目的や希望に向かって頑張ることから周囲の信望を得、順調に基礎を固める。企画力に優れ、人心を掌握し、支配、統一に向かう。指導力が抜群で目的や希望を意欲と努力で遂行、順調に発展成功、権威と名誉を得る運格。ただし、八十一数理に合致すること。俳優の高倉健さん、元総理の田中角栄さんが同配列。

天画（祖運）	人画（主運）	地画（親運）
水	木	土
9、0の系列	1、2の系列	5、6の系列

《特徴と性格》

温厚柔和に見えるが不撓不屈《ふとうふくつ》の精神の持ち主。勤勉な努力家。指導力もあって、周囲の信望を集める。独創性を発揮して安定した人格を完成させる。情熱も豊か。能力を十分に生かす天分と積極性を持っている。名誉を重んじ仁に厚い特性から、頼まれると断ることができない親分肌。健康にも恵まれる。

《全　体》

青年期に多少の困難さが伴うが、巧みに難事を解決して盤石の基礎を形成する。創意工夫、能力と努力が周囲の認知度を高め、理想と目的を遂行する。指導力を十分に発揮して順調に成功を収め、名誉、権威、富を手中にできる。ただし、八十一数理に合致すること。プロ野球選手の稲葉篤紀さん、女優の樹木希林さん、作家の森村誠一さん、タレントの太田光さん、北海道銀行頭取の堰八義博さんが同配列。

天画（祖運）	人画（主運）	地画（親運）
水	金	土
9、0の系列	7、8の系列	5、6の系列

《特徴と性格》

人間性も豊かで質実剛健。実直で思い切りの良い性格。耐久力に優れ、多少の困難や苦労があっても巧みに突破できる。先見性があって義理堅い努力家。ただし強情なことから、優しさを素直に表に出せない性格。意地を張り過ぎるのが欠点。

《全　体》

青年期は平凡だが境遇が安定して、堅実着実に基礎を築く。努力、決断、実行力と信望が加わり、実力を存分に発揮する。上位の引き立てと社会的信用により目的を達成する。予想外の成功を見る運格。ただし、八十一数理に合致すること。歌手の岩崎宏美さん、女優の戸田恵子さん、政治家の小沢一郎さん、大阪市長の橋下徹さん、旭川在住の医師で作家の的場光昭さん、史上最年少ピアニストデビューの牛田智大さんが同配列。

● 水性（9・0）に適合した名前の組み合わせパターン

（この他にも組み合わせのパターンがあります。○は姓の、□は名の画数を表します）

中田 14, 18] 14

```
       ┌ ④       ┐
       │         │ 9 水 天画
       │ ⑤       │
       │         │ 11 木 人画
外画 13 │ 6       │
       │         │ 15 土 地画
       │ 6       │
       │         │
       └ 3       ┘
         24 総画
```

畑瀬 9, 20] 29

```
       ┌ ⑨       ┐
       │         │ 29 水 天画
       │ ⑳       │
       │         │ 32 木 人画
外画 13 │ 12      │
       │         │ 16 土 地画
       │ 4       │
       └         ┘
         45 総画
```

橋口 16, 3] 19

```
       ┌ ⑯       ┐
       │         │ 19 水 天画
       │ ③       │
       │         │ 11 木 人画
外画 24 │ 8       │
       │         │ 16 土 地画
       │ 8       │
       └         ┘
         35 総画
```

平井 5, 4] 9

```
       ┌ ⑤       ┐
       │         │ 9 水 天画
       │ ④       │
       │         │ 11 木 人画
外画 13 │ 7       │
       │         │ 15 土 地画
       └         ┘
```

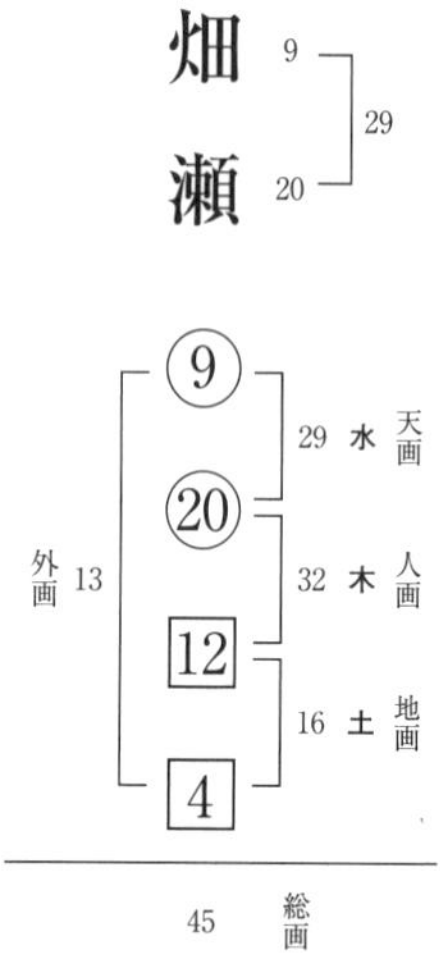

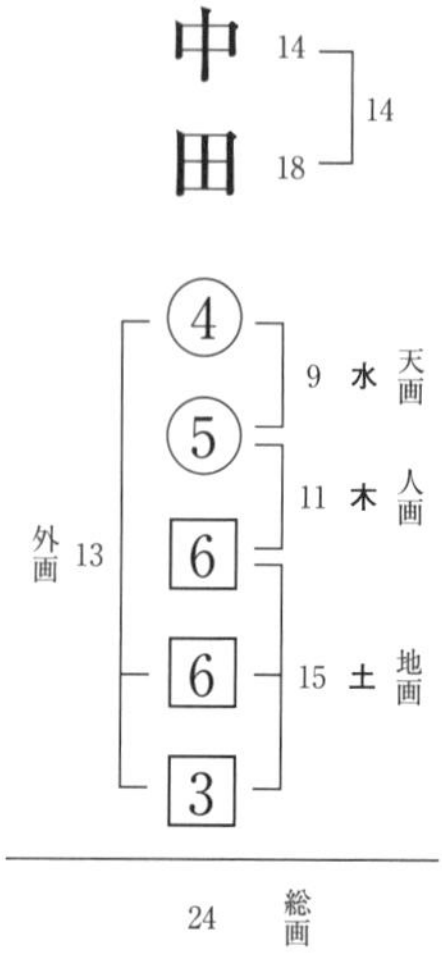

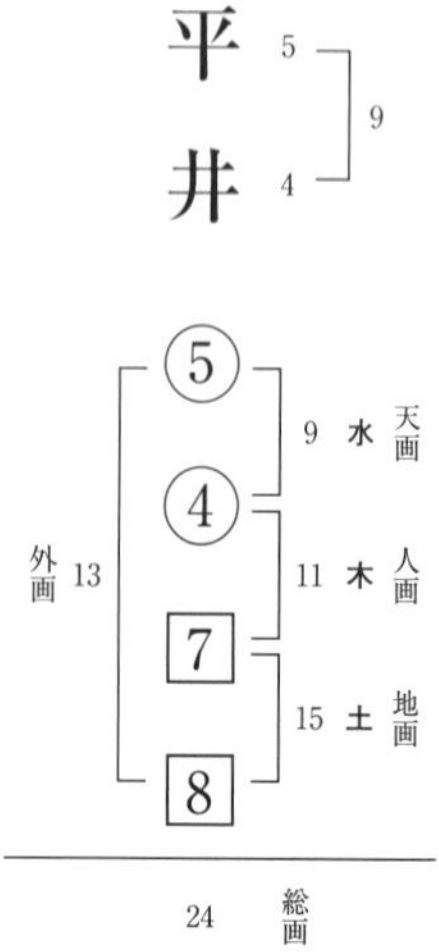

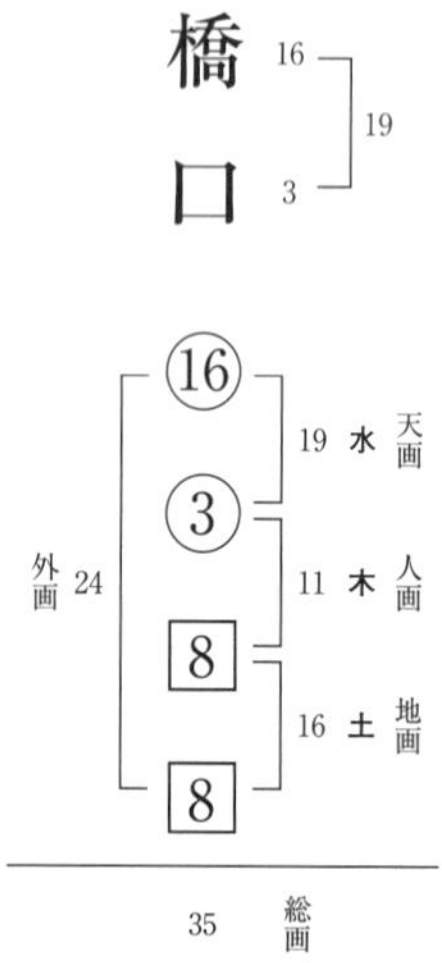

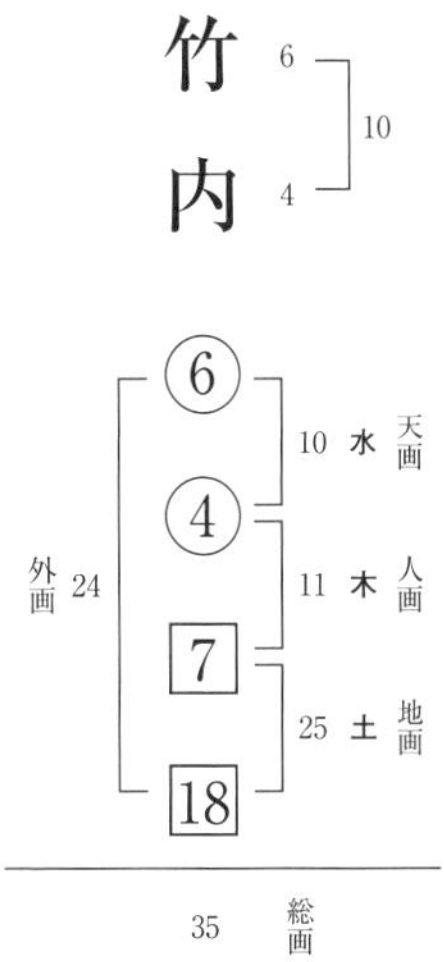
竹 6
内 4
10
⑥ ④ 7 18
10 水 天画
11 木 人画
25 土 地画
外画 24
35 総画

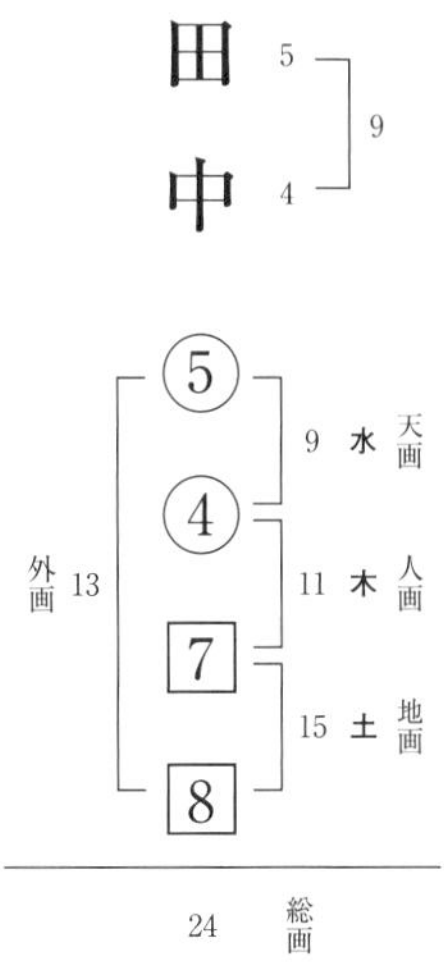
田 5
中 4
9
⑤ ④ 7 8
9 水 天画
11 木 人画
15 土 地画
外画 13
24 総画

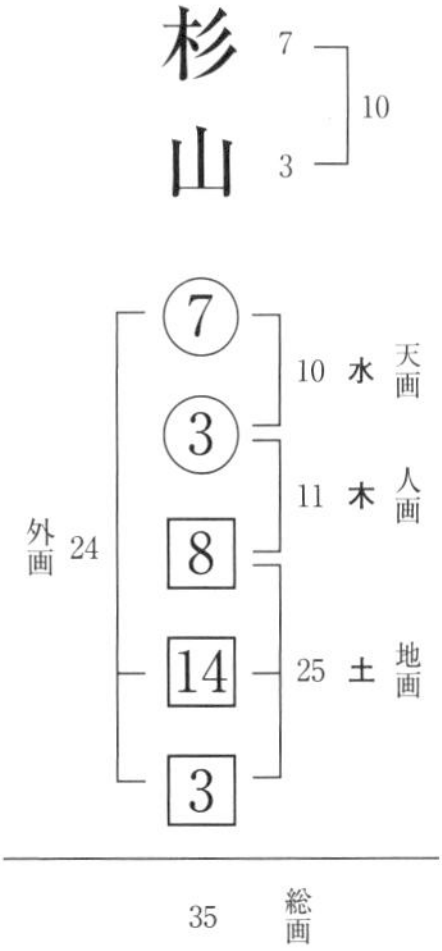
杉 7
山 3
10
⑦ ③ 8 14 3
10 水 天画
11 木 人画
25 土 地画
外画 24
35 総画

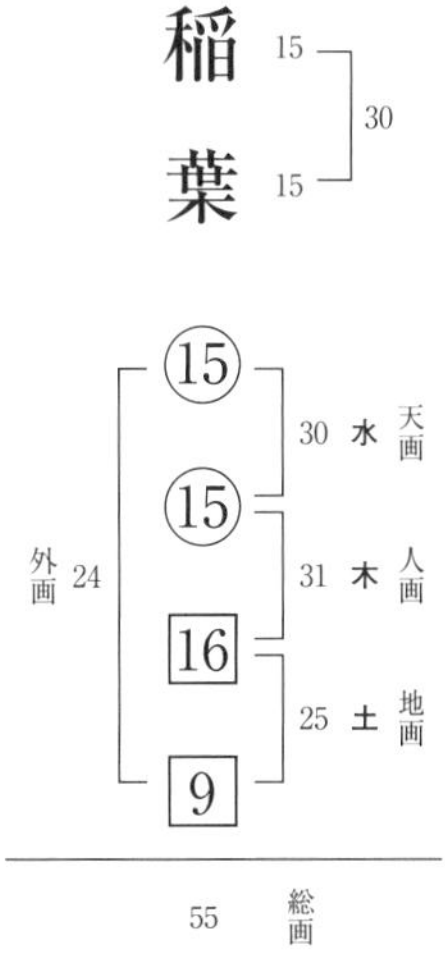
稲 15
葉 15
30
⑮ ⑮ 16 9
30 水 天画
31 木 人画
25 土 地画
外画 24
55 総画

小山内

小	3
山	3
内	4
計	10

③ ③ ④ [7] [18]

天画	10	水
人画	11	木
地画	25	土
外画	24	
総画	35	

神

（なし）	0
神	10
計	10

⓪ ⑩ [11] [14]

天画	10	水
人画	21	木
地画	25	土
外画	24	
総画	35	

※ただし人画二十一の画数は女性は大凶で、男性だけに大吉数です。

小野寺

小	3
野	11
寺	6
計	20

③ ⑪ ⑥ [15] [10]

天画	20	水
人画	21	木
地画	25	土
外画	24	
総画	45	

※ただし人画二十一の画数は女性は大凶で、男性だけに大吉数です。

三橋

三	3
橋	16
計	19

③ ⑯ [2] [14]

天画	19	水
人画	18	金
地画	16	土
外画	17	
総画	35	

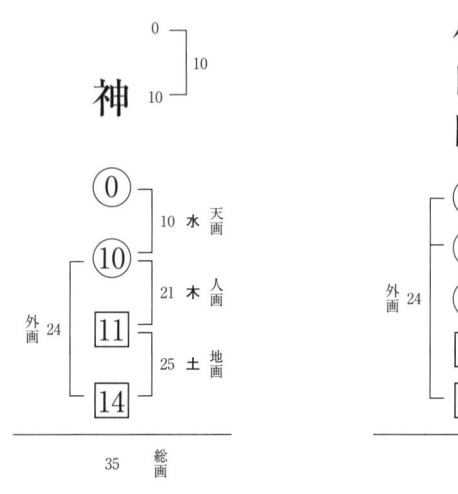

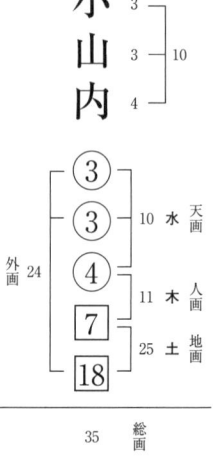

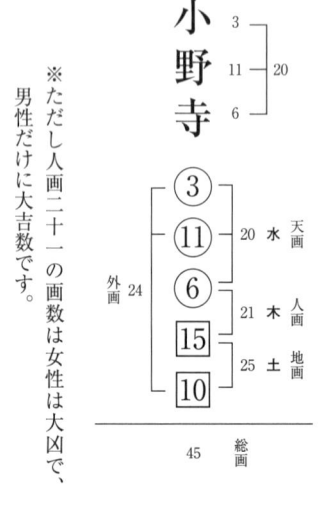

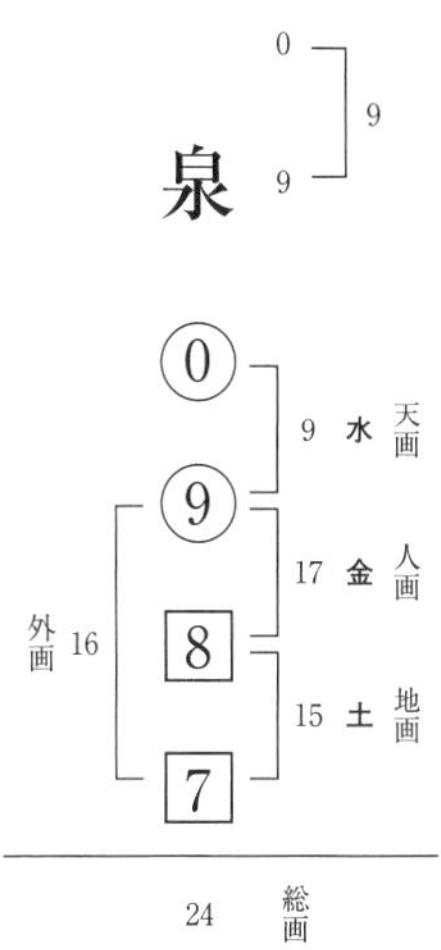
泉
0
9
9
0
9
8
7
9 水 天画
17 金 人画
15 土 地画
外画 16
24 総画

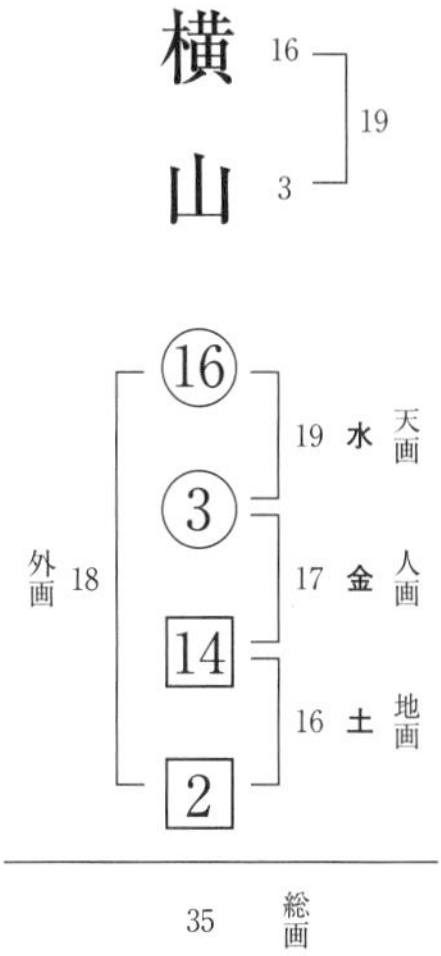
横山
16
3
19
16
3
14
2
19 水 天画
17 金 人画
16 土 地画
外画 18
35 総画

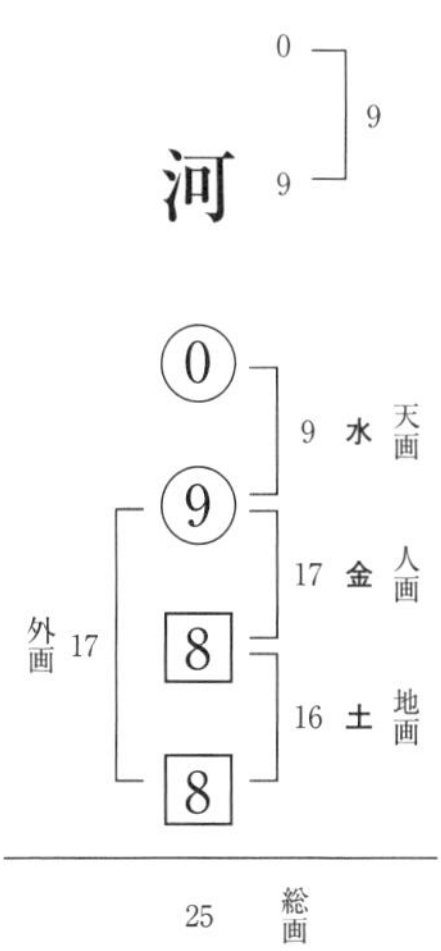
河
0
9
9
0
9
8
8
9 水 天画
17 金 人画
16 土 地画
外画 17
25 総画

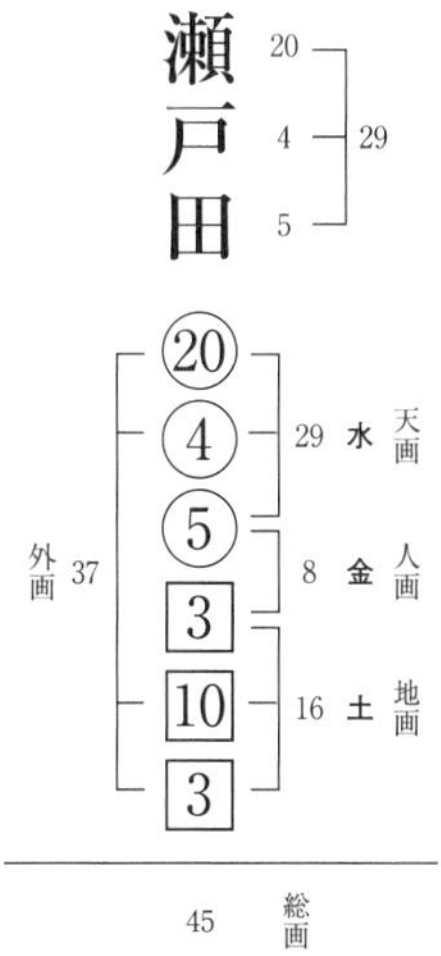
瀬戸田
20
4
5
29
20
4
5
3
10
3
29 水 天画
8 金 人画
16 土 地画
外画 37
45 総画

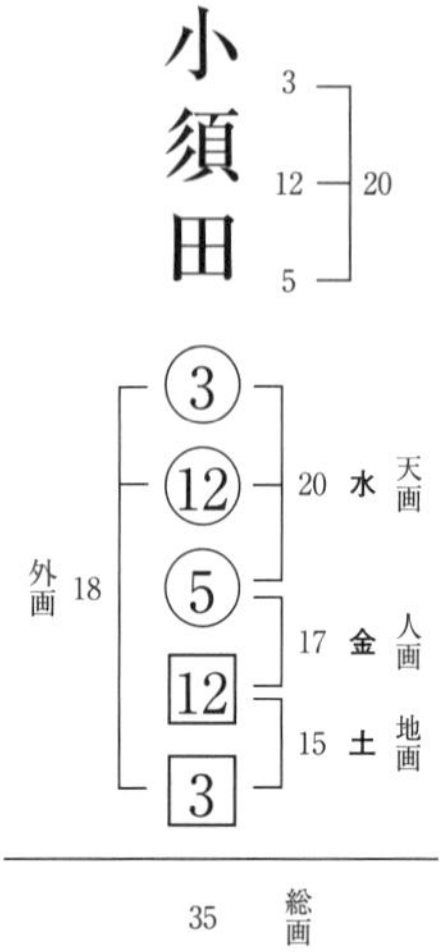
小須田
3
12
5
20
3
12
5
12
3
外画 18
20 水 天画
17 金 人画
15 土 地画
35 総画

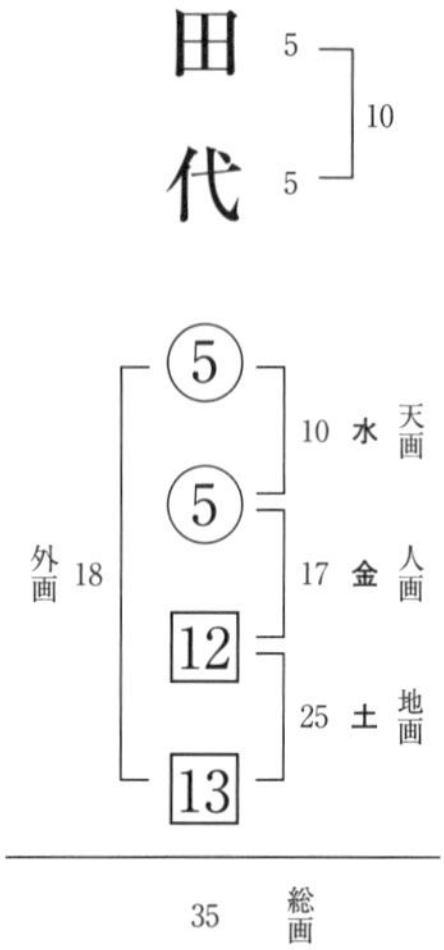
田代
5
5
10
5
5
12
13
外画 18
10 水 天画
17 金 人画
25 土 地画
35 総画

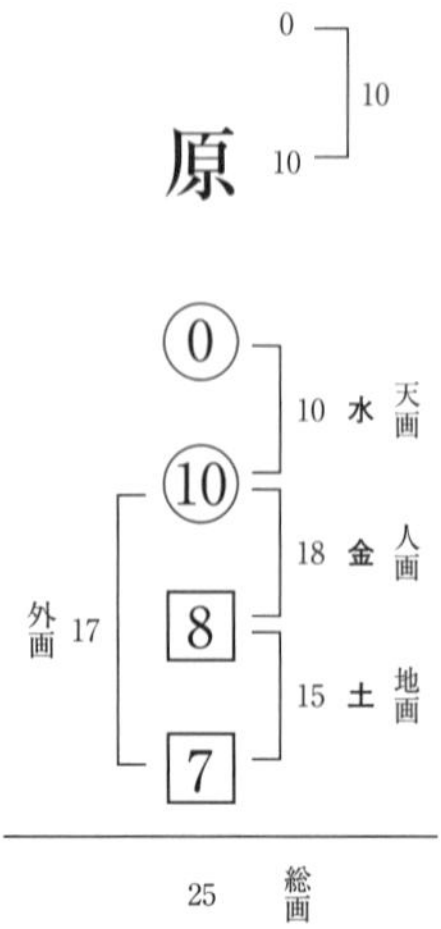
原
0
10
10
0
10
8
7
外画 17
10 水 天画
18 金 人画
15 土 地画
25 総画

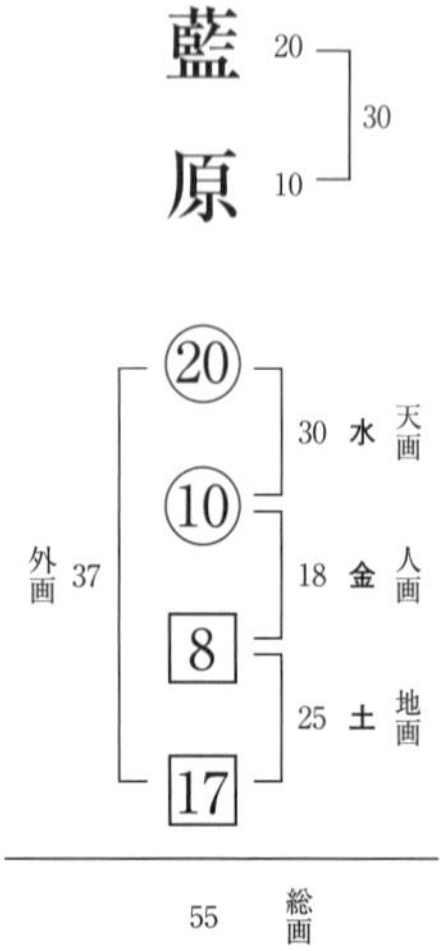
藍原
20
10
30
20
10
8
17
外画 37
30 水 天画
18 金 人画
25 土 地画
55 総画

特に避けなければならない組み合わせ

●急変死・急変難の確率が高いとされる配列

天画（祖運）		人画（主運）		地画（親運）	
水	9・0	火	3・4	水	9・0
土	5・6	火	3・4	水	9・0
水	9・0	火	3・4	土	5・6
水	9・0	土	5・6	水	9・0
火	3・4	土	5・6	水	9・0
土	5・6	土	5・6	水	9・0
木	1・2	金	7・8	木	1・2
火	3・4	水	9・0	水	9・0
火	3・4	水	9・0	火	3・4
土	5・6	水	9・0	土	5・6

●病難の確率が高いとされる配列

天画（祖運）		人画（主運）		地画（親運）	
火	3・4	木	1・2	金	7・8
金	7・8	木	1・2	金	7・8
土	5・6	木	1・2	土	5・6
金	7・8	木	1・2	木	1・2
金	7・8	火	3・4	金	7・8
金	7・8	火	3・4	水	9・0
木	1・2	土	5・6	木	1・2
木	1・2	金	7・8	金	7・8
金	7・8	金	7・8	金	7・8
水	9・0	水	9・0	水	9・0
土	5・6	水	9・0	火	3・4

●遭難の確率が高いとされる配列

天画（祖運）		人画（主運）		地画（親運）	
金	7・8	木	1・2	火	3・4
火	3・4	木	1・2	金	7・8
金	7・8	火	3・4	金水	7・8 9・0
水	9・0	火	3・4	金	7・8
金	7・8	土	5・6	水	9・0
水	9・0	火	3・4	火	3・4
金	7・8	木	1・2	木	1・2
火	3・4	金	7・8	金	7・8
火	3・4	金	7・8	木	1・2
金	7・8	金	7・8	火	3・4
土	5・6	土	5・6	水	9・0
土	5・6	水	9・0	火	3・4
土	5・6	水	9・0	水	9・0
水	9・0	水	9・0	土	5・6
水	9・0	水	9・0	火	3・4

●未婚と夫婦別れの確率が高いとされる配列

天画（祖運）		人画（主運）		地画（親運）	
金土	7・8 5・6	木	1・2	金	7・8
金水	7・8 9・0	火	3・4	水	9・0
金水	7・8 9・0	火	3・4	金	7・8
木	1・2	土	5・6	水	9・0
水	9・0	土	5・6	水	9・0
木水	1・2 9・0	土	5・6	木	1・2
何数でも		金	7・8	木	1・2
何数でも		金	7・8	火	3・4
何数でも		金	7・8	金	7・8
何数でも		金	7・8	水	9・0
何数でも		水	9・0	火	3・4
何数でも		水	9・0	土	5・6
何数でも		水	9・0	水	9・0

【名づけに適した画数と名】

この他にも名づけに適した同様の画数の名はあります。自分の姓（天画）に適合した名を参考にしてください。

一画の名

一1　乙1

三画の名

久3　弓3　士3　丈3　大3

五画の名

永5　玉5　巧5　功5　弘5　史5　充5　正5　司5

旦5　平5　公4一1　友4一1　一1仁4　一1夫4　一1太4　太4一1　丈3二2

一1之4

る2み3
ル2ミ3
ユ2キ3
り2え3
エ3リ2
マ2キ3

六画の名

圭6
伍6
考6
亘6
光6
守6
舟6
旬6
帆6
米6
有6
正5一1
永5一1
一1史5
公4二2
友4二2
公4人2
友4人2
久3子3
夕3子3
ゆ3み3
も3も3
ミ3チ3
よ3し1こ2
み3つ1こ2
ひ2ろ2こ2
と2し1子3
マ2リ2ア2
の1り2子3

七画の名

七7
亨7
均7
江7
宏7
秀7
伸7
努7
忍7
孝7
歩7
甫7
妙7
佑7
里7
良7
圭6一1
友4也3
公4久3
光6一1
有6一1
正5二2
一1行6
正5人2
考6一1
元4久3
大3介4
允4士3
ア2キ3ラ2

文子 4 3
公子 4 3
友子 4 3
史乃 5 2
ひろ子 2 2 3
ともこ 2 3 2
マリ子 2 2 3
ゆうこ 3 2 2
ようこ 3 2 2

よしみ 3 1 3
エリカ 3 2 2
ルリ子 2 2 3
ひとみ 2 2 3
つかさ 1 3 3
さくら 3 1 3

八画の名

佳 8
岳 8
季 8
京 8
享 8
欣 8
周 8
宗 8
昌 8

昇 8
征 8
卓 8
忠 8
直 8
定 8
扶 8
武 8
朋 8

房 8
明 8
侑 8
和 8
東 8
良一 7 1
孝一 7 1
一成 1 7
一宏 1 7

有二 6 2
一秀 1 7
大右 3 5
秀一 7 1
一男 1 7
宏一 7 1
伸一 7 1
孝一 7 1
佑一 7 1

友介 4 4
文夫 4 4
吉人 6 2
文仁 4 4
正三 5 3
ヒロシ 2 3 3
みつを 3 1 4

幸 8
正子 5 3
弘子 5 3
千代 3 5
千加 3 5
由子 5 3
冬子 5 3
三代 3 5
まりこ 4 2 2

さゆり 3 3 2
アキ子 2 3 3
いづみ 2 3 3
ゆう子 3 2 3
よう子 3 2 3
りえ子 2 3 3
みさこ 3 3 2
さつき 3 1 4
ゆかり 3 3 2

えり子 3 2 3
テル子 3 2 3
ミユキ 3 2 3
ミチル 3 3 2

十一画の名

偉 11　英 11　悦 11　教 11　強 11　啓 11　研 11　健 11　悟 11

浩 11　茂 11　習 11　章 11　渉 11　紳 11　悠 11　崇 11　悌 11

彬 11　敏 11　邦 11　望 11　密 11　庸 11　峻 11　朗 11　唯 11

直 8 也 3　和 8 久 3　修 10 一 1　利 7 夫 4　文 4 男 7　俊 9 二 2　秀 7 夫 4　伸 7 介 4　耕 10 一 1

一 1 晃 10　純 10 一 1　計 9 人 2　勇 9 人 2　朋 8 也 3　卓 8 也 3　洋 10 一 1　桂 10 一 1　和 8 也 3

幸 8 久 3　幸 8 三 3　正 5 行 6　紘 10 一 1　安 6 正 5　良 7 太 4　公 4 良 7　史 5 好 6　太 4 作 7

信 9 二 2　幸 8 也 3　正 5 次 6　信 9 人 2　真 10 一 1　孝 7 夫 4　国 7 夫 4　友 4 伸 7　公 4 宏 7

彩 11　梓 11　珠 11　紹 11　梢 11　浪 11　和 8 子 3　明 8 子 3　幸 8 子 3

直 8 子 3　尚 8 子 3　文 4 江 7　佳 8 子 3　知 8 子 3　房 8 子 3　杲 8 子 3　牧 8 子 3　光 6 代 5

典 8 子 3　季 8 子 3　三 3 奈 8　由 5 衣 6　多 6 代 5　友 4 見 7　依 8 子 3　沙 8 也 3　三 3 千 3 代 5

か 3 ず 5 さ 3

十三画の名

幹 13
敬 13
稔 13
聖 13
資 13
頌 13
脩 13
嵩 13
詢 13

詳 13
照 13
新 13
熏 13
靖 13
愉 13
稜 13
郁 13
光 6 男 7

政 8 司 5
正 5 直 8
一 1 博 12
公 4 昭 9
晋 10 三 3
尚 8 史 5
信 9 介 4
文 4 彦 9
克 7 行 6

周 8 平 5
恭 10 久 3
哲 10 久 3
仁 4 彦 9
保 9 夫 4
大 3 紋 10
剛 10 士 3
哲 10 士 3
哲 10 也 3

健 11 二 2
英 11 二 2
一 1 雄 12
次 6 男 7
俊 9 夫 4
信 9 夫 4
春 9 夫 4
則 9 夫 4
重 9 夫 4

淳 12 一 1
幸 8 市 5
忠 8 正 5
浩 11 二 2
昭 9 夫 4
啓 11 二 2
正 5 明 8
幸 8 司 5
修 10 三 3

則 9 之 4
年 6 男 7
元 4 信 9
洋 10 三 3
秀 7 次 6
貞 9 友 4
昌 8 平 5
晋 10 也 3
晃 10 士 3

剛 10 士 3
保 9 仁 4
武 8 史 5
和 8 由 5
俊 9 介 4
昭 9 介 4
森 12 一 1
光 6 良 7
恵 12 一 1

愛 13
郁 13
園 13
暉 13
渚 13
楓 13
睦 13
洋 10 子 3
紘 10 子 3

晃 10 子 3
恭 10 子 3
芳 10 子 3
純 10 子 3
玲 10 子 3
加 5 奈 8
真 10 弓 3
唄 10 子 3
幸 8 代 5

千 3 夏 10
夏 10 子 3
光 6 江 7
素 10 子 3
桃 10 子 3
友 4 美 9
峰 10 子 3
有 6 希 7
花 10 子 3

安 6 江 7
桂 10 子 3
仁 4 美 9
倫 10 子 3
有 6 里 7
知 8 代 5
真 10 子 3
奈 8 未 5
由 5 奈 8

安 6 身 7
奈 8 央 5
友 4 香 9

十五画の名

寛 15
輝 15
誼 15
慶 15
広 15
諄 15
進 15
節 15
徹 15

衛 15
範 15
満 15
寮 15
諒 15
毅 15
敬 13 二 2
敏 11 文 4
耕 10 市 5

剛 10 司 5
栄 14 一 1
孝 7 明 8
洋 10 平 5
晃 10 右 5
健 11 介 4
一 1 郎 14
桂 10 市 5
英 11 之 4

英 11 夫 4
敏 11 夫 4
幸 11 男 4
和 8 男 7
勝 12 也 3
誠 14 一 1
武 8 男 7
利 7 明 8
宏 7 明 8

康 11 夫 4
祥 11 介 4
忠 8 男 7
康 11 之 4
寿 14 一 1
勝 12 巳 3
義 13 人 2
重 9 吉 6
和 8 良 7

敏 11 之 4
泰 9 次 6
定 8 男 7
克 7 朋 8
勝 12 久 3
英 11 介 4
昌 8 良 7
孝 7 典 8
光 6 信 9

康 11 介 4
剛 10 正 5
正 5 芳 10
芳 10 生 5
準 14 一 1
耕 10 平 5
健 11 太 4
哲 10 司 5
克 7 昌 8

禎 14 一 1
久 3 雄 12
伸 7 享 8
邦 11 夫 4
岳 8 志 7
光 6 美 9
欽 12 也 3
伸 7 八 8
哲 10 平 5

和 8 宏 7
佳 8 孝 7
四 4 朗 11
高 10 史 5
公 4 章 11
耕 10 司 5
光 6 昭 9
滉 14 一 1
航 10 平 5

宗 8 佑 7
啓 11 之 4
周 8 作 7
浩 11 之 4
裕 13 二 2
公 4 康 11
順 12 三 3
大 3 翔 12
雄 12 大 3

瑠 15
雅 12 子 3
和 8 江 7
幸 8 江 7
晃 10 代 5
椋 12 子 3
淳 12 子 3
順 12 子 3
博 12 子 3

貴 12 子 3
淑 12 子 3
良 7 枝 8
晴 12 子 3
恵 12 子 3
千 3 恵 12
景 12 子 3
千 3 景 12
夏 10 代 5

直 8 江 7
花 10 代 5
真 5 央 10
智 12 子 3
真 10 生 5
紗 10 世 5
美 9 帆 6
祐 10 未 5
翔 12 子 3

千 3 尋 12
由 5 夏 10
有 6 紀 9
房 8 江 7
夏 10 生 5
夕 3 貴 12
清 12 子 3
久 3 美 9 子 3
百 6 合 6 子 3

由 5 岐 7 子 3
千 3 香 9 子 3
伽 7 代 5 子 3

十六画の名

叡 16
学 16
暁 16
勲 16
潔 16
憲 16
潤 16
達 16
澄 16

道16 進15一1 良7治9 英11五5 久3嗣13 裕13久3 英11世5 信9成7 照13子3 良7美9 英11代5

篤16 信9孝7 康11弘5 智12仁4 博12文4 克7彦9 弘5将11 雄12太4 睦13子3 里7美9 直8枝8

諭16 栄14二2 秀7紀9 弘5敏11 敬13三3 勝12仁4 重9里7 富12之4 宏7美9 美9江7 友4恵12

陸16 勝12之4 良7則9 利7治9 智12之4 浩11史5 克7信9 恵12介4 房8枝8 裕13子3 知8代5子3

燎16 重9男7 政8典8 和8幸8 昭9男7 修10次6 浩11司5 一1慶15 靖13子3 郁13子3 有6希7子3

龍16 利7昭9 正5海11 孝7治9 清12仁4 則9男7 雅12之4 宗8明8 愛13子3 奈8々8 珠11代5

尚8明8 俊9男7 秀7哉9 祥11史5 俊9男7 秀7治9 嘉14人2 五5朗11 鈴13子3 幸8枝8 温13子3

博12之4 文4雄12 章11弘5 将11史5 慶15一1 幹13久3 英11司5 衛16 志7保9 聖13子3 文4恵12

二2郎14 保9男7 勝12文4 賢15一1 勝12之4 祐10吉6 健11司5 好6託10 佳8奈8 利7香9 麻11央5

敬 13 子 3
加 5 奈 8 子 3
佳 8 代 5 子 3
真 10 千 3 子 3
乃 2 梨 11 子 3
沙 8 也 3 加 5
亜 8 矢 5 子 3
和 8 枝 8
文 4 恵 12

十七画の名

謙 17
駿 17
聡 17
総 17
繁 17
隆 17
瞭 17
英 11 次 6
三 3 郎 14

寿 14 久 3
哲 10 男 7
信 9 明 8
正 5 雄 12
幹 13 夫 4
和 8 彦 9
照 13 夫 4
憲 16 一 1
恒 10 男 7

重 9 明 8
信 9 征 8
紀 9 昌 8
卓 8 哉 9
直 8 紀 9
正 5 晴 12
政 8 重 9
孝 7 洋 10
圭 6 朗 11

哲 10 志 7
郁 13 夫 4
光 6 英 11
雅 12 史 5
昌 8 彦 9
義 13 之 4
智 12 司 5
佳 8 彦 9
禎 14 久 3

義 13 夫 4
卓 8 治 9
元 4 裕 13
幸 8 彦 9
幸 8 治 9
貴 12 史 5
博 12 司 5
伸 7 晃 10
征 8 治 9

淳 12 史 5
潤 16 一 1
慎 14 也 3
瑛 14 士 3
武 8 彦 9
一 1 機 16
昌 8 俊 9
泰 9 昌 8
泰 9 明 8

霞 17
鴻 17
檀 17
瞳 17
雅 12 代 5
亜 8 紀 9
綾 14 子 3
由 5 貴 12
美 9 枝 8

明 8 美 9
萌 14 子 3
美 9 和 8
早 6 苗 11
栄 14 子 3
麻 11 名 6
朋 8 美 9
直 8 美 9
華 14 子 3

夏 10 江 7
弘 5 恵 12
奈 8 美 9
祐 10 希 7
麻 11 衣 6
春 9 奈 8
真 10 希 7
末 5 稀 12
由 5 美 9 子 3

美代子 9 5 3
江里子 7 7 3
香代子 9 5 3
由紀子 5 9 3
光知子 6 8 3

十八画の名

曙 18
豊 18
信昭 9 9
四郎 4 14
勝次 12 6
太郎 4 14
重信 9 9
重昭 9 9
昭彦 9 9

光雄 6 12
次雄 6 12
敏男 11 7
正義 5 13
邦男 11 7
貞治 9 9
秀敏 7 11
俊治 9 9
新平 13 5

龍二 16 2
博行 12 6
俊美 9 9
信昭 9 9
剛明 10 8
英男 11 7
忠洋 8 10
典城 8 10
賢也 15 3

勝年 12 6
実仁 14 4
進也 15 3
純直 10 8
浩志 11 7
公造 4 14
寛大 15 3
紘昌 10 8
光博 6 12

次晴 6 12
年雄 6 12
裕司 13 5
紀信 9 9
拓哉 9 9

環 18
禮 18
光恵 6 12
鈴代 13 5
百恵 6 12
節子 15 3
広子 15 3
慶子 15 3
葉子 15 3

敏江 11 7
麻里 11 7
麻希 11 7
梨江 11 7
安恵 6 12
夏枝 10 8
徳子 15 3
康江 11 7
結衣 12 6

稲子 15 3
美咲 9 9
志麻 7 11
範子 15 3
千広 3 15
輝子 15 3
千恵子 3 12 3
佐和子 7 8 3
亜希子 8 7 3

有紀子 6 9 3
真由子 10 5 3
加根子 5 10 3
多香子 6 9 3
真生子 10 5 3

二十四画の名

譲24
勝12雄12
隆17男7
富12雄12
賢15治9
重9満15
直8樹16
政8道16
徳15美9
良7隆17
広15昭9
浩11義13
洋10造14
洋10輔14
義13朗11
輝15彦9
徳15信9
國11義13
哲10郎14
貴12博12
鐵21也3
義13偉11
康11稔13
道16政8
友4吉6郎14
泰9一1郎14
秀7三3郎14
庄6太4郎14
愛13之4助7
雅12博12
艶24
理12恵12
寛15美9
智12恵12
恵12美9子3
登12美9子3
美9智12子3
真10由5美9
美9恵12子3
理12香9子3
香9津10代5
登12紀9子3

二十五画の名

義13雄12
勝12義13
義13勝12
悦11郎14
幹13雄12
雅12義13
喜12義13
浩11郎14
敏11栄14
敬13貴12
道16彦9
鉄21夫4
博12義13
憲16彦9
義13晴12
俊9樹16
春9樹16
章11造14
静16香9
雅12裕13
佑7太4郎14
恒10一1郎14
良7太4郎14
勇9二2郎14
慎14之4助7
耕10一1郎14
真10一1郎14

彩11 華14

伽7 織18

暁16 美9

紗10 智12 子3

峰10 貴12 子3

峰10 恵12 子3

真10 理12 子3

美9 椰13 子3

友4 梨11 花10

里7 葎15 子3

実14 和8 子3

安6 祐10 美9

三十一画の名

資13 磨18

慶15 樹16

新13 太4 郎14

龍16 太4 朗11

美9 絵19 子3

三十五画の名

進15 次6 郎14

※男性だけに適した画数と名（剛星数）

二十一画の名

雅12 俊9

彰14 男7

清12 美9

角7 栄14

栄14 作7

俊9 雄12

義13 明8

雅12 哉9

憲16 生5

光 6 寛 15
賢 15 次 6
龍 16 平 5
良 7 郎 14
晴 12 信 9
宏 7 寿 14
通 14 宏 7
忠 8 義 13
雅 12 治 9

知 8 裕 13
真 10 敏 11
陽 17 介 4
俊 9 博 12
順 12 治 9
智 12 彦 9
博 12 彦 9
勝 12 信 9
昭 9 博 12

弘 5 樹 16
芳 10 朗 11
吾 7 郎 14
雄 12 彦 9
陽 17 水 4
清 12 保 9
雅 12 美 9
隆 17 夫 4
謙 17 介 4

清 12 治 9
清 12 春 9
靖 13 幸 8
智 12 昭 9
寿 14 秀 7
隆 17 太 4
益 10 章 11
正 5 樹 16
稔 13 侍 8

良 7 彰 14
和 8 義 13
光 6 一 1 郎 14
圭 6 一 1 郎 14

二十三画の名

健 11 雄 12
秀 7 樹 16
茂 11 雄 12
満 15 明 8
俊 9 郎 14
英 11 雄 12
吉 6 隆 17
治 9 郎 14
広 15 明 8

達 16 男 7
和 8 徳 15
誓 14 信 9
英 11 勝 12
圭 6 織 17
佑 7 磨 16
隆 17 行 6
敏 11 博 12
将 11 雄 12

良 7 樹 16
道 14 彦 9
龍 16 兵 7
誠 14 彦 9
陸 16 男 7
半 5 四 4 郎 14

三十三画の名

豊 18 寛 15
裕 13 次 6 郎 14
登 12 志 7 郎 14
満 15 寿 14 夫 4

改名の例示

第三章で説明した四つの要素に、左記の姓名は適合していません。実は、私の旧姓名なのですが、この場合、具体的にどう改名したら良いかを説明します。

「○」の数字は苗字の画数で、「□」の数字は名の画数です。

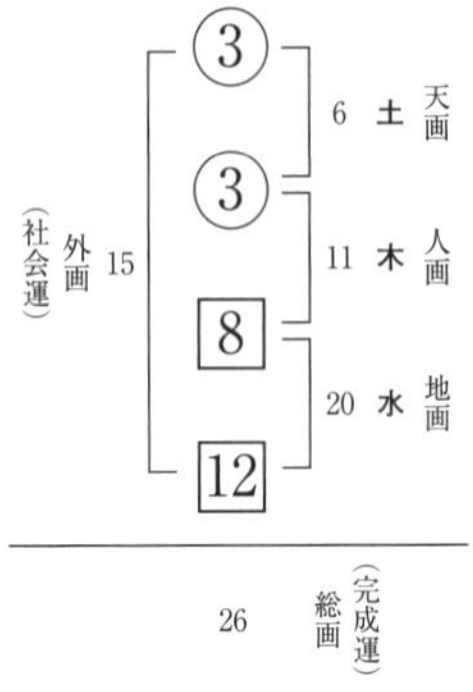

右の場合は八十一数理に比べてみて、地画の二十の数は幼少時から両親との生死別か、本人が病弱か何らかの厄災難に見舞われることを表しています。社会運を表す外画は十五の最大吉数で、その人の一生を左右する人画も十一の最大吉数です。しかし、完成運でもある総画二十六は英雄運とも言われるように、一時的に登り調子でもいつ

かは無に帰することを意味します。

また、陰陽五行と比べてみても、天画の土と人画の木は土剋木で相剋（相性が悪い）して適合していません。

これらを総合的に観ますと、すでに解説したように、若い時から両親との生死別か、本人が病弱厄災難に見舞われ、一時的に運が上向いても全体的には苦労が絶えず、報われない一生を送ることが予測されます。従って、即刻改名が必要です。

前項で説明したように、天画（姓）が**土性**（五・六）の場合の相生（相性が良い）は、**「土・火・木」**、**「土・火・火」**、**「土・火・土」**、**「土・土・火」**、**「土・土・土」**、**「土・土・金」**、**「土・金・土」**の七通りの組み合わせが適合しています。従って、この中からどれかを選ぶことになります。

この場合、右に述べた配列の中から**「土・火・土」**の組み合わせを選定してみました。天画が土性の六画で、姓の一番下の画数が三画です。この例では、人画（姓の一番下と名の一番上の画数の合計数）が**十三画**が適合していますので、名の一番上の画数に**十画**を充てることにします。すると③③10となります。これで配列は**「土・火」**

となりました。

次に、名の下の画数に五画を配置します。すると③③[10][5]となります。これで配列は「**土・火・土**」となります。総画数は二十一画になりましたが、改名者が男性ですので、この画数は八十一数理と比較して合致しています。配列も「**土・火・土**」と五行に適合しています。

これを具体的に記しますと左記のようになります。

改名後

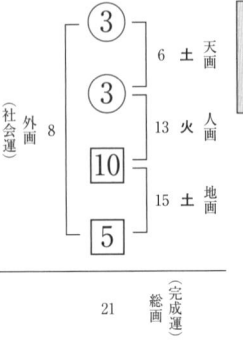

③			
③	天画	6	土
[10]	人画	13	火
[5]	地画	15	土
	外画（社会運）	8	
	総画（完成運）	21	

右の例は、八十一数理、陰陽五行の全てに合致した名前です。ただし努力を怠ったり過信は禁物です。また、女性には総画の二十一は大凶ですから避けなくてはなりま

せん。

今度は女性の場合ですが、実は、私の妻の旧姓名です。左記の姓名は陰陽五行、八十一数理に比較して全てが不適合です。従って改名が必要です。

改名前（女性）

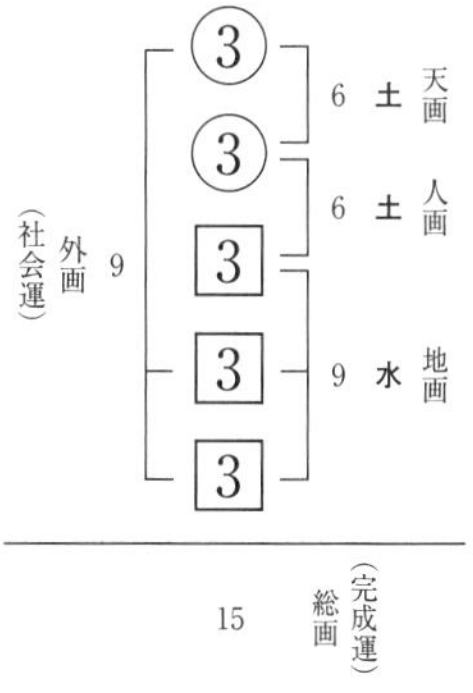

この場合、天画（姓）は先の例と同じ**土性**（六）で③③となっていますので、配列も同様に「**土・火・土**」を選定しました。

ただし、女性には二十一画は避けなければなりませんので、名には左記のような画数を充てます。配列は③③[10][12][3]となります。

改名後（女性）

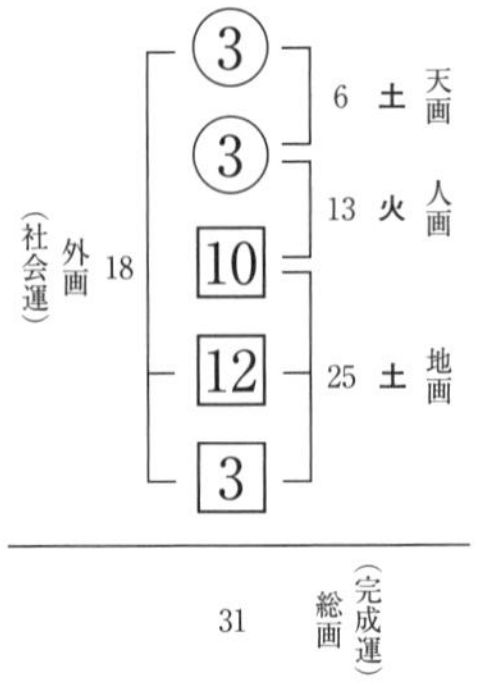

右の例は、もともと、名の一番下が○○子と、子が付く名でしたので、三文字で構成して下に子を付けたものです。

もし、これが男性の場合には、左記のような配列も可能です。

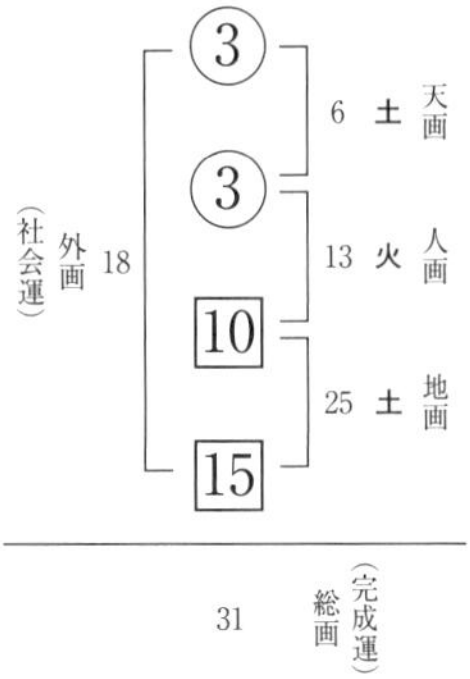

※男女とも可

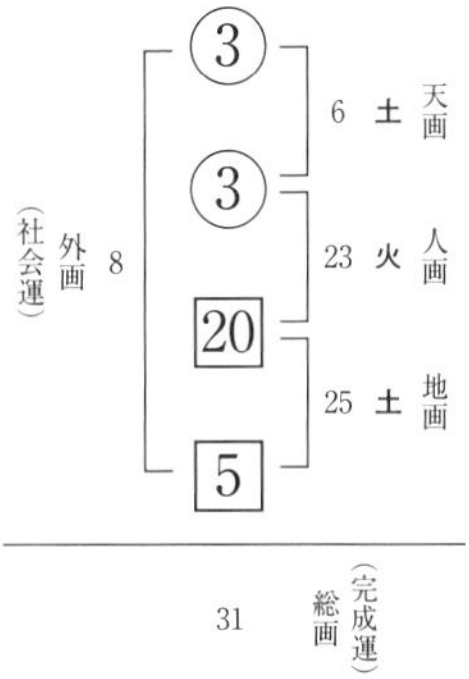

※ただし人画の二十三画は男性だけに可
女性は大凶で、男性だけに大吉数です。

このように、同じ「土・火・土」でも幾通りかの配列の仕方がありますので、いろいろ工夫してみるのも良いと思います。

また、先に記したように、この他にも土性（五・六）の姓に適合した配列がありますので、自分の姓に一番見合った配列を選んでください。

戸籍名を変える手順と方法

改名しても戸籍名を変えるにはどうしたらよいのか?……私のところにはそのよう

な相談も数多く寄せられます。実は、私自身、まえがきで述べたように、姓名学を学び始めてから改名しており、昭和五十九年四月十六日に戸籍名も変えています。その後、妻も娘も改名して戸籍名を変えています。

その経験から、改名の手順の方法を伝えたいと思います。

まず、戸籍名を変えるには、家庭裁判所に審判の申し立てという手続きをしなければなりません。その際、改名の理由を記載して、ずっと以前（できれば十年くらい前）からその名を使用していたことを証明できるものを一緒に提出します。

その後、書類審査が通れば審判が開始され、裁判官から審問を受けます。裁判官が改名の必要性を認識できれば、認可の審判書（判決文）が交付され、それを市町村の戸籍窓口に提出すれば、その段階で手続きが終了して、その時点で改名した名が戸籍名となり、住民票も戸籍謄本もその日から取得できます。

ただし、裁判所に審判を申し立てて、審判の行方がどうも不利な場合、つまり、審判が認められず却下されそうな場合は、直ちに審判を取り下げる必要があります。なぜなら、裁判所が一度却下した案件は、次回に同様の申し立てをしても、なかなか認可されにくいからです。

そのような場合、たいてい裁判所から、取り下げたほうがよいと思う旨の話がありますので、その時は、素直に従って取り下げたほうが無難です。そして次回に、不足した書類や指摘された要件事実を備えて審判を申し立てるのです。

それでは審判で改姓・改名が認可されるための要件を次に記します。

一、改姓は、対外的に著しく恥ずかしめや不利益を被《こうむ》る珍名な姓、難解で読みづらい場合。

一、改名は、呼びづらい名、男女不明な名、珍妙な名の場合。

一、宗家の当主を襲名する場合。

一、同一地域に同姓同名の人が居住していて、宅配便や郵便物が頻繁に誤って配達される場合は、容易に認可されます。

一、改名した名が日常的に長期間使用されていて、本名よりも改名した名の方が社会的認知度が高いことを証明できる場合は認可されます。

この場合、証明できるものは、その名での郵便物、感謝状、委嘱状等で、旧《ふる》くに発行された文書等も有効です。ただし、その文書等が使用、あるいは発行されてからの期間が、七、八年から十年くらい経過したものでないといけません。

なぜなら、その名が昔から日常的に継続して使用されているか否かが、裁判官の認識を左右する重要なポイントだからです。以前は一昔十年の概念があったのですが、最近の時代進展のスピード化によって、考え方が一昔五年〜七年に変わっています。しかし、確実に改名することを考えると、やはり十年くらいの使用期間が必要となるでしょう。

さらに有効なのは、その文書や郵便物が公的機関、もしくは町内会や団体、あるいは会社などから発行されたものであれば、裁判官の認識を高めることになります。それから領収書や給与の支払明細書等も有効です。

これらの証明書類が用意できたら、ベテランの弁護士に手続きを依頼することです。私の場合は全部自分で済ませましたが、慣れない一般の方ではすんなり行かないこともありますので、一つの方法としてお勧めいたします。大体費用は十万円くらいかかります。

以上が戸籍名を変える手順と方法ですが、念を押しておきたいことは、手続きをする前に、その名が姓名学的に本当に適合しているかどうかをもう一度確認することです。一度改名が認められれば、後から調べて間違っていたとしても、それは認められないからです。

そして、もう一つ大切なことは、自分だけ改名しても家族内に不適合の名の人がいた場合、改名しても効果が薄れますので、改名するのであれば家族全員が適合した名にすることをお勧めします。

それは、改名しても家族のどなたかが不幸になったとしたら、自分にとっても不幸なことだからです。家族のどなたかが不幸で、自分だけ幸せということはあり得ないことです。ですから、自分だけよければという考え方は、数霊が良い方向には働かないということもご理解いただきたいと思います。改名の際はもちろんのこと、戸籍名を変える際には特にご注意ください。

改名（命名）の確信と信念の徹底

最後に、どうしても読者の皆さんにお伝えしたい肝心のポイントを記述します。改名後、即、改名の数理霊動の影響を受け、効力を発揮する場合とそうでない場合があります。それは人それぞれの先天運によって異なるからなのです。この場合、先天運とは改名前で、後天運とは改名後を意味します。

つまり、改名者のそれまでの、あるいは改名後であっても、生活環境や家族の方々の名前の数理霊動の影響を受けていることから、その力関係の強弱によって、改名の効力の発現に差異が生じます。そのため全然効果がないかのように感じる場合がありますが、決してそうではありません。効力が現れるのが遅れているだけなのです。

改名の効果を一番発現しやすくするためには、ご家族全員の改名が望ましいのです。前項にも記述しましたが、例えば、ご家族のどなたかが不幸なのに、改名した自分だけが幸福ということはあり得ないことです。ご家族の誰かが不幸なら、自分にとっても不幸なことなのです。ですから、できることならご家族全員が吉名になることが重要なのです。

とはいっても、最初からご家族全員が改名することは、よほどのことがない限り難しいことだと思います。そこで、効力を早める方法を次に列記しますので、改名するのであれば、厳守していただきたいと思います。

一、旧名を極力忘れること

改名の効果は、脳髄（潜在意識）に対する姓名から発する数理霊動の刺激の集積から発現するものです。従って、改名を頭の中に強く印象することがとても重要なのです。旧名は凶、改名は吉である理解を強め、旧名を極力忘れることです。

一、強い信念で改名を常用すること

改名の効果は信念の強弱で違ってきます。改名を日々唱《とな》えることと、改名を用紙に何回でも何枚でも書き続けることです。

よく聞かれることは「改名しても戸籍はどうするのですか？」ということです。

戸籍を変える手順と方法は前項で記述しましたが、戸籍名を変えなくても、強い信念で改名を常用することで、十分効力を発揮します。もちろん、戸籍名を変えるに越したことはありません。ただし、未婚の女性は結婚することによって姓が変わりますから、結婚するまで戸籍名は変えないほうがよいかと思います。

一、改名を確信すること

「商売で失敗したのは旧名が悪いからだと改名したのだが、改名しても一向に効果が現れないし、良いことがない。それで元の名に戻した…」というお話をよく伺います。しかし、それは先に記述したように、本人の先天運によるもので、改名後の後天運の効力は信念の強弱で違ってくるのです。従って、最も重要なことは、改名に対する確信と強い信念を持ち続け、徹底させることが絶対だということをぜひ知っていただきたいと思います。

第一章の「姓名学の成り立ち」から本章の「幸運を呼ぶ名づけ方」まで、できるだけわかりやすく記述したつもりですが、名づけ方についての記述は本項で一応の区切りとします。読者の皆さんには、これまでに記述したことを十分理解いただき、命名・改名のお役に立てていただきたいと思います。そうすれば、何人であれ、誰もが必ず幸運を呼び込むことができるものと確信しております。

あとがき

人生は邂逅《かいこう》（巡り会い）であるといいます。人は、この世に生まれ出た時から一人ではありません。親がいて兄弟や親せきがいます。そして、友人、恩師、同僚、お隣さん、恋人や配偶者、子や孫と、様々な出会いを積み重ねながら生きていきます。この出会いや巡り会いは、ほとんどの場合、偶然のものです。

しかし、私たちにとって大切なのは、出会いや巡り会いそのものよりも、その偶然をどう生かすかなのではないでしょうか。

今もよく使われる慣用句に、「袖振《そでふ》（擦《す》）り合うも多生《たしょう》（他生）の縁」という言葉があります。実は、この言葉は、映画やテレビ等の時代劇でも知られる柳生家（江戸幕府将軍家指南役）の家訓から生まれたと言われています。

柳生家の家訓の中には、こう記されています。

○　小才は、縁に合って縁に気づかず

○　中才は、縁に気づいて縁を生かさず

○ 大才は、袖振り合う縁をも生かす

ここから、「袖振（擦）り合うも多生（他生）の縁」という慣用句が生まれたというのです。

道端ですれ違い、袖が軽く振れたくらいの出会いであっても、それは、前世では深い縁があったから出会ったのかもしれないので、その縁を大切にするようにとの教えですが、袖振（擦）り合う縁や邂逅（巡り会い）は偶然です。しかし、これをどう生かすか、選択するかが、その後の運命を左右する鍵となるのです。

本書では、単に名づけの方法やテクニックだけでなく、姓名学の由来と成り立ち、そのメカニズムについても記述しましたが、宿命と運命の違いについても触れました。

宿命は変わりませんし変えることもできません。けれど、運命は変わりますし変えることができます。人の性質は宿命的なもので、変えることはできないでしょう。しかし、性格は運命的なもので変えることはできるのです。性質は変えられなくても性格をプラスに変えるだけで、人生はガラッと変わるのです。

本書では、姓名学が人生をプラスに変える手助けをする学問だということを強調し

たつもりです。

確かに、姓と名との関係で、その人の人生が変わるとは、一般の人には、にわかには信じられないことだと思います。私も最初はそう思っていました。しかし、私たち人間は誰もが宇宙の律、気に生かされていることと、その持てる気力が自らを生かしている根本であり、姓名に秘められた数霊が能動的に作用して、不思議な力を発揮するのだということを知っていただきたかったのです。

本書は、タイトルを『幸運を呼ぶ名づけ方』としましたが、悩みや幸福度は、その人の立場や価値観で違ってきます。

本書の中でも引用させていただいた中村天風師は、ある日、ロックフェラー三世夫妻にお会いしたそうですが、さすがのロックフェラー夫妻にも不幸と感じることや悩みはあったそうです。天風師は、『成功の実現』の中で、「ロックフェラー夫妻の不幸（悩み）は、財産がいくらあるか判らないことと、自分たちが何歳まで生きられるか判らないことだった」と語っています。あのロックフェラー夫妻でも悩みはあるのです。それにしても財産がいくらあるか判らないことが不幸（悩み）とは恐れ入りました（注（　）内は筆者）。

このように、不幸と感じることや悩みはどんな人にでもあるのです。お金持ちであることが幸福だと思う人もいれば、長生きすることが幸福だと思う人もいるでしょう。しかし、長生きすることも幸せとは限りません。

私の父は九十三歳まで長生きしましたが、生前父に「長生きできて幸せだね」と言ったら、返ってきた言葉は「何《なん》も幸せでない。知り合いはみんな死んでしまった。知っている人は誰もいなくなった」でした。

私は事情があって、父とは一度も一緒に暮らせなかったのですが、父にとっては周りの縁ある知人に先立たれたのが寂しく、むしろ長生きすることは幸せとは逆に、相当苦痛だったのかも知れません。

人間は欲望の塊《かたまり》だと言われています。そして、人間の欲望は際限がありません。しかし、その欲望が、今日の繁栄を生み出したのも紛れもない事実です。学問や技術、さらには社会の進歩は、すべて「病気を治したい」「もっと便利にしたい」あるいは、「もっと平和な世界にしたい」「真実を知りたい」といった人間の欲望が生み出したものであり、人間の欲求が社会の進歩を生み出すのです。

一方、幸福とは何か？と問われたとき、健康だと思う人もお金だと思う人もいれば、長生きすることだと考える人もいます。また、一生を働かないで暮らせることだと思う人もいるでしょう。しかし、幸福とは心が満たされてこそそう感じるもので、いくらお金があっても、いくら長生きしても、いくら地位や名誉を得ても、心が満たされなければ幸福とは思わないということになるのです。

「足るを知る」ことが大切だという人もいます。際限のない欲望と完全な達観。結局、人間はそのどちらかに偏ったのでは幸せとは感じないということになります。要はバランスの問題なのです。本書では、人生の、そのバランスをいかに良く保つかということに主眼を置いて、姓名学を活用する有効性を記したつもりです。

しかし、書き終えて思うことは自らの限界でした。未熟さもさることながら、自らの思いをすべて書ききることができない限界を感じたのです。

最初にお断りしたように私は専門家ではありません。従って、専門書を書くつもりは毛頭ないのですが、それでも、もう少し踏み込んで書くべきだったか悩むところでもあります。もっと深く知りたいという方には物足りない部分もあるかも知れませんが、議員の立場では、これ以上詳細に執筆できなかったというのが本音です。

しかしながら、姓名学に関心のある方や、命名・改名をお考えの方には、十分、入門書以上に、お役に立てるものと確信を持っていますので、どうぞ活用して幸運を呼び込んでいただくよう念願する次第です。

結びに近くなりましたが、誌上を借りてどうしてもお礼を申し上げたいことがあります。それは、本書執筆中に、学校図書株式会社の奈良社長を通じて、芥川賞作家の新井満氏が出版された、サイン入りの『自由訳 方丈記』をご恵与いただいたことです。

新井先生は、一九八八年『尋ね人の時間』で芥川賞を受賞された作家で、多数の作品を出されているほか、「千の風になって」の作詞、作曲家で歌手でもあります。また、写真家、環境映像プロデューサーとしても著名ですが、ほかにも数々の肩書をお持ちです。アーティストとしてのマルチなご活躍は、限られた紙面ではとてもご紹介しきれませんが、翻訳家としてもつとに有名な方です。

特筆すべきことは、外国語や古典を、単にそのまま現代語に直訳するだけでなく、自由訳の手法をとっていることです。新井先生によりますと、自由訳とは意訳のことですが、自由訳（意訳）の条件は、①原文のコンセプトは絶対に厳守すること。②できる限りわかりやすい日本語で表現することだと著書の中で述べられております。また、新井先生はこれまでにも、〝有名であるが難解〟といわれるテキスト（原文）の自由訳に取り組んでおられ、『千の風になって』、『青春とは』、『般若心経』、『子どもにおくる般若心経』、『イマジン』、『老子』、『十牛図』、『良寛』、『良寛さんの愛語』、『楽しみは』、『良寛と貞心尼の恋歌』を自由訳で出版しており、『方丈記』は十二冊目の自由訳に当たります。

本書執筆中に、そのご著書をご恵与いただけたことは誠に幸運であったと思います。お陰様で、第一章の「日本の暦と鴨長明」の中に、原文、現代語訳と並列して、「ゆく河の流れ」（河は無常に流れゆく）の一節を掲載させていただき、読者の皆様にお届けすることができました。

新井先生は執筆されるにあたり、京都の糺《ただす》の森に鎮座された下鴨神社と、摂社の河合神社を訪れた様子が著書に書かれておりますが、実は私も、本書上梓前の平成二十五年一月中旬に下鴨神社と河合神社を参拝させていただきました。

底冷えする一月の京都の凛《りん》とした空気の中、糺の森を散策しながら鴨長明の生きた遥か八〇〇年前に想いを馳せたとき、この糺の森も昔と変わらずここにあるように見えて、生い茂る木々も行き交う人々もまったく別のものになっているのだということを改めて噛み締めることができました。鴨長明の縁《ゆかり》の地で、人の世の無常の片鱗を垣間見る想いを抱いたことは、決して気のせいとは思えませんでした。また、折しも特集陳列「成立八〇〇年記念　方丈記展」が京都国立博物館で開催されていて、漢字と片仮名の和漢混交で書かれた直筆を目前で読むことができましたことは、これもまた偶然とはいえ実に感慨深いものがありました。

筆を擱《お》くにあたり、ご協力をいただきました関係各位に心より感謝の意を表する次第です。

平成二十五年八月盛夏

三上　洋右

別章　命名・改名の正しい画数字典

【掲載内容について】

漢字典の中で最も権威ある字書と言われているのが、中国清時代・康熙《こうき》五十五年（一七一六年）に勅命によって刊行された『康熙字典《こうきじてん》』であり、それに準拠した今日最も信頼できる画引き字書と言われているのが、簡野道明《かんのみちあき》氏（一八六五〜一九三八年）が大正十二年三月に角川書店から初出版した『字源』である。

本字典の画数は、その『字源』に基づいており、国字については、平成二年九月に東京堂出版から出版された飛田良文《ひだよしふみ》氏の監修、菅原義三《すがわらよしぞう》氏の編による『国字の字典』を出典とする。また、本書字典には、漢字（国字を含む）四一〇六文字を収書したほか、部首二一四文字、ひらがな・カタカナ各七三文字の画数を掲載している。

◆人名に使用できる文字について

一、基本的原則

戸籍法第五〇条第一項で「子の名には、常用平易な文字を用いなければならない。」と規定されている。また、戸籍法施行規則第六〇条において、常用平易な文字の範囲を具体的に定めている。

二、人名に使用できる漢字とひらがな・カタカナ

①常用漢字　二一三六文字
②人名用漢字　八六一文字（戸籍法施行規則第六〇条で定める別表第二「漢字の表」の一の表六四九文字及び二の表二一二文字）
③ひらがな・カタカナ　各七三文字

三、人名に使える文字の最近の法改正について

平成二十二年十一月三十日に「旧常用漢字表」が廃止となり、「改定常用漢字表」が告示され、新たに常用漢字として一九六文字が追加された（うち元々人名用漢字とされていた漢字一二九文字、新しく追加となった漢字六七文字）。

※詳細は法務省ホームページを参照ください。

四、常用平易な文字の例外等について

直前の音を延引する場合、例えば「ヽ」、「ゞ」、「々」は直前の文字の繰り返しに用いる場合に限り使用することができる。

なお、姓名学におけるその場合の字画数は、直前の文字の画数となる。

(例)佐々木の「々」は直前の「佐」の字画数七画と同画数となる。

◆その他の掲載内容

一、本字典の「◎」印の漢字は常用漢字である。なお、角括弧の文字は人名用として使用できるが、丸括弧の文字は人名用として使用できない。

二、本字典の「●」印は人名用漢字である。なお、角括弧の文字は人名用として使用できるが、丸括弧の文字は人名用として使用できない。

三、「◎」印及び「●」印の両方の印のある漢字は常用漢字、人名用漢字の両方に該当する。

四、無印の漢字は人名用として使用できないが、姓（苗字）の画引き等、ほかに利用できることから掲載したものである。

五、本字典には、国字、古字、俗字においても、古来使用されてきた漢字については、本来の旧字体と新字体の両方の文字の画数を有効として掲載している。

（例）万―萬　双―雙　仏―佛　与―與　予―豫　処―處　一―弌　二―弍
三―弎　尽―盡　虫―蟲　灯―燈　礼―禮　斈―學　国―國　床―牀
声―聲　兎―兔　麦―麥　余―餘　岳―嶽　効―效　竜―龍　弥―彌
辺―邊　鉄―鐵　収―收　恋―戀　芸―藝　斉―齊　岩―嵒・巖

◆姓名の画数を計算する時は、「俗字」や「国字」はそのままの字画で数えるが、「略字」や「偽字」は必ず正字体で画数を計算すること。

部首【偏《へん》・旁《つくり》・冠《かんむり》・脚《あし》】の名称と画数

一画

一	いち
丨	ぼう、たてぼう
丶	てん
ノ	の、のかんむり
乙	おつにょう
亅	はねぼう

二画

二	に
亠	けいさんかんむり
人 亻	にんべん
儿	にんにょう
入	いる、にゅう、いりがしら
八	はちがしら
冂	えんがまえ、けいがまえ、まきがまえ
冖	わかんむり
冫	にすい
几	つくえ、かぜかんむり
凵	かんにょう、うけばこ
刀 刂	りっとう
力	ちから
勹	つつみがまえ
匕	さじ、さじのひ
匚	はこがまえ
匸	かくしがまえ
十	じゅう
卜	ぼく、ぼくのと
卩 㔾	ふしづくり
厂	がんだれ
厶	む
又	また

三画

口	くちへん
囗	くにがまえ
土	つちへん、どへん
士	さむらい
夂	ふゆがしら
夊	すいにょう
夕	ゆうべ
大	だい
女	おんなへん
子	こへん
宀	うかんむり
寸	すん
小	ちいさい、しょうがしら、なおがしら
尢 兀 尣	まげあし、おうにょう
尸	しかばね
屮	めばえ、くさのめ、てつ
山	やまへん
巛 川	かわ、まがりがわ、さんぼがわ
工	たくみ、たくみへん
己	おのれ
巾	はばへん、きんべん
干	ほす、かん
幺	いとがしら

- 广 まだれ
- 廴 えんにょう
- 廾 にじゅあし
- 弋 しきがまえ
- 弓 ゆみへん
- 彐 彑 ⺕ けいがしら
- 彡 さんづくり
- 彳 ぎょうにんべん

四画

- 心 忄 ⺗ りっしんべん、したごころ
- 戈 かのほこ、ほこづくり、ほこがまえ
- 戸 とかんむり
- 手 扌 てへん
- 支 しにょう、えだにょう
- 攴 攵 ぼくにょう
- 文 ぶんにょう
- 斗 とます
- 斤 おのつくり
- 方 かたへん
- 无 旡 旡 すでのつくり
- 日 にちへん、ひへん
- 曰 ひらび
- 月 つきへん
- 木 きへん
- 欠 あくび
- 止 とめへん
- 歹 歺 がつへん
- 殳 ほこづくり、るまた
- 毋 なかれ
- 比 くらべるひ、くらべる、ならびひ
- 毛 け
- 氏 うじ
- 气 きがまえ
- 水 氵 氺 さんずい、したみず
- 火 灬 ひへん、れんが
- 爪 爫 そうにょう、つめかんむり
- 父 ちち
- 爻 めめ、こう
- 爿 しょうへん
- 片 かたへん
- 牙 きばへん
- 牛 牜 うしへん
- 犬 犭 けものへん

五画

- 玄 げん
- 玉 王 たまへん
- 瓜 うり
- 瓦 かわら
- 甘 あまい
- 生 うまれる、いきる
- 用 もちいる
- 田 たへん
- 疋 ひき
- 疒 やまいだれ
- 癶 はつがしら
- 白 しろへん
- 皮 けがわ
- 皿 さら
- 目 罒 めへん
- 矛 ほこへん

矢　やへん
石　いしへん
示 ネ　しめすへん
内　ぐうのあし
禾　のぎへん
穴　あなかんむり
立　たつへん

六画

竹　たけかんむり
米　こめへん
糸　いとへん
缶　ほとぎ、ほとぎへん

网 罓罒⺴⺳　あみがしら
羊　ひつじへん
羽　はね
老 耂　おいかんむり
而　しかして
耒　すきへん、らいすき
耳　みみへん
聿　ふでづくり
肉 月　にくづき
臣　しん
自　みずから
至　いたる

臼　うす
舌　したへん
舛　ます、まいあし
艮　こん、うしとら
舟　ふねへん
色　いろ
艸 艹　そうこう、くさかんむり
虍　とらかんむり、とらがしら
虫　むしへん
血　ち
行　ゆきがまえ
衣 衤　ころもへん

襾 西　にし、かなめのかしら

七画

見　みる
角　つのへん
言　ごんべん
谷　たに、たにへん
豆　まめへん
豕　いのこへん
豸　むじなへん
貝　かいへん、こがい
赤　あか、あかへん
走　そうにょう

足 ⻊　あしへん
身　みへん
車　くるまへん
辛　からい、しん
辰　しんのたつ、たつ
辵 辶　しんにゅう
邑 (右)阝　おおざと
酉　とりへん、ひよみのとり
釆　のごめへん
里　さとへん

八画

金　かねへん

長 镸 ながい

門 もんがまえ、かどがまえ

阜 阝(左) こざとへん

隶 れいづくり、れいのつくり、たい

隹 ふるとり

雨 あめかんむり、あまかんむり

靑 青 あお、あおへん

非 あらず

九画

面 めん

革 かわへん、つくりがわ

韋 なめしがわ

韭 にら

音 おと、おとへん

頁 おおがい

風 かぜ

飛 とぶ

食 しょくへん

首 くび

香 においこう、かおり

十画

馬 うまへん

骨 ほねへん

高 たかい

髟 かみかんむり、かみがしら

鬥 とうがまえ、たたかいがまえ

鬯 ちょう、においざけ

鬲 かなえ

鬼 きにょう

十一画

魚 うおへん

鳥 とりへん

鹵 ろ、しお

鹿 しか

麥 麦 ばくにょう

麻 麻 あさかんむり

十二画

黃 黄 き

黍 きび

黑 黒 くろ

黹 ふつ、ち、ぬいとり

十三画

黽 べん

鼎 かなえ

鼓 つづみ

鼠 ねずみへん

十四画

鼻 はなへん

齊 斉 せい

十五画

齒 歯 はへん

十六画

龍 竜 りゅう

龜 亀 かめ

十七画

龠 やく

漢字画数（音読み五十音順に掲載）

部首画数について

部首画数は別章の「部首画数」を参考にしてください。ただし、注意を要するのは、その文字に部首と思われる「偏《へん》」や「旁《つくり》」が複数ある場合です。

例えば、「脩《しゅう》」の部首は、「月」（肉づき）です。従って、「月」（肉づき）の画数が六画で、「脩」は十三画となります。

「夢《ゆめ》」の部首は、「艹」（くさかんむり）ではなく「夕」（ゆうべ）です。従って、「艹」は四画、「四」は五画、「冖」は二画、「夕」は三画で合計数十四画が「夢」の画数となります。

「蓮《はす》」の部首は「艹」（くさかんむり）です。従って、「艹」（くさかんむり）の画数六画が優先され、「辶」（しんにゅう）は四画、「車」は七画、合計数十七画が「蓮」の画数となります。

「耶《や》」の部首は「耳」（みみへん）です。従って、「耳」の六画と「阝」の三画の合計数九画が「耶」の画数となります。

このように部首の確認は重要です。特に注意してください。

【1画・2画・3画】

一画

◎一 イチ イツ ひと、ひとつ、おさむ、かず、かた、かつ、くに、さね、すすむ、たか、ただ、ち、のぶ、はじむ、はじめ、ひ、ひじ、ひで、ひとし、まこと、まさし、もと、もろ

◎乙 オツ いつ、お、おと、き、きのと、くに、くま、たか、つぎ、つぐ、と、とどむ

丨 コン すすむ

丶 チュ シ しるし

乀 フツ ホチ

ノ ヘツ ヘチ

二画

◎二 ニ ふたつ、かず、さ、すすむ、つぎ、つぐ、ふ、ぶ、ふた

乂 ガイ ゲ よし

几 キ やす

◎人 ジン ニン ひと、きよ、さね、たみ、と、ひこ、ひとし、ふと、め

●乃 ダイ ナイ いまし、おさむ、の

◎丁 チョウ テイ あたる、あつ、つよし、のり、ひのと、よぼろ

◎刀 トウ かたな、はかし

◎入 ニュウ いり、いる、しほ、なり

匕 ヒ さじ

●卜 ボク ホク うらない、うらなう、うら

◎又 ユウ また、すけ、たすく、やす

◎了 リョウ おわる、あき、あきら、さと、さとる、すみ、のり

◎力 リョク リキ ちから、いさお、いさむ、お、か、ちか、つとむ、よし

三画

◎三 サン み、みつ、みっつ、かず、かみ、こ、さぶ、さむ、そ、そう、ぞう、ただ、なお、みる

●已 イ すでに、のみ、はなはだ、やむ、やめる

于 ウ きよ、ゆき

◎下 カ ゲ した、しも、し、じ、もと

个 カ コ

◎干 カン ほす、ひる、たく、たて、もと、もとむ

◎丸 ガン たま、まる、まろ

◎乞 キツ コツ こう

◎久 キュウ ク ひさしい、つね、なが、ひこ、ひさ、ひさし

◎弓 キュウ ゆみ、ゆ

◎巾 キン はば、きれ

◎己 コ キ おのれ、おと、つちのと、な

◎口 コウ ク くち、あき、ひろ

◎工 コウ ク たくみ、ただ、つとむ、のり、よし

●叉 サ シャ また

◎山 サン やま、たか、たかし、のぶ

尸 シ かたしろ、しかばね、かた、しか、しろ、たか

◎士 シ ジ さむらい、あき、あきら、お、おさむ、こと、さち、ただ、つかさ、と、のり、ひと、まもる

◎子 シ ス こ、さね、しげ、しげる、たか、ただ、たね、ちか、つぐ、とし、ね、み、みる、やす

●巳 シ み

●勺 シャク

●廿 ジュウ ニュウ にじゅう

◎女 ジョ、ニョ ニョウ おんな、こ、たか、め、よし

印	漢字	音読み	名乗り・訓
◎	小	ショウ	ちいさい、お、こ、さ、ささ、ちいさ
◎	上	ジョウ ショウ	うえ、え、かみ、すすむ、たか、たかし、のぼる、ひさ、ほず、まさ
◎	丈	ジョウ	たけ、とも、ひろ、ます
◎	刃	ジン	は、やいば
◎	寸	スン	き、ちか、のり
◎	夕	セキ	ゆ、ゆう
◎	川	セン	かわ
◎	千	セン	ち、かず、ゆき
◎	大	ダイ タイ	おおきい、お、おい、おお、おおい、おおき、き、たかし、たけし、とも、なが、はじめ、はる、ひろ、ひろし、ふと、ふとし、まさ、まさる、もと、ゆたか
◎	土	ド ト	つち、ただ、つつ、のり、はに、ひじ
◎	亡	ボウ モウ	ない
◎	凡	ボン ハン	ちか、つね、なみ
◎	万	マン バン	かず、かつ、すすむ、たか、つむ、つもる、よろず 十五画「萬」の通用字として古くから用いられる
●	也	ヤ	あり、これ、ただ、なり、また

四画

印	漢字	音読み	名乗り・訓
◎	四	シ	よっつ、よん、ひろ、もち、もろ、よ、よつ、よよ
	弌	イッ イチ	ひと、ひとつ、一の古字
●	允	イン エン	あえ、あか、こと、さね、じょう、すけ、ただ、ただし、ちか、とう、のぶ、まこと、まさ、まさし、みつ、みつる、よし
	尹	イン	ただす、かみ
◎	引	イン	ひく、ひける、のぶ、ひき、ひさ
●	云	ウン	いう、ここに、これ、とも、ひと、おき
	曰	エツ オチ	いう、いわく、のり
◎	王	オウ	き、きみ、たか、み、わ、わか
◎	化	カ ケ	ばける、ばかす、のり
◎	火	カ	ひ、ほ
	戈	カ	かた、とも、ほこ、もち
◎	牙	ガ ゲ	きば、は、かび
◎	介	カイ	あき、かたし、すけ、たすく、ゆき、よし
◎	刈	カイ ガイ	かる、かり
◎	夬	カイ ケツ	さだ、さだむ、むら、よち
◎	仇	キュウ グ	あだ、あだする、かたき
◎	及	キュウ	およぶ、および、およぼす、いたる、しき、たか、ちか
◎	牛	ギュウ	うし、ご、とし
◎	凶	キョウ	わるい
◎	斤	キン	おの、のり
◎	欠	ケツ ケン	かける、かく 十画「缺」の略字に非ず
◎	月	ゲツ ガツ	つき、つぎ
◎	犬	ケン	いぬ
◎	元	ゲン ガン	はじめ、もと、あさ、ちか、つかさ、なが、はじむ、はる、まさ、ゆき、よし
◎	幻	ゲン	まぼろし
◎	戸	コ	と、いえ、かど、ど、ひろ、へ、べ、もり
◎	互	ゴ	たがい
◎	午	ゴ	うま、ま
◎	孔	コウ	あな、うし、く、ただ、みち、よし
◎	公	コウ	おおやけ、あきら、いさお、きみ、きん、さと、たか、ただ、ただし、とおる、とも、なお、ひと、ひろ、まさ、ゆき

【4画】

記号	漢字	音	読み・備考
◎	爻	コウ	まじわる、うら
◎	勾	コウ、ク	まがる
	亢	コウ	あつ、たか
◎	今	コン、キン	いま
◎	才	サイ	かた、たえ、とし、もち　三画に非ず
●	之	シ	いたる、くに、これ、つな、の、のぶ、ひさ、ひで、ゆき、よし、より
◎	氏	シ	うじ
◎	支	シ	ささえる、えだ、なか、もろ、ゆた
◎	止	シ	とまる、おる、ただ、と、とどむ、とめ、とも、もと
◎	尺	シャク	かね、さか、さく
◎	手	シュ	て、た、で
◎	収	シュウ	おさめる、おさまる、おさむ、かず、さね、すすむ、なお、なか、のぶ、もと、もり、もろ　六画「收」の俗字
	什	ジュウ、シュウ	
◎	升	ショウ	ます、たか、のぼる、のり、みのる、ゆき
◎	少	ショウ	すくない、お、すく、すくな、つぎ、まさ、まれ
	仍	ジョウ	よる
◎	冗	ジョウ	
◎	心	シン	こころ、うら、きよ、ご、さね、なか、み、むね、もと
◎	仁	ジン、ニ	きみ、きん、さと、さね、しのぶ、ただし、と、とよ、のぶ、のり、ひさし、ひと、ひとし、ひろし、まさ、まさし、み、めぐみ、めぐむ、やすし、よし
●	壬	ジン、ニン	みずのえ、あきら、おおい、つぐ、み、みず、よし
◎	水	スイ	みず、お、たいら、なか、み、みな、ゆ、ゆく
◎	井	セイ、ショウ	い、きよ
◎	切	セツ、サイ	きる、きれる
◎	爪	ソウ	つめ
	卅	ソウ	さんじゅう
◎	双	ソウ	ふた、ならぶ、ふ、もろ　十八画「雙」の俗字
	仄	ソク	かたむく、ほのか
◎	太	タイ、タ	ふとい、うず、おお、しろ、たか、と、ひろ、ふと、ふとし、ます、み、もと
◎	丹	タン	に、あか、あかし、あきら、まこと
●	丑	チュウ	うし、ひろ
◎	中	チュウ	なか、あたる、あつ、うち、かなめ、ただ、ただし、な、なかち、なかば、のり、よし
◎	弔	チョウ	とむらう
◎	天	テン	あめ、あま、かみ、そら、たか、たかし
◎	斗	ト	け、はかる、ほし、ます
◎	屯	トン	たむろ、みつ、むら、より
◎	内	ナイ、ダイ	うち、うつ、ただ、ちか、のぶ、はる、まさ、みつ
◎	匂		におい、におう［国字］
◎	日	ニチ、ジツ	ひ、あき、か、はる、ひる
●	巴	ハ	とも、ともえ
◎	反	ハン、ホン、タン	そる、そらす
◎	比	ヒ	くらべる、これ、たか、たすく、ちか、つな、つね、とも、なみ、ひさ
◎	匹	ヒツ	ひき、あつ、とも
◎	父	フ	ちち、のり
◎	不	フ、ブ	ず
◎	夫	フ、フウ	おっと、あき、お、すけ

	无《ブ ム》	ない
◎	仏《ブツ》	ほとけ、さとる　七画「佛」の古字
●	勿《ブツ モチ》	なかれ、なし
◎	分《ブン、フン ブ》	わける、くまり、ちか、わか
◎	文《ブン モン》	ふみ、あき、あや、いと、すじめ、とも、のぶ、のり、ひさ、ひとし、ふみし、ふん、み、や、やす、ゆき、よし
◎	片《ヘン》	かた
	卞《ヘン ベン》	のり
◎	方《ホウ》	かた、あたる、お、しげ、すけ、たか、ただし、たもつ、つね、なみ、のり、ふさ、まさ、まさし、み、みち、やす、より
◎	木《ボク モク》	き、こ、しげ
◎	毛《モウ》	け、あつ
●	匁	もんめ［国字］
◎	厄《ヤク》	くるしむ、わざわい
●	尤《ユウ ウ》	もつ、もと
◎	友《ユウ》	とも、すけ
◎	与《ヨ》	くみする、あずかる、あたえ、あと、くみ、すえ、ため、とも、のぶ、ひとし、もろ、よし　十四画「與」の俗字
◎	予《ヨ》	たのし、まさ、やす、やすし　十六画「豫」の俗字
	夭《ヨウ》	わざわい、わかい
	仂《リョク ロク》	つとむ

五画

◎	五《ゴ》	いつ、いつつ、い、いず、かず、ゆき
◎	以《イ》	これ、さね、しげ、とも、のり、もち、ゆき、より
◎	右《ウ ユウ》	あき、あきら、これ、すけ、たか、たすく、みぎ
◎	永《エイ》	ながい、つね、とお、なが、ながし、のぶ、のり、はるか、ひさ、ひさし、ひら
◎	凹《オウ》	くぼむ、へこむ
◎	央《オウ ヨウ》	あきら、ちか、てる、なか、なかば、ひさ、ひさし、ひろ、ひろし
◎	可《カ》	べし、よい、あり、とき、よく、よし、より
◎	加《カ》	くわえる、ます、また
●	瓜《カ》	うり
●	禾《カ》	のぎ、いね、ひいず、ひで
◎	瓦《ガ》	かわら、グラム
◎	外《ガイ ゲ》	そと、ほか、はずす、はずれる、と、との、ひろ、ほか
◎	甘《カン》	あまい、あま、かい、よし
◎	刊《カン》	きざむ、けずる
	仡《キツ ギツ》	いさ
◎	丘《キュウ》	おか、お、たか、たかし
◎	巨《キョ》	お、おお、なお、まさ、み
◎	去《キョ コ》	さる、なる
●	叶《キョウ》	かない、かのう、やす
◎	叫《キョウ》	さけぶ
◎	玉《ギョク》	たま、きよ
◎	句《ク》	
◎	兄《ケイ キョウ》	あに、え、えだ、これ、さき、しげ、ただ、ね、よし
◎	穴《ケツ》	あな、これ、な
◎	玄《ゲン》	くろ、しず、しずか、つね、とお、とら、のり、はじめ、はる、はるか、ひかる、ひろ、ふか、ふかし
●	乎《コ オ》	お、か

【5画】

◎	古《コ》	ふるい、たか、ひさ、ふる
◎	甲《コウ カン》	か、かつ、き、きのえ、まさる
◎	功《コウ ク》	いさお、あう、あつ、いさ、かた、かつ、こと、つとむ、つとめ、なり、なる、のり
	叩《コウ》	たたく、ひかえる
◎	尻《コウ》	しり
◎	巧《コウ》	たくみ、たえ、よし
●	弘《コウ》	ひろし、お、ひろ、ひろむ、みつ
◎	号《ゴウ》	な、なづく
	乍《サ》	はや
◎	左《サ》	ひだり、すけ
◎	冊《サツ サク》	なみ、ふみ、ふん、ぶん
	扎《サツ》	
◎	札《サツ》	ふだ、さね、ぬさ
◎	市《シ》	いち、ち、なが、まち
●	仔《シ》	こ
●	只《シ》	これ、ただ
◎	仕《シ ジ》	つかえる、つかう、まなぶ
◎	司《シ》	つかさ、おさむ、かず、つとむ、もと、もり
◎	史《シ》	ふみ、さかん、ちか、ちかし、ひと、ふの、ふひと、み
◎	矢《シ》	や、ただ、ただし、ちかう、ちこう、なお
◎	示《ジ シ》	しめす、しめ、とき、み
◎	失《シツ》	うしなう
◎	叱《シツ》	しかる
◎	且《シャ ショ》	かつ
◎	主《シュ ス》	おも、あるじ、かず、つかさ、ぬし、もり、ゆき
◎	囚《シュウ》	とらえる
◎	充《ジュウ シュウ》	あてる、あつ、たかし、まこと、み、みち、みつ、みつる
◎	出《シュツ スイ》	でる、だす、いず、いずる、で
◎	処《ショ》	おき、おる、さだむ、すみ、ところ、ふさ、やす 十一画「處」の俗字
●	疋《ショ ソ》	ただ、あし、ひさ
◎	召《ショウ》	めす、めし、よし、よぶ
	仗《ジョウ チョウ》	より、よる
◎	申《シン》	もうす、さる、しげる、のぶ、み、もち
◎	生《セイ ショウ》	あり、い、いき、いく、いける、う、うまる、お、おき、き、すすむ、たか、なり、なる、のう、のり、ふ、ぶ、ふゆ、み、よ
◎	正《セイ ショウ》	ただしい、あきら、おさ、かみ、きみ、さだ、たか、ただ、ただし、ただす、つら、なお、のぶ、まさ、まさし、よし
◎	丼《セイ》	どんぶり、どん
◎	世《セイ セ》	よ、つぎ、つぐ、とき、とし、よ
◎	斥《セキ》	かた
◎	石《セキ、シャク コク》	いし、あつ、いそ、いわ、かた、し
◎	占《セン》	しめる、うらなう、うら、しめ
◎	仙《セン》	たかし、のり、ひさ、ひと
◎	他《タ》	おさ、ひと、ほか
◎	代《ダイ タイ》	かわる、よ、しろ、とし、のり、より
◎	台《ダイ タイ》	もと 十四画「臺」とは別字
●	凧	たこ［国字］

◎	旦	タン	あした、あき、あきら、あけ、あさ、ただし
	叮	テイ	
◎	田	デン	た、だ、ただ、みち
◎	奴	ド	やつ、ぬい
	夲	トウ	
◎	冬	トウ	ふゆ、かず、とし
◎	凸	トツ	でこ、たかし
◎	尼	ニ	あま、さだ、ただ、ちか
	弍	ニ ジ	ふた、ふたつ　二の古字
◎	白	ハク ビャク	しろ、あき、あきら、きよ、きよし、し、しら、しろ、しろし
◎	半	ハン	なかば、なか、なからい
	丕	ヒ	おおきい、はじめ、い、ひろ
◎	皮	ヒ	かわ
◎	必	ヒツ	かならず、さだ
◎	氷	ヒョウ	こおり、きよ、ひ　六画「冰」の俗字
◎	付	フ	つける、つく、とも
◎	布	フ	ぬの、しき、しく、たえ、のぶ、よし
	弗	フツ	ず、ドル
◎	丙	ヘイ	あき、あきらか、え、ひのえ
◎	平	ヘイ ビョウ	たいら、おさむ、さね、たか、つね、とし、なり、なる、はかる、ひとし、ひら、もち、よし
◎	皿	ベイ	さら
◎	弁	ベン	さだ、そなう、ただ、なか、のぶ、わけ
◎	母	ボ	はは
●	戊	ボ ボウ	つちのえ、さかる、しげ、しげる
◎	包	ホウ	つつむ、かた、かつ、かぬ、かね、しげ
●	卯	ボウ	う、あきら、しげ、しげる
◎	乏	ボウ	とぼしい
◎	北	ホク	きた、た
◎	本	ホン	もと、なり、はじめ
◎	末	マツ バツ	すえ、とめ、とも、ひで、ひろし、ほず
◎	未	ミ	いま、いや、ひつじ、ひで
◎	民	ミン	たみ、ひと、み、もと
◎	矛	ム	たけ、ほこ
◎	目	モク ボク	め、ま、み、より
◎	由	ユ、ユウ ユイ	ただ、ゆき、よし、より
◎	幼	ヨウ	おさない、わか
	孕	ヨウ	はらむ
◎	用	ヨウ	もちいる、ちか、もち
◎	立	リツ リュウ	たつ、たか、たかし、たち、たつる、たて、たる、はる
◎	令	レイ	おさ、なり、のり、はる、よし

六画

◎	六	ロク	む、むつ、むっつ、むい
◎	安	アン	やすい、さだ、やす、やすし
●	伊	イ	いさ、おさむ、これ、ただ、よし
●	夷	イ	えびす、ひな、ひら

【6画】

記号	漢字	読み	名乗り
◎	衣	イ	ころも、え、きぬ、そ、みそ
	聿	イツ、イチ	ここに、ふで
◎	印	イン	しるし、あき、おき、おし、かね、しる
◎	因	イン	よる、ちなみ、なみ、ゆかり、よし、より
◎	宇	ウ	うま、たか、のき
◎	羽	ウ	はね、は、わね
●	曳	エイ	ひく、とお、のぶ
●	亦	エキ	また
◎	回	カイ、エ	まわる、まわす
●	亥	カイ、ガイ	い、り
	价	カイ	とも、よし
◎	灰	カイ	はい
◎	各	カク	おのおの、まさ
	奸	カン	おかす
◎	缶	カン	べ、ほとぎ
◎	危	キ	あぶない、あやうい
◎	伎	キ、ギ	わざ
◎	企	キ	くわだてる、とも、もと
◎	机	キ	つくえ
◎	吉	キチ、キツ	さち、とみ、はじめ、よ、よし
	吃	キツ	どもる
	屹	キツ、ギツ	そばだつ
◎	臼	キュウ	うす
◎	朽	キュウ	くちる、え
◎	求	キュウ	もとめる、き、ひで、まさ、もと、もとむ、もとめ、やす
◎	休	キュウ	やすむ、たね、のぶ、やす、よし
	劦	キョウ	
	兇	キョウ	
◎	共	キョウ	たか、とも
●	匡	キョウ	たすく、ただ、ただし、ただす、まさ、まさし
◎	仰	ギョウ、コウ	あおぐ、おおせ、たか、もち
●	旭	キョク	あさひ、あき、あきら、あさ、てる
◎	曲	キョク	まがる、まげる、くま、のり
●	圭	ケイ	か、かど、きよ、き、よし、たま、よし
◎	刑	ケイ	のり
◎	血	ケツ	ち
◎	件	ケン	かず、なか、わか
●	冴	コ、ゴ	さえ、さえる
●	伍	ゴ	あつむ、いつ、くみ、とも、ひとし
◎	考	コウ	かんがえる、たか、ただ、ちか、とし、なか、なり、なる、のり、やす、よし
◎	后	コウ	きみ、のち
◎	行	コウ、ギョウ、アン	いく、ゆく、おこなう、あきら、き、たか、つら、のり、ひら、みち、もち、やす、ゆき
◎	好	コウ	このむ、すく、この、すみ、たか、み、よし、よしみ
	伉	コウ	たぐい、ならぶ
◎	光	コウ	ひかる、ひかり、あき、あきら、あり、かぬ、かね、さかえ、てる、ひこ、ひろ、ひろし、みつ、みつる

◎	交	コウ	まじわる、かう、かわす、あう、かた、とも、みち、よしみ
◎	向	コウ	むかう、むこう、ひさ、むか、むき、むけ
◎	合	ゴウ、ガッ、カッ	あい、あう、かい、はる、よし
	凩		こがらし ［国字］
	艮	コン、ゴン	うしとら
◎	再	サイ、サ	ふたたび
◎	在	ザイ	ある、あき、あきら、あり、すみ、たみ、とお、とみ、まき、みつる
	弎	サン	み、みつ、みっつ 「三」の古字
◎	至	シ	いたり、いたる、ちか、のり、みち、むね、ゆき、よし
◎	糸	シ	いと、たえ、ため、つら、より 十二画「絲」の略字だが俗字として成立
◎	死	シ	しぬ
◎	旨	シ	すすむ、むね、よし
●	此	シ	この
◎	字	ジ	あざ、さね、な
◎	次	ジ、シ	ちか、つぎ、つぐ、ひで、やどる
◎	自	ジ、シ	みずから、おの、これ、さだ、より
◎	寺	ジ	てら
●	而	ジ	しかして、しかも、なんじ
◎	耳	ジ	み、みみ
◎	式	シキ	つね、のり、もち
	妁	シャク	
	戍	シュ、ジュ	まもる、まもり、もり
◎	朱	シュ	あか、あけ、あけみ、あや
◎	守	シュ、ス	まもり、まもる、え、かみ、さね、ま、もり、もれ
●	收	シュウ	おさめる、おさむ、かず、さね、すすむ、なお、なか、のぶ、もと、もり、もろ
◎	州	シュウ	す、くに
◎	舟	シュウ	ふね、ふな、のり
	戎	ジュウ	えびす
◎	汁	ジュウ	しる、つら
	夙	シュク	つとに
	戌	ジュツ、シュチ	いぬ
◎	旬	ジュン	ただ、とき、ひとし、ひら、まさ
◎	如	ジョ、ニョ	いく、すけ、なお、もと、ゆき、よし
●	丞	ショウ、ジョウ	すけ、すすむ、たすく、つぐ
◎	匠	ショウ	たくみ、なる
◎	色	ショク、シキ	いろ、くさ、しこ、しな
◎	臣	シン、ジン	う、お、おか、おみ、おん、きん、しく、しげ、たか、とみ、み、みつ、みる
◎	尽	ジン	つくす 十四画「盡」の俗字
◎	西	セイ、サイ	にし、あき、し
◎	舌	ゼツ	した
●	亘［亙］	セン、カン、コウ	とおる、のぶ、ひろし、もとむ、わたり、わたる
◎	先	セン	さき、すすむ、ひこ、ひろ、ゆき
●	尖	セン	さき、するどい、とがる
◎	全	ゼン	まったく、あきら、うつ、たけ、たもつ、とも、はる、まさ、また、みつ、やす
◎	早	ソウ、サッ	はやい、さき、はや

【6画】

● 庄《ソウ ショウ》 たいら、まさ

◎ 存《ソン ゾン》 あきら、あり、ありや、ある、さだ、すすむ、たもつ、つぎ、なが、のぶ、のり、まさ、やす、やすし

◎ 多《タ》 おおい、おお、おおし、おおの、かず、とみ、な、なお、まさ、まさる

朶《タ ダ》 えだ、え

◎ 打《ダ》 うつ

◎ 宅《タク》 いえ、おり、やか、やけ、

◎ 地《チ ジ》 くに、ただ、つち

● 弛《チ シ》 ゆるむ

◎ 竹《チク》 たけ、たか

冲《チュウ》 おき

◎ 仲《チュウ》 なか、なかし

虫《チュウ》 むし
十八画「蟲」とは別字

◎ 兆《チョウ》 きざす、きざし、とき、よし

● 汀《テイ チョウ》 なぎさ、みぎわ

◎ 吐《ト》 はく

◎ 灯《トウ》 ひ、ともしび
十六画「燈」の俗字

◎ 同《ドウ》 おなじ、あつ、あつむ、とも、のぶ、ひとし

● 凪 なぎ、なぐ ［国字］

◎ 肉《ニク》 しし

◎ 任《ニン》 まかせる、あたる、たえ、たか、たかし、ただ、たね、たもつ、と、とう、のり、ひで、まかし、まこと、よし

◎ 年《ネン》 かず、すすむ、ちか、と、とし、とせ、ね、みのる

◎ 伐《バツ》 うつ、きる、ほこり、のり

◎ 犯《ハン》 おかす

◎ 帆《ハン》 ほ

◎ 氾《ハン ホン》 ひろ、ひろし

卍《バン マン》 まんじ

◎ 妃《ヒ》 きさき、き、ひめ

仳《ヒ》

◎ 百《ヒャク》 お、と、はげむ、も、もも

冰《ヒョウ》 こおり、ひ

牝《ヒン ビン》 めす

◎ 伏《フク》 ふせる、ふす、ふし、やす

刎《フン ブン》 はねる

◎ 米《ベイ マイ》 こめ、みつ、よね

仿《ホウ》 ならう、さまよう

◎ 朴《ボク》 すなお、なお

● 牟《ム ボウ》 ます、もと

◎ 名《メイ ミョウ》 な、あきら、かた、なづく、もり

◎ 妄《モウ ボウ》 みだり

◎ 有《ユウ ウ》 ある、あり、すみ、たもつ、とお、とも、なお、なり、みち、もち、り

伃《ヨ》 よし

◎ 羊《ヨウ》 ひつじ

耒《ライ ルイ》 すき

◎ 吏《リ》 おさ、さと、つかさ

◎ 礼《レイ ライ》（礼） あき、あきら、あや、いや、うや、かた、なり、のり、ひろ、ひろし、まさ、まさし、みち、ゆき、よし
十八画「禮」の古字

印	漢字	音	読み
◎	劣	レツ	おとる
◎	列	レツ	しげ、つら、とく、のぶ
◎	老	ロウ	おいる、ふける、おい、おみ、おゆ、とし

七画

印	漢字	音	読み
◎	七	シチ	なな、ななつ、なの、かず、な
	矣	イ	お
◎	位	イ	くらい、くら、たか、ただ、ただし、つら、なり、のり、ひこ、ひなた、ひら、み
	佚	イツ、テツ	たのしむ
◎	延	エン	のびる、すけ、すすむ、ただし、とお、なが、のぶ、のぶる
◎	汚	オ	けがす、けがれる、よごす、よごれる
	囮	カ、ガ	おとり
●	伽	カ、ガ、キャ	とぎ
◎	何	カ	なん、なに、いず、いずこ
◎	我	ガ	われ、わ
◎	改	カイ	あらためる、あら
◎	戒	カイ	いましめる
◎	角	カク	かど、つの、すみ、つぬ、ふさ、み
	斈	ガク	まなぶ 十六画「學」の俗字
◎	汗	カン	あせ
	旱	カン	ひでり
	坎	カン	あな
◎	完	カン	さだ、たもつ、なる、ひろ、ひろし、まさ、また、またし、みつ、ゆたか
	扞	カン	てこ
◎	含	ガン	ふくむ、ふくめる、もち
◎	忌	キ	いむ、いまわしい
	杞	キ、コ	
◎	岐	キ	ふなど、みち
◎	希	キ	まれ
	妓	ギ、キ	
◎	却	キャク	かえって、しりぞく、しりぞける
◎	究	キュウ	きわめる、きわみ、きわむ、さた、さだ、すみ、み
●	灸	キュウ、ク	やいと
◎	吸	キュウ	すう
●	杏	キョウ、コウ、アン	あんず
	況	キョウ、コウ	いわんや、まして
●	亨	キョウ、コウ	とおる、あき、あきら、すすむ、ちか、とし、なお、なが、なり、みち、ゆき
	夾	キョウ、コウ	はさむ、ちかし
◎	局	キョク	ちか、つぼね
◎	均	キン	お、ただ、なお、なり、ひとし、ひら、まさ
◎	吟	ギン	あきら、おと、こえ
	吼	ク、コウ	ほえる
◎	君	クン	きみ、きん、こ、すえ、なお、よし
◎	系	ケイ	いと、つぎ、つら、とし
◎	形	ケイ、ギョウ	かたち、あれ、かた、すえ、なり、み、より
	姸	ケン、ゲン	うつくしい 九画「妍」の俗字

【7画】

印	漢字	音	読み・名乗り
◎	見	ケン	みる、あき、あきら、ちか、み、みる
◎	言	ゲン ゴン	いう、こと、あき、あや、とき、とし、とも、のぶ、のり、ゆき
	估	コ	あたい、あきなう
●	吾	ゴ	あ、みち、わが、われ
◎	呉	ゴ	くに、くれ
●	宏	コウ	あつ、ひろ、ひろし
◎	江	コウ	え、きみ、ただ、のぶ
◎	更	コウ	さら、ふける、ふかす、かわる、つぐ、とお、とく、のぶ
◎	攻	コウ	せめる、おさむ、せむ、たか、よし
◎	坑	コウ	たか
◎	孝	コウ	たか、たかし、あつ、なり、のり、みち、もと、ゆき、よし
●	劫	ゴウ キョウ	おびやかす
◎	克	コク	かつ、かつみ、いそし、すぐる、たえ、なり、まさる、よし
◎	国	コク	くに、とき 十一画「國」の俗字 ※口の中は玉ではなく王
◎	谷	コク	たに、ひろ、や
◎	告	コク	つげる、しめす、つぐ
◎	困	コン	こまる
●	坐	サ ザ	すわる、います、ます
●	些	サ シャ	いささか
◎	佐	サ	すけ、たすく、よし
◎	材	サイ ザイ	えだ、き、もとき、もとし
◎	災	サイ	わざわい
◎	作	サク サ	つくり、つくる、あり、とも、なお、なり、ふか
◎	杉	サン	すぎ
●	孜	シ	あつ、ただす、つとむ
	豕	シ	いのこ
◎	伺	シ	うかがう、み
◎	志	シ	こころざす、さね、しるす、むね、もと、ゆき
◎	私	シ	わたくし、とみ
◎	似	ジ	にる、あえ、あゆ、あり、あれ、い、かた、ちか、つね、に、のり
◎	車	シャ	くるま、くら、のり
	杓	シャク ヒョウ	ひしゃく
●	灼	シャク	やく
◎	秀	シュウ	ひいでる、さかえ、しげる、すえ、ひいず、ひで、ひでし、ほ、ほず、ほら、みつ、みのる、よし
◎	住	ジュウ	すむ、すまう、おき、すみ、もち、よし
◎	初	ショ	はじめ、うい、はつ、もと
◎	助	ジョ	たすける、すけ、たすく、ひろ、ます
◎	序	ジョ	つき、つぎ、つぐ、つね、のぶ、ひさし
●	汝	ジョ ニョ	なんじ、な
	劭	ショウ ジョウ	つとめる、つとむ
	佋	ショウ	
◎	床	ショウ	とこ、ゆか 八画「牀」の俗字
◎	辛	シン	からい、かのと、からし
	岑	シン ギン	たか、みね
●	辰	シン ジン	たつ、とき、のぶ、のぶる、よし

◎● 壮《ソウ》［壯］ あき、お、さかり、さかん、たけ、たけし、まさ、もり
◎ 串《セン カン》 くし
◎ 赤《セキ シャク》 あか、か、はに、はにゅう、わに
● 汐《セキ ジャク》 きよ、しお
◎ 声《セイ ショウ》 こえ、こわ、おと、かた、ちか、な、のぶ、もり 十七画「聲」の俗字
◎ 成《セイ ジョウ》 なる、なり、あき、あきら、おさむ、さだ、さだむ、しげ、しげる、のり、はかる、はる、ひで、ひら、ふさ、まさ、みち、みのる、よし
◎ 吹《スイ》 ふく、かぜ、ふ、ふき、ふけ
◎ 身《シン》 み、これ、ただ、ちか、のぶ、みる、む、もと、よし
◎ 伸《シン》 のびる、ただ、のぶ、のぶる、のぼる

● 宋《ソウ ス》 おき、くに
◎ 走《ソウ》 はしる、ゆき
◎ 足《ソク》 あし、たらし、たり、たる、なり、みつ、ゆき
◎ 即《ソク》 あつ、ただ、ちかし、ひと、みつ、より 九画「卽」の俗字
◎ 束《ソク》 たば、き、さと、つか、つかぬ、つかね
杣 そま［国字］
忖《ソン》 はかる
◎ 村《ソン》 むら、すえ、つね
兌《ダ ダイ》 とおる、よろこぶ、あつまる

◎ 妥《ダ》 やす、やすし
◎ 体《タイ テイ》 からだ、なり、み、もと 明代以来、二十三画「體」の俗字として用いられた
● 托《タク》 たのむ
◎ 但《タン》 ただし、ただ
◎ 男《ダン ナン》 おとこ、お、おと
◎ 池《チ》 いけ
佇《チョ》 たたずむ、ただ
● 杖《チョウ ジョウ》 き、つえ、もち
◎ 町《チョウ》 まち

玎《テイ》
◎ 呈《テイ》 しめ、しめす
◎ 弟《テイ、ダイ デ》 おとうと、おと、くに、ちか、つぎ、ふと
◎ 廷《テイ》 たか、ただ、なが
◎ 低《テイ》 ひくい、ひら
● 佃《テン デン》 つくだ
● 杜《ト ズ》 もり
● 兎《ト》 う、うさ、うさぎ 八画「兔」の俗字
◎ 努《ド》 つとめる、つとむ

◎ 豆《トウ ズ》 まめ
禿《トク》 はげ、かむろ、はげる
● 呑《ドン トン》 のむ、のみ
◎ 尿《ニョウ》 ゆばり
◎ 妊《ニン》 はらむ、さね、もつ
◎ 忍《ニン》 しのぶ、おし、しの、たう
弝《ハ》 ゆづか
◎ 貝《バイ ハイ》 かい
◎ 伯《ハク》 お、おさ、く、たか、たけ、とも、のり、はか、ほ、みち

【7画】

◎麦《バク》 むぎ 十一画「麥」の俗字
◎坂《ハン》 さか
◎判《ハン、バン》 さだ、ちか、なか、ゆき
◎伴《ハン、バン》 ともなう、すけ、とも
◎汎《ハン、ホン》 ひろ、ひろし、みな
◎否《ヒ》 いな
●庇《ヒ》 おおう、かばう、ひさし
伾《ヒ》 おお
屁《ヒ》 へ

◎尾《ビ》 お、すえ
巫《フ、ブ》 みこ、かんなぎ
孚《フ》 はぐくむ
●佛《フツ、ブツ》 ほとけ、さとる
●吻《フン、ブン》 くちさき、くちびる
◎兵《ヘイ、ヒョウ》 たけ、ひと、むね
◎別《ベツ》 わかれる、のぶ、わき、わく、わけ
●甫《ホ、フ》 かみ、すけ、とし、なみ、のり、はじめ、まさ、み、もと、よし
◎●歩《ホ、ブ、フ》［歩］ あるく、あゆみ、あゆむ、すすむ

●牡《ボ、ボウ》 おす
呆《ホウ、ボウ》 おろか、あきれる 九画「保」、九画「某」の古字
彷《ホウ》 やす、ゆき
◎忙《ボウ》 いそがしい
◎妨《ボウ》 さまたげる
◎坊《ボウ、ボッ》 へや、まち
尨《ボウ、モウ》
◎忘《ボウ》 わすれる
◎●毎《マイ》［毎］ かず、つね、ごと

◎妙《ミョウ》 たう、たえ、ただ、たゆ
◎免《メン》(免) まぬかれる
杢 もく ［国字］
◎冶《ヤ》 いる
◎役《ヤク、エキ》 つら、まもる、ゆき
●佑《ユウ、ウ》 すけ、たすく
●邑《ユウ》 くに、さと、さとし、すみ、むら
●酉《ユウ》 とり、なが、みのる
攸《ユウ》 ところ

◎余《ヨ》 あまる、あます、われ 十六画「餘」の俗字
◎妖《ヨウ》 あやしい
◎卵《ラン》 たまご
◎乱《ラン》 みだれる、みだす、おさむ 十三画「亂」の俗字
◎利《リ》 きく、かが、かず、さと、と、とおる、とし、のり、まさ、みち、みのる、よし、より
◎里《リ》 さと、さとし、のり
●李《リ》 もも、すもも
◎良《リョウ》 よい、あきら、お、かず、かた、さね、すけ、たか、つか、つかさ、つぎ、なおし、なか、なが、ながし、はる、ひこ、ひさ、ふみ、まこと、み、みよし、よし、ら、ろ、ろう
吝《リン》 おしむ、やぶさか

● 伶《レイ》

◎ 冷《レイ》 つめたい、ひや、ひやす、さめる、さます、すずし

◎ 呂《ロ》《リョ》 おと、とも、なが、ふえ

牢《ロウ》 かたい、ひとや

◎ 弄《ロウ》 もてあそぶ

八画

◎ 八《ハチ》 やっつ、かず、や、やつ、わ、わかつ

◎● 亜《ア》［亞］ つぎ、つぐ

軋《アツ》 きしる

◎ 依《イ》《エ》 より

◎ 委《イ》 くつ、つく、とも、も、もろ

◎ 雨《ウ》 あめ、あま、さめ、ふる

盂《ウ》 はち

咏《エイ》 うたう

◎ 易《エキ》《イ》 やさしい、おさ、おさむ、かぬ、かね、やす、やすし

● 奄《エン》 おおう、たちまち、ひさ

◎ 宛《エン》 あて、ずつ、あたかも、さながら

◎ 炎《エン》 ほのお

● 於《オ》 ああ、おいて、おける、に、より

汪《オウ》 ひろ、ひろし

◎ 往《オウ》 おき、なり、ひさ、みち、もち、ゆき、よし

◎ 旺《オウ》 さかん、あきら

枉《オウ》 まがる、まげて

◎ 佳《カ》 よし

◎ 果《カ》 はたす、はて、あきら、はた、まさる

◎ 画《ガ》《カク》 え、えがく、はかる　十二画「畫」の俗字

● 臥《ガ》 ふす、お

◎ 快《カイ》 こころよい、はや、やす、よし

◎ 届《カイ》（屆） とどける、とどく、あつ、いたる、ゆき

◎ 劾《ガイ》

◎ 岳《ガク》 おか、たか、たかし、たけ　十七画「嶽」の古字

刮《カツ》 けずる

● 侃《カン》 あきら、すなお、ただ、ただし、つよし、なお、やす

◎ 官《カン》 おさ、きみ、これ、たか、のり、ひろ

● 函《カン》 はこ、いれる、すすむ

● 卷《カン》 まき、まる

坩《カン》 つぼ

◎ 岩《ガン》 いわ、いわお、かた、せき、たか　十二画「嵒」の俗字、二十三画「巖」の俗字

◎ 岸《ガン》 きし

◎ 汽《キ》

◎ 奇《キ》 あや、くし、くす、すく、より

● 祁《キ》《ギ》

歧《キ》《ギ》

● 其《キ》 その、とき、もと

◎ 肌《キ》《ケ》 はだ

【8画】

◎ 季《キ》　すえ、とき、とし、ひで、みのる

◎ 宜《ギ》　き、すみ、たか、なり、のぶ、のり、のる、まさ、やす、よし、よろし

◎ 技《ギ》　わざ、あや

匊《キク》　すくう

佶《キツ》　た、ただ、ただし、よし

● 玖《キュウ》　き、たま、ひさ

● 穹《キュウ》　たか、たかし

咎《キュウ》　とがめる、とが

● 汲《キュウ》　くむ、くみ

◎ 糾《キュウ》　あざなう、ただ、ただし、ただす

◎ 居《キョ》　いる、い、いや、おき、おり、さや、すえ、やす、より

◎ 享《キョウ》　うける、あきら、すすむ、たか、つら、みち、ゆき

◎ 協《キョウ》　かなう、かな、かのう、やす

◎ 供《キョウ ク》　そなえる、とも

◎ 狂《キョウ》　くるう、くるおしい、よし

◎ 京《キョウ ケイ》　みやこ、あつ、おさむ、たかし、ちか、ひろし

◎ 金《キン コン》　かな、かね、か

● 欣《キン ゴン》　やすし、よし

◎ 具《グ》　そなえる、そなわる、つぶさに、とも

◎ 空《クウ》　そら、あく、あける、から、たか

◎ 屈《クツ》　かがむ、かがめる

卦《ケ カ》

◎ 決《ケツ》　きめる、きまる、さだ

◎ 券《ケン》　てがた、わりふ

◎ 弦《ゲン》　つる、いと、お、ふさ

◎ 弧《コ》

◎ 孤《コ》　かず、とも

◎ 固《コ》　かためる、かたまる、かたい、かた、かたし、かたむ、たか、み、もと

呱《コ》

姑《コ》　しゅうとめ、しばらく

◎ 虎《コ》　とら、たけ

◎ 呼《コ》　よぶ、うん、おと、こえ

● 昂《コウ》　あがる、あき、あきら、たか、たかし、のぼる

◎ 抗《コウ》　あげる、あたる、ふせぐ

◎ 岡《コウ》　おか

◎ 効《コウ》　きく、いたる、かず、かた、すすむ、なり、のり　十画「效」の俗字

● 庚《コウ》　か、かのえ、つぐ、やす

佼《コウ》　よし、うつくしい

● 昊《コウ》　ひろ、ひろし

● 杭《コウ》　わたる、くい

◎ 幸《コウ》　さいわい、しあわせ、さい、さき、さち、たか、たつ、とみ、とも、ひで、みゆき、むら、ゆき、よし

◎ 岬《コウ》　みさき

◎ 刻《コク》　きざむ、とき

● 忽《コツ》　たちまち

● 昏《コン》　くらい、くれ

	漢字	音	名乗り
	坤	コン	つち、ひつじさる、した、まもる
◎	昆	コン	ひ、ひで、やす
◎	沙	サ シャ	い、いさご、す、すな、よなげる
◎	采	サイ	あや、とる、うね、こと
◎	妻	サイ	つま
◎	刷	サツ	する、きよ
◎	姉	シ	あね、え
	侈	シ イ	おごる
◎	枝	シ	え、えだ、き、しげ、しな
◎	刺	シ	さす、ささる、さし
	祀	シ	とし、まつり、まつる
◎	事	シ ジ	こと、つとむ、わざ
◎	使	シ	つかう
◎	始	シ	はじめる、はじまる、とも、はじめ、はる、もと
◎●	児［兒］	ジ ニ	こ、ちご、のり、はじめ、る
◎	侍	ジ	さむらい、ひと
●	竺	ジク チク	
◎	舎（舍）	シャ	いえ、や、やどる
◎	卸	シャ	おろす、おろし
	炙	シャ セキ	あぶる
◎●	社［社］	シャ	やしろ、あり、こそ、たか
◎	取	シュ	とり、とる
◎	受	ジュ	うく、うけ、おさ、しげ、つぐ
◎	呪	ジュ ジュウ	のろい、のろう、まじない
◎	宗	シュウ ソウ	かず、たかし、とき、とし、のり、ひろ、むね、もと
◎	周	シュウ	まわり、あまね、あまねし、いたる、かた、かぬ、かね、ただ、ちか、ちかし、なり、のり、ひろし、まこと
	狃	ジュウ	ならう、なれる
◎	叔	シュク	はじめ、よし
	抒	ショ ジョ	くむ、のべる
	咀	ショ ソ	かむ
◎	所	ショ	ど、ところ、のぶ
●	杵	ショ	き、きね
●	昌	ショウ	あき、あきら、あつ、さかえ、さかん、さかり、すけ、まさ、まさし、まさる、ます、よ、よし
◎	抄	ショウ	あつ
◎	承	ショウ	うけたまわる、うけ、こと、すけ、つぎ、つぐ、よし
◎	昇	ショウ	かみ、すすむ、のぼり、のぼる、のり
◎	尚	ショウ	さね、たか、たかし、なお、なか、なり、ひさ、ひさし、まさ、まし、ます、よし、より
	牀	ショウ ソウ	のり、ゆか
◎	松	ショウ	ときわ、ます、まつ
	妾	ショウ	めかけ、わらわ
◎●	状［狀］	ジョウ	かた、のり
	呻	シン	うめく
◎	枕	シン チン	まくら
◎	炊	スイ	たく、い、かし、かしぎ、とぎ、とぐ
◎	垂	スイ	たれる、しげる、たり、たる、たれ

【8画】

	辷		すべる［国字］
◎	制	セイ	いさむ、おさむ、さだ、すけ、ただ、のり
◎	斉	セイ	きよ、ただ、ただし、とき、とし、なお、なり、ひとし、まさ、むね、よし 十四画「齊」の俗字
◎	征	セイ	さち、そ、ただし、ただす、まさ、もと、ゆき、ゆく
◎	青（靑）	セイ ショウ	あお、きよ、はる
◎	姓	セイ ショウ	うじ、かばね
◎	政	セイ ショウ	おさ、かず、きよ、こと、すなお、ただ、ただし、ただす、なり、のぶ、のり、まさ、まさし、まん、ゆき
◎	析	セキ	さく
◎	昔	セキ シャク	むかし、つね、とき、ひさ、ふる
◎	折	セツ	おる、おれる、おり
◎	刹	セツ サツ	くに
	戔	セン サン	
	徂	ソ	ゆく
◎●	争［爭］	ソウ	あらそう
◎	扱	ソウ ショウ	あつかう
◎	卒	ソツ	たか
◎	汰	タ タイ	おごる、すぎる、よなげる
	侘	タ チャ	わびしい、ほこる
	岱	タイ ダイ	
◎	卓	タク	たか、たかし、つな、とお、まこと、まさる、もち
●	坦	タン	あきら、かつ、しずか、たいら、ひら、ひろ、ひろし、ひろむ、やす、ゆたか
◎	知	チ	しる、あき、あきら、おき、かず、さと、さとし、さとる、し、しり、ちか、つぐ、とし、とも、のり、はる
◎	宙	チュウ	おき、そら、ひろし、みち
◎	沖	チュウ	おき、とおる、なか、ふかし
	杻	チュウ ジュウ	てかせ
◎	忠	チュウ	まごころ、あつ、あつし、きよし、じょう、すなお、ただ、ただし、ただす、つら、なり、なる、のり、ほどこす
	佻	チョウ ジョウ	うすい
●	帖	チョウ ジョウ	さだ、ただ
◎	長	チョウ	ながい、いえ、おさ、すすむ、たけ、たけし、たつ、つかさ、つね、なが、ながし、のぶ、ひさ、ひさし、まさ、まさる、ます、みち
◎	直	チョク ジキ	ただちに、あたい、すぐ、すなお、ただ、ただし、ただす、ちか、なお、なおき、なおし、なが、ね、のぶる、ま、まさ
◎	沈	チン	しずむ、しずめる、うし
◎	定	テイ ジョウ	さだめる、さだ、さだむ、さだめ、つら、また、やす
◎	底	テイ	そこ、さだ、ふか
◎	的	テキ	あきら、まさ、まと
	廸	テキ	みち 十二画「迪」の俗字
◎	典	テン	おき、すけ、つかさ、つね、のり、ふみ、みち、もり、よし、より
◎	店	テン	みせ
	兔	ト	うさぎ
◎	妬	ト セキ	ねたむ
	帑	ド トウ	かねぐら
	弩	ド	いしゆみ、おおゆみ
◎	到	トウ	いたる、ゆき、よし
●	宕	トウ	
●	沓	トウ ドウ	かず、くつ
◎	投	トウ	なげる、ゆき

◎	東《トウ》	ひがし、あがり、あきら、あずま、き、こち、はじめ、はる、ひで、もと
◎	毒《ドク》	そこなう、どくする
	咄《トツ タツ》	はなし、はなす
●	沌《トン ドン》	
◎	奈《ナ ナイ》	いかん、なに
◎	乳《ニュウ》	ちち、ち
◎	念《ネン》	おもう、よむ、むね
◎	把《ハ》	たば、つか、とる、わ
	坡《ハ ヒ》	つつみ
	爬《ハ ベ》	かく
●	杷《ハ》	え、さらい
◎	杯《ハイ》	さかずき
	沛《ハイ》	
	佩《ハイ》	おびる、はく
	帛《ハク》	きぬ
◎	版《ハン ヘン》	いた、ふだ
◎	板《ハン バン》	いた
◎	非《ヒ》	あらず、そしる
◎●	卑《ヒ》［卑］	いやしい、いやしむ、いやしめる
◎	批《ヒ》	うつ
◎	彼《ヒ》	かれ、かの、のぶ
●	枇《ヒ ビ》	
◎	弥《ビ ミ》	いや、いよ、ひさ、ひさし、ひろ、ます、まね、み、みつ、や、やす、よし、わたり、わたる 十七画「彌」の俗字
	凭《ヒョウ》	よる、もたれる
	旻《ビン ミン》	そら、あきぞら
◎	府《フ》	あつ、くら、もと
●	斧《フ》	おの、はじめ
◎	扶《フ》	すけ、たもつ、もと
◎	阜《フ フウ》	あつ、おか、たか、とおる、な
◎	武《ブ ム》	いさ、いさむ、たけ、たけし、たける、たつ、ふか、む
◎	服《フク》	こと、はとり、もと、ゆき、よ
◎	物《ブツ モツ》	もの、たね
	忿《フン》	いかる
◎	併《ヘイ》	あわせる 十画「倂」の俗字
◎	並《ヘイ》	なみ、なめ、ならぶ、み、みつ 十画「竝」の俗字
	秉《ヘイ ヒョウ》	とる
◎	坪《ヘイ》	つぼ
◎	奉《ホウ ブ》	たてまつる、うけ、とも、な、よし
●	朋《ホウ》	とも
◎	放《ホウ》	はなす、はなつ、おき、ゆき、ゆく
	咆《ホウ》	ほえる
	侔《ボウ》	ひとしい
◎	房《ボウ》	ふさ、お、のぶ
	冐《ボウ モウ》	おかす、おおう 九画「冒」の俗字
◎	牧《ボク》	まき

【8画・9画】

- 沐《ボク・モク》　あらう
- ◎没《ボツ》　おぼれる、しずむ、つきる、ない、ぼっする
- ◎妹《マイ》　いもうと、いも
- ◎枚《マイ》　かず、ひら、ふむ
- 枡　ます〔国字〕
- ◎味《ミ》　あじ、うまし、ちか
- ◎明《メイ・ミョウ》　あか、あかり、あかる、あき、あきら、あきらけい、あけ、きよし、くに、てる、とおる、とし、のり、はる、ひろ、みつ、よし
- ◎命《メイ・ミョウ》　いのち、あきら、かた、とし、な、なが、のぶ、のり、まこと、み、みこと、みち、もり、や、よし、より
- ●孟《モウ》　おさ、たけ、たけし、つとむ、とも、なが、はじむ、はじめ、はる、もと

- ◎盲《モウ》　くらい
- ◎門《モン》　かど、かね、と、ひろ、ゆき
- ◎夜《ヤ》　よ、よる、やす
- 輿《ユ・ヨ、ヨウ》
- ●侑《ユウ》　あつむ、すすむ、ゆき
- 殀《ヨウ》　わかじに
- ◎沃《ヨク・オク》　そそぐ
- ◎抑《ヨク》　おさえる、あきら
- ◎●来《ライ》［來］　き、きたる、く、くる、こ、な、ゆき

- ◎両《リョウ》（兩）　ふた、ふる、もろ
- ◎林《リン》　はやし、き、きみ、きん、しげ、しげる、とき、な、はやし、ふさ、もと、もり、よし
- ◎例《レイ》　たとえる、ただ、つね、とも、みち
- ◎戻《レイ》（戾）　もどす、もどる
- 洌《レツ・レイ》　きよ、きよし、ただし
- ◎炉《ロ》　いろり　二十画「爐」の俗字
- ●肋《ロク》　あばら
- ◎和《ワ・オ》　やわらぐ、あい、あえ、かず、かた、かつ、かのう、たか、ちか、とし、とも、な、のどか、ひとし、まさ、ます、やす、やすし、やまと、やわ、やわら、よし、より、わたる
- ◎枠　わく〔国字〕

- ●或《ワク・コク》　ある、あるいは、もち

九画

- ◎九《キュウ・ク》　ここの、ここのつ、かず、こご、ただ、ちか、ちかし、つね、なが、ひさ、ひさし
- ●娃《ア・アイ》
- ◎哀《アイ》　あわれ、あわれむ
- ◎威《イ》　あきら、おどし、たか、たけ、たけし、たける、つよ、つよし、とし、なり、のり
- ◎畏《イ》　おそれ、おそれる、かしこ、かしこまる
- 怡《イ》　よろこぶ、はる
- ◎芋　いも

- ◎姻《イン》
- ◎咽《イン・エン》　のむ、むせぶ
- 禹《ウ》　のぶ
- ◎映《エイ》　うつる、うつす、はえる、あき、あきら、てる、みつ
- ◎泳《エイ・ヨウ》　およぐ
- 泄《エイ・セツ》　もれる
- 盈《エイ・ヨウ》　みちる、あり、つち、つね、みち、みつ、みつる
- ◎疫《エキ・ヤク》　えやみ
- 衍《エン》　のぶ、ひろ、ひろし、みつ

- ◎ 怨《エン オン》 うらむ、うらみ
- ◎ 垣《エン》 かき、たか、はん
- ◎ 沿《エン》 そう
- ◎ 押《オウ》 おす、おさえる、おし
- 怏《オウ ヨウ》 うらむ
- 殃《オウ ヨウ》 わざわい
- ◎ 屋《オク》 や、いえ
- 俤 おもかげ、すがた [国字]
- ◎ 音《オン イン》 お、おと、と、なり、ね
- 柯《カ》 え、えだ、かど
- ◎ 架《カ》 かける、かかる、みつ
- ◎ 河《カ》 かわ
- ◎ 科《カ》 しな
- ● 俄《ガ》 にわか
- ◎ 怪《カイ》 あやしい、あやしむ、やす、よし
- ● 廻《カイ エ》 まわる、めぐる、のり
- ◎ 拐《カイ》 かたる
- 枴《カイ》 つえ
- ◎ 界《カイ》 さかい
- ◎ 皆《カイ》 みな、とも、み、みち
- 徊《カイ》 さまよう
- 咳《ガイ カイ》 しわぶき、せき
- ◎ 革《カク》 かわ
- 咢《ガク》 おどろく
- ◎ 看《カン》 あきら、み、みつ、みる
- ◎ 冠《カン》 かんむり
- ◎ 肝《カン》 きも
- 姦《カン》
- 咸《カン》 みな
- ● 柑《カン ケン》 みかん
- ● 竿《カン》 さお
- ◎ 巻《カン》 まく、まき、まる 八画「巻」の俗字
- 罕《カン》 まれ
- 奐《カン》 あきら
- ◎ 玩《ガン》 よし
- 姫《キ》（姬） ひめ
- ◎ 紀《キ》 あき、おさ、おさむ、かず、かなめ、こと、しるす、すみ、ただ、ただし、つぐ、つな、とし、のり、はじめ、もと、よし
- ◎● 祈《キ》［祈］ いのる
- ● 祇《キ ギ》 けさ、つみ、のり、まさ、もと
- ◎ 軌《キ》 のり、わだち
- 癸《キ》 みずのと、みず
- ◎ 客《キャク カク》 ひと、まさ
- ◎ 虐《ギャク》 しいたげる
- ◎ 急《キュウ》 いそぐ
- 柩《キュウ》 ひつぎ

【9画】

◎泣《キュウ》 なく、なき
炬《キョ》《コ》
◎拒《キョ》 こばむ
◎況《キョウ》 いわんや
怳《キョウ》《コウ》
姜《キョウ》
怯《キョウ》 おびえる
●俠《キョウ》 さとる、たもつ
垠《ギン》 さかい、きし、かぎり

狗《ク》《コウ》 いぬ
枸《ク》《コウ》 くこ
粂 くめ［国字］
◎軍《グン》 いく、いくさ、いさ、すすむ、むら、むれ
◎係《ケイ》 かかる、かかり、たえ
◎計《ケイ》 かず、かずえ、はかる
◎型《ケイ》 かた
●奎《ケイ、ケ》《キ》 ふみ
◎契《ケイ》 ちぎり、ちぎる、ひさ

●勁《ケイ》 つよし
●頁《ケツ》 かしら、ページ
妍《ケン》《ゲン》 うつくしい、かず、きよ、よし
炫《ケン》《ゲン》 かがやく、あき
◎建《ケン》《コン》 たけ、たけし、たける、たつ、たつる、たて
昡《ケン》《ゲン》
●彦《ゲン》 お、さと、ひこ、ひろ、やす、よし
◎枯《コ》 かれる、からす
沽《コ》 かう、うる

狐《コ》 きつね
怙《コ》 たのむ
◎故《コ》 ゆえ、ひさ、ふる、もと
◎後《ゴ》《コウ》 うしろ、あと、しつ、ちか、のち、のり、もち
肛 こう
◎厚《コウ》 あつい、あつ、あつし、ひろ、ひろし
秔《コウ》 うるち
◎皇《コウ》《オウ》 すべ、すめら
◎拘《コウ》 かかわる、とどめる、とらえる、とらわれる

◎侯《コウ》 きぬ、きみ、とき、よし
◎香《コウ》《キョウ》 か、かおり、かおる、かが、たか、よし
咬《コウ》《ゴウ》 かむ
姤《コウ》 あう、ゆえ
垢《コウ》《ク》 あか、はじ
◎紅《コウ》《ク》 くれない、あか、いろ、くれ、べに、もみ
哄《コウ》
●巷《コウ》《ゴウ》 ちまた、さと
◎虹《コウ》 にじ

昂　コウ　あがる、たかい

剋　コク　かつ、とき

圀　コク　くに
「國」の古字
唐の則天武后の作

◎込　こむ、こめる　［国字］

◎砂　サ　シャ　すな、いさご

◎査　サ　しらべる

●哉　サイ　えい、か、かな、き、すけ、とし、ちか、はじめ、や

●柴　サイ　シ　しげ、しば

◎昨　サク　きのう

◎削　サク　けずる

◎柵　サク　サン　しがらみ、とりで

閂　サン　セン　かんぬき

◎思　シ　おもう、おもい、こと

◎柿　シ　かき、かげ、かつ

屍　シ　かばね、しかばね

屎　シ　くそ

◎姿　シ　すがた、かた、しな、たか

◎施　シ　セ　ほどこす、とし、のぶ、はる、ます、もち

◎●祉　シ　［祉］　とみ、よし

咨　シ　はかる、こと

◎治　ジ　チ　おさめる、おさむ、さだ、す、ず、ただす、つぐ、とお、のぶ、はる、よし

峙　ジ　チ　そばだつ

◎室　シツ　いえ、むろ、や

●柘　シャ　やまぐわ、つく

◎●者　シャ　［者］　もの、ひさ、ひと
八画「者」は俗字だが旧字の画数による

芍　シャク

◎首　シュ　くび、おびと、かみ、さき、はじめ

◎秋　シュウ　あき、あきら、おさむ、とき、とし、みのる

酋　シュウ　おさ

●柊　シュウ　ひいらぎ

◎重　ジュウ　チョウ　え、おもい、かさなる、あつ、あつし、いかし、おもし、かさぬ、かず、かたし、しげる、のぶ、ふさ

◎柔　ジュウ　ニュウ　やわらか、とう、なり、やす、やわ、やわら、よし

◎俊　シュン　すぐる、たかし、とし、まさり、まさる、よし

◎春　シュン　はる、あずま、あつ、かす、かず、す、とき、は、はじめ

◎盾　ジュン　たて

◎叙　ジョ　のぶ、みつ
十一画「敍」の俗字

◎肖　ショウ　あえ、あゆ、あれ、すえ、たか、のり、ゆき

◎昭　ショウ　あき、あきら、いか、てる、はる

◎咲　ショウ　さく、さき

◎沼　ショウ　ぬま

◎招　ショウ　まねく、あき、あきら

◎乗　ジョウ　のる、のせる、あき、しげ、のり

◎食　ショク　ジキ　あき、あきら、うけ、くら、け、みけ

◎信　シン　あき、あきら、こと、さだ、さね、しげ、しの、ただ、ちか、とき、とし、のぶ、のぶる、まこと、まさ、みち

◎侵　シン　おかす

【9画】

◎	甚	ジン	はなはだ、おもし、しげ、たね、とう、ふか、やす
◎	帥	スイ	かしら、ひきいる、そら
◎	是	ゼ	これ、すなお、ただし、つな、ゆき、よし
◎	牲	セイ	いけにえ
	砌	セイ サイ	みぎり
	穽	セイ	おとしあな
◎	省	セイ ショウ	かえりみる、あきら、かみ、はぶく、み、みる、よし
◎	星	セイ ショウ	とし、ほし
◎	性	セイ ショウ	さが、たち、なり、もと
◎	拙	セツ	つたない
◎	窃	セツ	ぬすむ、ひそかに 二十二画「竊」の俗字
◎	泉	セン	い、いずみ、きよし、ずみ、み、みず、みぞ、もと
●	穿	セン	うがつ
◎	宣	セン	しめす、すみ、つら、のぶ、のぶる、のり、ひさ、ふさ、むら、よし
◎	染	セン	そめる、そまる、しみる、しみ、そめ
◎	前	ゼン	まえ、くま、さき、すすむ、ちか
◎	狙	ソ ショ	ねらう
◎	奏	ソウ	かなでる、かな
◎	相	ソウ ショウ	あい、あう、あきら、さ、すけ、たすく、とも、はる、まさ、また、み、みる
●	卽	ソク	あつ、ただ、ちかし、ひと、みつ、より
◎	促	ソク	うながす、ちか、ゆき
◎	則	ソク	つね、とき、のり、みつ
◎	俗	ゾク	みち、よ
	奓	タ シャ	
	柁	タ ダ	かじ
	咤	タ ト	しかる
◎	泰	タイ	あきら、とおる、ひろ、ひろし、や、やす、やすし、ゆたか、よし
◎	怠	タイ	おこたる、なまける、やす
●	殆	タイ ダイ	ほとんど、あやうく、ちか
◎	耐	タイ	たえる、たう、つよし
◎	待	タイ	なが、まち、まつ、みち
	廼	ダイ ナイ	の、すなわち 十三画「迺」の俗字
	拆	タク セキ	ひらく、さく
	柝	タク	き
◎	拓	タク	ひら、ひらく、ひろ、ひろし
	怛	ダツ タツ	いたむ
	彖	タン	
◎	担	タン	かつぐ、になう、ゆたか
◎	炭	タン	すみ
◎	段	ダン	
◎	致（致）	チ	いたす、いたる、おき、とも、のり、むね、ゆき、よし 十画に非ず
◎	昼	チュウ	あき、あきら、ひる 十一画「晝」の俗字
	紂	チュウ	
	冑	チュウ	よろい、かぶと
◎	注	チュウ	そそぐ

◎	抽《チュウ》	ぬく、ひく
◎	柱《チュウ》	はしら
◎	肘《チュウ》	ひじ
	昶《チョウ》	あきら、いたる
◎	勅《チョク》	ただ、て、とき
●	辻	つじ［国字］
◎	抵《テイ》	あつ、やす、ゆき
◎	貞《テイ》	さだ、ただ、ただし、ただす、つら、みさお
	剃《テイ》	そる
	牴《テイ》《タイ》	ふれる
◎	亭《テイ》	たかし
◎	帝《テイ》	ただ、みかど
◎	訂《テイ》	ただ、ただす
◎	泥《デイ》	どろ、ぬり、ね、ひじ
●	姪《テツ》《チツ》	めい
	肚《ト》	はら
◎	怒《ド》	いかる、おこる
◎	度《ド、ト》《タク》	たび、ただ、なが、のぶ、のり、みち、もろ、わたる
	咷《トウ》《チョウ》	
◎	峠	とうげ［国字］
	栂	とが、つが［国字］
◎	栃	とち［国字］
◎●	突《トツ》［突］	つく
◎	南《ナン》《ナ》	あけ、なみ、みな、みなみ、よし
◎	波《ハ》	なみ
◎●	拝《ハイ》［拝］	おがむ
●	盃《ハイ》	さかずき　八画「杯」の俗字
◎	昧《バイ》《マイ》	くらい
	狛《ハク》	こま
◎	泊《ハク》	とまる、とめる
●	柏《ハク》《ヒャク》	かしわ
◎	拍《ハク》《ヒョウ》	ひら、うつ
◎	畑	はた、はたけ［国字］
◎●	抜《バツ》［拔］	ぬく、ぬける、ぬかす、ぬかる、やはず
	叛《ハン》	そむく
◎	飛《ヒ》	とぶ、とばす、たか
●	毘《ヒ》《ビ》	すけ、たる、てる、とも、のぶ、ひで、まさ、やす、よし
◎	披《ヒ》	ひら、ひろ、ひらく
◎	美《ビ》	うつくしい、うま、うまし、きよし、とみ、はし、はる、ふみ、み、みつ、よ、よし
◎	眉《ビ》《ミ》	まゆ
◎	泌《ヒツ》《ヒ》	
◎	表《ヒョウ》	おもて、あらわす、あき、あきら、うわ、お、おも、きぬ、こずえ、すず、と、よし
◎	秒《ビョウ》《ミョウ》	
	眇《ビョウ》《ミョウ》	すがめ、すがめる
◎	品《ヒン》	かず、かつ、しな、ただ、のり、ひで

【9画】

◎	赴	フ	おもむく、はや、ゆく
◎	怖	フ	こわい
◎	訃	フ	
	俘	フ	とりこ
	玞	フ	
◎	負	フ	まける、まかす、おう、え、おい、ひ、ます
◎●	侮［侮］	ブ	あなどる
◎	風	フウ、フ	かざ、かぜ
◎	封	フウ、ホウ	かね、さかい、とじる、ポンド
◎●	払［拂］	フツ	はらう
◎	沸	フツ	わく、わかす
	屏	ヘイ、ビョウ	しりぞく、おおう 十一画「屛」の俗字
◎	柄	ヘイ	がら、え、えだ、かい、かみ、つか、もと
	炳	ヘイ、ホウ	あきらか、あき
◎	辺	ヘン	あたり、べ、へ、ほとり 二十二画「邊」の俗字
◎●	勉［勉］	ベン	かつ、すすむ、つとむ、まさる、ます、やす
◎	便	ベン、ビン	たより、やす
◎	保	ホ	お、たもつ、まもる、もち、もり、やす、やすし、より
	甫	ホ、フ	
	拇	ボ、モ	おやゆび
●	姥	ボ、モ	うば、おけ、とめ
◎	泡	ホウ	あわ
◎	抱	ホウ	だく、いだく、かかえる、もち
◎	法	ホウ、ハッ、ホッ	かず、つね、のり、はかる
	抛	ホウ、ヒョウ	なげうつ
◎	某	ボウ	それがし、いろ
◎	冒	ボウ	おかす
●	昴	ボウ	すばる
	厖	ボウ、モウ	あつ、ひろし
	芒	ボウ、モウ	のぎ、すすき
◎	勃	ボツ、ホッ	ひら、ひろ
◎	奔	ホン	はしる
◎	盆	ボン	はち
●	柾		まさ ［国字］
●	俣		また ［国字］
◎	抹	マツ	なする
●	沫	マツ、バツ	まつ、わ
◎	面	メン	おもて、おも、つら、も
●	籾		もみ ［国字］
●	耶	ヤ、シャ、ジャ	か、や
◎	約	ヤク	なり
◎	油	ユ	あぶら
	兪	ユ	しかり、みつ
◎	勇	ユウ	いさ、いさお、いさまし、いさみ、いさむ、お、さ、そよ、たけ、たけし、とし、はや、よ
	邑	ユウ	

◎	幽	ユウ	かすか、くらい
●	宥	ユウ	すけ、ひろ
●	柚	ユウ、ユ	ゆず
◎	要	ヨウ	いる、かなめ、しの、とし、め、もとむ、もとめ、やす
	俚	リ	
●	俐	リ	さと
◎	律	リツ、リチ	おと、ただし、ただす、たて、のり
◎	柳	リュウ	やなぎ
◎	侶	リョ、ロ	かぬ、かね、とも
●	亮	リョウ	あき、あきら、かつ、きよし、すけ、たすく、とおる、ふさ、まこと、よし、より、ろ
◎	厘	リン	
●	怜	レイ	あわれむ、さと、さとし、とき
	冷	レイ、リョウ	きよ
◎	拉	ロウ、ラツ	くだく、ひしぐ
	歪	ワイ	ゆがむ

十画

◎	十	ジュウ、ジッ	かず、しげ、じつ、そ、ただ、と、とお、とみ、ひさし、みつ、みつる
	埃	アイ	ほこり、ちり
●	按	アン	おさえる、しらべる
●	晏	アン	おそ、さだ、はる、やす
◎	案	アン	つくえ、あんずる
	倚	イ、キ	よる、かぬ、かね、もち、より
	恚	イ、ケイ	いかる、うらむ
●	倭	イ、ワ	かず、しず、まさ、やす、やまと
◎	育	イク	そだつ、そだてる、すけ、なり、なる、やす
	殷	イン、アン	さかん
◎	員	イン	かず、さだ
●	迂	ウ	とお、ゆき
●	烏	ウ、ヲ	からす
	耘	ウン	くさぎる
	紜	ウン	
	洩	エイ、セツ	もらす、もれる
◎	益［益］	エキ、ヤク	あり、すすむ、のり、まし、ます、また、み、みつ、やす、よし
◎	俺	エン	おれ
	袁	エン、オン	うし、なが
	冤	エン、オン	
◎	宴	エン	うたげ、もり、やす、よし
◎	翁	オウ	おい、おき、おきな、とし、ひと
◎	恩	オン	おき、めぐみ
●	珂	カ	
●	珈	カ	
◎	家	カ、ケ	いえ、え、お、や、やか
◎	夏	カ、ゲ	なつ
◎	花	カ、ケ	はな、はる、みち、もと
	哥	カ、コ	うた　十四画「歌」の古字

【10画】

印	漢字	名乗り
●	峨《ガ》	
	娥《ガ》	かお
◎	芽《ガ》	め、めい
●	芥《カイ ケ》	からし、あくた、しな
●	恢《カイ キ》	ひろ
◎	害《ガイ》	そこなう、なんぞ、わざわい
	挌《カク ラク》	うつ
◎	格《カク コウ》	いたる、きわめ、ただ、ただし、ただす、つとむ、のり、まさ
◎	核《カク》	さね
	恪《カク》	つつしむ、たか、つとむ、つむ
◎	活《カツ》	いく
◎	括《カツ》	くくる
	疳《カン》	
	桓《カン》	うじ、たか、たけ、たけし
●	栞《カン ケン》	しおり
	芫《ガン ゲン》	
◎	起《キ》	おきる、おこる、おこす、おき、おこす、かず、たつ、ゆき
◎	鬼《キ》	おに
	豈《キ》	あに、やす
◎●	気《キ ケ》[氣]	おき、き
◎	記《キ》	しるす、とし、なり、のり、ふさ、ふみ、よし
●	迄《キツ》	いたる、まで
	躬《キュウ》	ちか、なお、み、みる、もと 十四画「躳」の俗字
◎	宮《キュウ グウ、ク》	みや、いえ、たか
●	笈《キュウ キョウ》	おい
◎	級《キュウ》	しな
●	赳《キュウ》	たけ、たけし
	倨《キョ コ》	おごる
	皎《キョウ コウ》	しろい、あき、あきら
◎	恭《キョウ》	うや、すけ、すみ、たか、たかし、ただ、ただし、ちか、つか、のり、みつ、やす、やすし、ゆき、よし
◎	恐《キョウ》	おそれる
◎●	峡《キョウ》[峽]	かい、はざま
	拱《キョウ》	こまぬく、あつ、とる
●	衿《キン》	えり
●	芹《キン キ》	せり
	衾《キン》	ふすま
●	矩《ク》	かど、かね、ただし、ただす、つね、のり
●	倶《ク グ》(俱)	とも、ひろ、もろ
◎	訓《クン》	くに、しる、とき、のり、みち
●	桂《ケイ》	かつ、かつら、よし
	勍《ケイ》	つよい、つよし
	笄《ケイ》	こうがい
◎	径《ケイ》(徑)	みち、わたる
◎	芸《ゲイ》	き、ぎ、すけ、のり、まさ、よし 二十一画「藝」の俗字
●	桔《ケツ キツ》	

印	漢字	読み
	缺《ケツ ケン》	かく、かける
	欮《ケツ》	
	臬《ゲツ》	まと
◎	肩《ケン》	かた
◎	兼《ケン》	かねる、かず、かた、かぬ、かね、とも
●	倦《ケン》	うむ、つかれる
◎	拳《ケン ゲン》	こぶし、かたし、つとむ
	虔《ケン》	つつしむ
	眩《ケン ゲン》	めまい、くらむ、まどう、くらます
◎	軒《ケン》	のき
◎	原《ゲン》	はら、おか、はじめ、もと
◎	個《コ カ》	
◎	庫《コ ク》	くら
◎	股《コ》	また、もも
◎	娯《ゴ》	たのしむ
●	晃《コウ》［晄］	あき、あきら、きら、てる、ひかる、みつ
◎	高《コウ》	あきら、うえ、かぎり、すけ、たか、たかい、たかし、たけ、ほど
◎	洪《コウ》	おお、ひろ、ひろし
◎	耕《コウ》	おさむ、たがやす、つとむ、やす
◎	航《コウ》	かず、つら、わたる
	耿《コウ ケイ》	ひかり
●	恰《コウ》	あたかも、あたか
	效《コウ》	きく
●	肴《コウ》	さかな
●	倖《コウ ギョウ》	さち、さいわい
	狡《コウ キョウ》	ずるい、とし
	哮《コウ》	ほえる、たける
◎	貢《コウ ク》	みつぐ、すすむ、つぐ、みつ、みつぎ
	倥《コウ》	
◎	桁《コウ》	けた
	洽《コウ》	うるおす、あまねし
◎	肯《コウ》	さき、むね
	皋《コウ ゴウ》	すすむ、たか、たかし
◎	候《コウ》	そうろう、そろ、とき、みよ、よし
	烘《コウ ク》	
	恍《コウ》	
●	洸《コウ》	たけし、ひろ、ひろし、ふかし
◎●	恒《コウ》［恆］	ちか、つね、のぶ、ひさ、ひさし、ひとし、わたる
●	紘《コウ》	つな、ひろ、ひろし
◎	校《コウ》	くらべる、とし、なり
	肱《コウ》	ひじ
◎	拷《ゴウ》	うつ
◎	剛《ゴウ》	かた、かたし、こわし、たか、たかし、たけ、たけし、つよ、つよし、ひさ、まさ、よし
	笏《コツ ブツ》	
◎	骨《コツ》	ほね

【10画】

印	漢字	音読み	訓読み・備考
◎	恨	コン	うらむ、うらめしい
◎	根	コン	ね、もと
◎	差	サ	さす、しな、すけ
	娑	サ、シャ	
●	紗	サ、シャ	うすぎぬ、すず、たえ
◎	唆	サ	そそのかす
◎	座	ザ	すわる、おき、くら
◎	宰	サイ	おさむ、かみ、すず、ただ、つかさ
●	晒	サイ、サ	さらす 二十三画「曬」の俗字
●	砦	サイ	とりで
	洒	サイ、セイ	あらう
◎	栽	サイ	たね、うえる
◎	財	ザイ、サイ	たから、わずか
●	朔	サク	ついたち、きた、はじめ、もと
●	窄	サク	せまい
◎	索	サク	なわ、もとめる、もと
◎	拶	サツ	せまる
◎	蚕	サン	かいこ 古くから二十四画「蠶」の俗字として用いられた
●	珊	サン	サンチ、さぶ
◎	残	サン、ザン	のこる、のこす 十二画「殘」の俗字
◎	師	シ	かず、つかさ、のり、みつ、みと、もと、もろ
◎	紙	シ	かみ
◎	時	シ、ジ	これ、ちか、とき、はる、もち、ゆき、よし、より
	疵	シ、セイ	きず
◎	芝	シ	し、しく、しげ、しば、ふさ
	恃	シ、ジ	たのむ、たよる
	舐	シ、ジ	なめる、ねぶる
	祠	シ、ジ	まつる、ほこら、はる
	祇	シ	つつしむ、まさに
	翅	シ	つばさ、ただ
◎	肢	シ	てあし
●	砥	シ、テイ	と、といし
◎	恣	シ	ほしいまま
◎	指	シ	ゆび、さす、むね
◎	持	ジ	もつ、もち、よし
	桎	シツ、チ	
◎	疾	シツ	とし、はやし
◎	射	シャ	いる、い、いり
◎	借	シャク	かりる
◎	酌	シャク	くむ
◎	弱	ジャク	よわい
◎	狩	シュ	かる、かり、もり
◎	殊	シュ	こと、よし
◎	酒	シュ	さか、さけ、み
◎	株	シュ、チュ	かぶ、もと、より

- ◎● 臭 シュウ ［臭］ くさい、か
- ◎ 修 シュウ シュ あつむ、おさ、おさむ、さね、なお、なが、ながき、ながし、なり、のぶ、のり、ひさ、まさ、みち、もと、やす、よし、よしみ
- ◎ 拾 シュウ ジュウ ひろう、とお、ひろ
- ● 洲 シュウ ス くに、しま、す
- ● 紐 ジュウ チュウ ひも、くみ
- ◎● 祝 シュク シュウ ［祝］ い、いわい、とき、のり、はじめ、ほう、よし
- 恤 ジュツ シュツ うれえる、あわれむ
- ◎ 純 シュン ジュン あつ、あつし、あや、いたる、いと、きよし、すなお、すみ、つな、とう、まこと、よし
- ● 峻 シュン たか、たかし、ちか、とし、みち、みね

- ◎ 殉 シュン ジュン したがう
- ● 隼 ジュン シュン とし、はや、はやし、はやと、はやぶさ
- ● 洵 ジュン シュン のぶ、ひとし、まこと
- 恂 ジュン シュン まこと、のぶ
- ◎ 准 ジュン なぞらえる、のり
- ◎ 巡 ジュン めぐる
- ◎ 書 ショ かく、のぶ、のり、ひさ、ふみ、ふん
- ● 恕 ジョ ショ くに、しのぶ、ただし、のぶ、のり、はかる、ひろ、ひろし、ひろむ、みち、もろ、ゆき、ゆるす、よし
- ◎ 徐 ジョ おもむろ、やす、ゆき

- ◎ 症 ショウ
- ◎ 称 ショウ あぐ、かみ、な、のり、みつ、よし 十四画「稱」の俗字
- ◎ 宵 ショウ よい
- ◎ 笑 ショウ わらう、えむ、え、えみ
- 峭 ショウ けわしい、きびしい
- ● 哨 ショウ ソウ みはり
- ● 秤 ショウ ビン はかり
- ◎ 娘 ジョウ むすめ
- ◎ 城 ジョウ き、くに、さね、しげ、しろ、なり、むら

- 烝 ジョウ ショウ むす、すすむ、あつし、とし
- ● 乗 ジョウ のる、あき、しげ、のり
- ◎ 拭 ショク シキ ぬぐう、ふく
- ◎ 辱 ジョク はずかしめる
- 晉 シン あき、くに、すすむ、ゆき
- ● 晋 シン あき、くに、すすむ、ゆき 十画「晉」の俗字
- ◎ 唇 シン くちびる 十三画「脣」の俗字
- ◎● 真 シン ［眞］ さだ、さな、さね、ただ、ただし、ちか、なお、ま、まき、まこと、まさ、ます、また、まなみ
- ◎● 神 シン ジン ［神］ かみ、かん、こう、か、かむ、きよ、しの、たる、みわ

- 宸 シン ジン のき
- 疹 シン チン はしか、やまい
- ◎ 津 シン つ、す、ず
- ◎ 芯 シン
- ● 秦 シン はた
- ◎ 娠 シン はらむ
- ◎ 針 シン はり
- ● 訊 ジン シン たずねる
- ◎ 迅 ジン シュン とき、とし、はや

【10画】

- ◎ 衽《ジン》《ニン》 おくみ
- ◎ 衰《スイ》 おとろえる
- 祟《スイ》 たたり、たたる
- 宬《セイ》
- ● 栖《セイ》 すむ
- ◎ 凄《セイ》 さむい、すごい、すさまじい
- ◎ 隻《セキ》 うく、たか
- ◎ 席《セキ》 すけ、のぶ、やす、より
- ● 屑《セツ》《ソツ》 いさぎよい、くず

- ◎ 栓《セン》
- 栴《セン》
- ◎ 洗《セン》 あらう、きよ、よし
- ◎ 扇《セン》 おうぎ、み
- ● 閃《セン》 ひらめく
- ◎● 祖《ソ》 ［祖］ おや、さき、のり、はじめ、ひろ、もと
- 疽《ソ》《ショ》 かさ
- ◎ 素《ソ》《ス》 しろ、しろし、すなお、はじめ、もと
- 祚《ソ》 さいわい

- ◎ 租《ソ》 つみ、みつぎ、みつぐ、もと
- ◎ 倉《ソウ》 くら
- ◎ 桑《ソウ》 くわ
- 笊《ソウ》 ざる、す
- 叟《ソウ》 おきな
- 蚤《ソウ》 のみ、はやい
- ◎ 息《ソク》 いき、おき、き、やす
- ◎ 孫《ソン》 まご、さね、ただ、ひこ、ひろ
- 娜《ダ》《ナ》

- 倬《タク》 あき、あきら、つな
- ◎ 託《タク》 より
- ● 耽《タン》 ふける
- 倓《タン》
- ◎ 値《チ》 ね、あたい、あう、あき、あきら
- ◎ 恥《チ》 はじる、はじ、はじらう、はずかしい
- ◎ 畜《チク》 かう、たくわえる、やしなう
- ◎ 秩《チツ》 さとし、ちち、つね
- ◎ 衷《チュウ》 あつ、ただ、ただし、よし

- ◎ 酎《チュウ》
- 竚《チョ》 たたずむ
- ◎ 挑《チョウ》 いどむ、かかげる
- 凋《チョウ》 しぼむ
- 冢《チョウ》《チュ》 つか
- ● 砧《チン》 おと、きぬ、きぬた
- ◎ 珍《チン》 めずらしい、いや、うず、くに、くる、のり、はる、よし
- ◎ 朕《チン》 われ
- ● 釘《テイ》《チョウ》 くぎ

◎	庭《テイ》	なお、にわ、ば
	偶《テキ》	
◎	哲《テツ》	あき、あきら、さと、さとし、さとる、てつ、のり、よし
●	辿《テン》	たどる
	恬《テン》	やすい
◎	展《テン》	のぶ、ひろ
◎	徒《ト》	かち、ただ、とも
◎	討《トウ》	うつ
◎	唐《トウ》	から
◎	凍《トウ》	こおる、こごえる
◎	島《トウ》	しま
◎	倒《トウ》	たおれる、たおす
	疼《トウ》	うずく、いたむ
●	桐《トウ ドウ》	きり、ひさ
●	套《トウ》	なが
◎	桃《トウ》	もも
◎	洞《ドウ》	あき、あきら、ひろ、ほら
	衲《ドウ ノウ》	
◎	特《トク》	こと、よし
◎	独《ドク》	ひとり、かつ
●	祢《ネ デイ》	十九画「禰」の俗字
◎	納《ノウ、ナッ、ナ ナン、トウ》	おさめる、おさむ、おさめ、とも、のり
	玻《ハ》	
◎	派《ハ》	また
◎	破《ハ》	やぶる、やぶれる
◎	馬《バ》	うま、たけし、ま、むま
●	芭《バ ハ》	
◎	俳《ハイ》	
◎	配《ハイ》	くばる、あつ、とも
◎	肺《ハイ》	はい
◎	唄《ハイ バイ》	うた
	旆《ハイ ハツ》	はた
	肧《ハイ フ》	はらむ　十一画「胚」の本字
◎	倍《ハイ バイ》	ます、やす
●	珀《ハク》	
◎	剥《ハク ホク》（剝）	さく、はがれる、はぐ、はげる、むく
●	畠	はた、はたけ〔国字〕
◎	畔《ハン》	あぜ、くろ、べ
◎	般《ハン バン》	めぐる、かず、つら
◎	肥《ヒ》	こえる、こやす、こやし、うま、こえ、とし、とみ、とも、みつ、ゆたか
◎	疲《ヒ》	つかれる、つからす
	匪《ヒ》	
	紕《ヒ》	
●◎	秘《ヒ》［祕］	ひめる、なし、なみ、み、やす
◎	俵《ヒョウ》	たわら

【10画】

●	豹	ヒョウ、ホウ	ひょう、はだら
◎	病	ビョウ、ヘイ	やむ、やまい
	紊	ビン、ブン	みだれる
◎	釜	フ	かま
●	芙	フ	はす
	俯	フ	ふせる
	祓	フツ	はらう
	芬	フン	かおり、こうばしい
◎	粉	フン	こ、こな
◎	紛	フン	まぎれる、まぎらす、お、もろ
◎	蚊	ブン	か
	併	ヘイ	あわせる
	竝	ヘイ、ビョウ	ならぶ
	袂	ベイ	そで、たもと
●	娩	ベン	うむ
●	哺	ホ	はぐくむ、ふくむ
●	圃	ホ	はたけ、その
◎	畝	ホ、ボウ	うね、せ
◎	肪	ホウ、ボウ	あぶら
◎	砲	ホウ	おおづつ
◎	芳	ホウ	かんばしい、か、かおる、かおり、かんばし、はな、ふさ、みち、もと、よし
◎	倣	ホウ	ならう、より
	疱	ホウ	もがさ
	旁	ホウ、ボウ	あまねく、かたわら、つくり
	舫	ホウ	もやいぶね、もやう
◎●	峰［峯］	ホウ	みね、お、たか、たかし、ね
◎	俸	ボウ	ふち
◎	剖	ボウ	さく、さける、わかれる、わる
◎	紡	ボウ	つむぐ、つむ
	耄	ボウ、モウ	おいぼれる、おいぼれ
◎	埋	マイ	うめる、うめ
	秣	マツ、バツ	まぐさ、かいば
◎	眠	ミン	ねむる、ねむい
◎	冥	メイ、ミョウ	くらい
◎	耗	モウ、コウ	へる
◎	紋	モン	あき、あや
●	祐［祐］	ユウ	さち、すけ、たすく、ち、まさ、むら、よし
◎	容	ヨウ	いるる、おさ、かた、なり、ひろ、ひろし、まさ、もり、やす、よし
◎	洋	ヨウ	うみ、きよ、なみ、ひろ、ひろし、み
	恙	ヨウ	つつが、うれい
	窈	ヨウ	
●	洛	ラク	
	烙	ラク	やく
●	哩	リ	マイル［国字］
●	栗	リツ	くり

◎	竜《リュウ》	たつ、かみ、きみ、しげみ、とお、とおる、めぐむ　十六画「龍」の古字
◎	留《リュウ ル》	とめる、とまる、たね、と、とめ、ひさ　十二画「畱」の俗字
◎	流《リュウ ル》	ながれる、ながす、しく、とも、はる
◎	旅《リョ》	たか、たび、もろ
●	涼《リョウ》	あつ、すけ、すずし　十二画「凉」の俗字
◎	料《リョウ》	かず、はかる
●	凌《リョウ》	しのぐ
◎	倫《リン》	おさむ、しな、つぐ、つね、とも、のり、ひと、ひとし、みち、もと
●	玲《レイ リョウ》	あきら、たま
◎	烈《レツ》	はげしい、あきら、いさお、たけ、たけし、つよ、つら、やす、よし
	冽《レツ レイ》	きよし
◎	恋《レン》	こう、こい、こいしい　二十三画「戀」の俗字
●	芦《ロ》	あし、よし　二十二画「蘆」の俗字
	盌《ワン》	
	十一画	
	唖《ア》	おし
◎	挨《アイ》	
●	庵《アン オウ》	いおり
◎	胃《イ》	い
◎	移《イ》	うつる、うつす、のぶ、や、ゆき、よき、より、わたる
◎	偉《イ》	えらい、いさむ、えら、おおい、たけ、より
◎	尉《イ》	じょう、やす
	帷《イ》	かたびら、とばり
◎	域《イキ》	くに、むら
●	寅《イン イ》	つら、とも、とら、のぶ、ふさ
●	胤《イン》	かず、たね、つぐ、つづき、み
◎	英《エイ ヨウ》	はな、あきら、あや、すぐる、たけし、つね、てる、とし、はなぶさ、ひで、ひでる、ひら、ふき、ふさ、ぶさ、よし
◎	悦《エツ》	よろこぶ、のぶ、よし
	焉《エン》	いずくんぞ、これ、ここに
	婉《エン ワン》	うつくしい
●	苑《エン オン》	その
	涎《エン ゼン》	よだれ
●	凰《オウ コウ》	おおとり
	訛《カ ガ》	あやまる、なまる、なまり
◎	苛《カ》	からい、こまかい、いじめる、いらだつ
◎	仮《カ ケ》(假)	かり
●	袈《カ ケ》	けさ
●	茄《カ》	なす
◎	貨《カ》	たか、たから
◎●	海《カイ》[海]	うみ、あま、うな、み
◎	械《カイ》	かせ
◎●	悔《カイ》[悔]	くいる、くやむ、くやしい
●	晦《カイ》	くらい、みそか
	偕《カイ》	ともに、とも
◎	崖《ガイ》(厓)	がけ

【11画】

◎	乾	カン	かわく、かわかす、いぬい、かみ、きみ、すすむ、たけし、つとむ、ふ
	浣	カン ガン	あらう、すすぐ
	悍	カン	あらし、たけし
◎	勘	カン	さだ、さだむ、のり
◎	貫	カン	つらぬく、つら、つらぬき、とおる、ぬき、やす
	欵	カン	まこと、よろこぶ 十二画「款」の俗字
◎	患	カン	わずらう
◎	眼	ガン ゲン	まなこ、まくわし、め
◎	飢	キ	うえる
	欷	キ	なげく、すすりなく
◎	埼	キ	さい、さき
◎	崎	キ	さき
◎	既（旣）	キ	すでに
◎	規	キ	ただ、ただし、ただす、ちか、なり、のり、み、もと
◎	基	キ	のり、はじむ、はじめ、もと、もとい
◎	寄	キ	よる、よせる、より
◎	救	キュウ	すくう、すけ、たすく、なり、ひら、やす
●	毬	キュウ グ	いが、まり
◎	許	キョ	ゆるす、もと、ゆく
◎	御	ギョ ゴ	おん、お、おき、おや、のり、み、みつ
◎	魚	ギョ	さかな、いお、うお、お、な
◎	教（敎）	キョウ	おしえ、かず、かた、こ、たか、なり、のり、みち、ゆき
●	卿	キョウ ケイ	あき、あきら、のり
	竟	キョウ ケイ	ついに、おわる
◎	強	キョウ ゴウ	つよい、しいる、あつ、かつ、こわ、すね、たけ、つとむ、つよ、つよし
◎●	狭［狹］	キョウ	せまい、せばめる、せばまる、さ
◎	挟（挾）	キョウ	はさむ、はさまる、さし、もち
	梟	キョウ	ふくろう
	勖（勗）	キョク	つとめる
◎	近	キン	ちかい、ちか、とも、もと
◎	区（區）	ク	
◎	苦	ク	くるしい、にがい、にがる
	釦	ク コウ	ボタン
◎	偶	グウ	たぐい、ます
◎	啓	ケイ	あきら、さとし、たか、のぶ、のり、はじめ、はる、ひら、ひらき、ひらく、ひろ、ひろし、ひろむ、よし
	畦	ケイ	うね、あぜ
◎	頃	ケイ キョウ	ころ
◎	迎	ゲイ ギョウ	むかえる
●	訣	ケツ	わかれる、わかれ
	眷	ケン	かえりみる
◎●	圏［圈］	ケン	
◎	堅	ケン	かたい、かき、かた、かたし、すえ、たか、つよし、み、よし
●	牽	ケン	くる、とき、とし、ひき、ひた
●	絃	ケン ゲン	いと、お、つる
	衒	ケン ゲン	てらう

印	漢字	音読み	名のり・訓
◎	研（硏）	ケン、ゲン	とぐ、みがく、あき、かず、きし、きよ、よし　九画「研」は俗字だが旧字の画数による
◎	舷	ケン、ゲン	ふなばた、ふなべり
◎	健	ケン	すこやか、かつ、きよ、きよし、たけ、たけし、たける、たつ、たて、たる、つよ、つよし、とし、まさる、やす
	狷	ケン	
	苽	コ	こも
	壷	コ	つぼ
	扈	コ、グ	したがう、とも、こうむる、とどむ
●	胡	コ、ゴ	ひさ
●	梧	ゴ、グ	あおぎり
	晤	ゴ、グ	あきらか、あう、むかう、とく
◎	悟	ゴ	さと、さとし、さとる、のり
◎	梗	コウ	
●	浩	コウ	いさむ、おおい、きよし、はる、ひろ、ひろし、ゆたか、よう
	皎	コウ、キョウ	しろい、あき、あきら
	寇	コウ	あだする、あだ
	毫	コウ、ゴウ	
	晧	コウ	
◎	康	コウ	しず、しずか、みち、やす、やすし、よし
●	皐	コウ、ゴウ	すすむ、たか、たかし　十画「皐」の俗字
	髙	コウ	たかい、たか　十画「高」の俗字
	偟	コウ	
	牿	コク	
	梏	コク、カク	てかせ
●	國	コク	くに、とき
	斛	コク	
◎	堀	コツ、クツ	ほり
◎	婚	コン	
◎	紺	コン	
◎	痕	コン	あと
	梱	コン	こうり、こり
◎	挫	ザ、サ	くじく、くじける
	崔	サイ	
◎	斎	サイ	いつ、いつき、いわい、きよ、ただ、とき、ひとし、よし　十七画「齋」の俗字
◎	彩	サイ	いろどる、あや、いろ、たみ
●	犀	サイ、セイ	さい
◎	細	サイ	ほそい、ほそる、こまか、こまかい、くわし、ほそ
◎	祭	サイ	まつる、まつり
●	笹		ささ〔国字〕
◎	殺（殺）	サツ、サイ、セツ	ころす
◎	産	サン	うぶ、うむ、ただ、むすび
◎	参（參）	サン	まいる、かず、ちか、なか、ほし、み、みち、みつ
◎	斬	ザン、サン	きる
●	梓	シ	あずさ
	趾	シ	あし、あと、もと
●	偲	シ、サイ	しのぶ

【11画】

- 匙《シ》 さじ
- 笥《シ》 はこ
- ◎ 紫《シ》 むらさき、むら
- 痔《ジ・チ》 しもがさ
- ● 雫 しずく［国字］
- ● 悉《シツ》 ことごとく、つくす
- ◎ 執《シツ・シュウ》 とる、とり、もり
- ◎ 斜《シャ》 ななめ
- ◎ 赦《シャ》 ゆるす
- ◎ 邪《ジャ》 か、ななめ、や、よこしま
- ◎ 蛇《ジャ・ダ》 へび
- ● 雀《シャク・ジャク》 すずめ、さぎ、す
- ◎ 寂《ジャク・セキ》 さび、さびしい、さびれる、しず、ちか、やす
- ◎ 若《ジャク・ニャク》 わかい、もしくは、なお、まさ、よし、より、わか、わく
- 娶《シュ》 めとる
- ◎ 珠《シュ・ジュ》 たま、み
- ◎ 終《シュウ》 おわる、つき、つぎ、のち
- ◎ 羞《シュウ》 すすめる、はじる
- ◎ 袖《シュウ》 そで
- ◎ 習《シュウ》 ならう、しげ
- ●◎ 従《ジュウ・ショウ・ジュ》［從］ したがう、したがえる、しげ、つぐ、より
- 孰《シュク・ジュク》 いずれ、だれ
- ◎ 宿《シュク》 やどる、やどす、やど
- ◎ 術《ジュツ》 てだて、みち、やす、やすし
- 悛《シュン・セン》 あらためる、やめる
- 浚《シュン》 さらう、ふか、ふかし
- 蛆《ショ》 うじ
- ◎ 庶《ショ》 ちから、もり、もろ
- 處《ショ》 ところ
- ● 敍《ジョ》 のぶ、みつ
- ◎ 章《ショウ》 あき、あきら、あや、き、たか、とし、のり、ふさ、ふみ、ゆき
- ◎ 紹《ショウ》 あき、つぎ、つぐ
- ◎ 商《ショウ》 あきなう、あき、あつ、ひさ
- ●◎ 祥《ショウ》［祥］ あきら、さか、さき、さち、さむ、ただ、なが、やす、よし
- ◎ 訟《ショウ》 あらそう、うったえ
- 悄《ショウ》
- ◎ 消《ショウ》 きえる、けす
- ● 梢《ショウ・ソウ》 こずえ、すえ、たか
- ●◎ 渉《ショウ》［涉］ さだ、たか、ただ、わたり、わたる
- ●◎ 将《ショウ》［將］ すけ、すすむ、たすく、ただし、たもつ、のぶ、はた、ひとし、まさ、もち、ゆき
- ● 笙《ショウ・セイ》 ふえ
- ◎ 唱《ショウ》 となえる、うた、となう
- ●◎ 条《ジョウ》［條］ え、えだ、なが
- ◎ 常《ジョウ》 つね、つら、とき、ときわ、とこ、のぶ、ひさ、ひさし
- ◎ 剩《ジョウ》 のり、ます 十二画「剰」の俗字

●	埴《ショク　シ》	はに
●	晨《シン》	あき、とき、とよ
◎	紳《シン》	おび
◎	浸《シン》	ひたす
◎	振《シン》	ふるう、とし、のぶ、ふり、ふる
●	彗《スイ　セイ》	ほうき
◎	酔《スイ》	よう　十五画「醉」の俗字
◎	崇《スウ》	かた、し、たか、たかし、たけ
●	晟《セイ》（晟）	あきら、てる、まさ
	旌《セイ　ショウ》	はた、しるし、あらわす
◎	戚《セキ》	いたむ、うれえる、いた、ちか
◎	責《セキ》	せめる
	晢《セツ》	あきらか、あきら
◎	設《セツ》	もうける、おき、のぶ
◎	雪《セツ》	ゆき、きよ、きよみ、きよむ、そそぐ
●	釧《セン》	くしろ、うでわ、たまき
	苫《セン》	とま
◎	船《セン》	ふな、ふね
◎	旋《セン》	めぐる、ゆばり
◎●	専《セン》［專］	もっぱら、あつし、あつむ、たか、もろ
◎	粗《ソ》	あらい
◎	組《ソ》	くみ、くむ
◎	爽《ソウ》	さわやか、あきら、さ、さや、さわ
◎	挿《ソウ》	さす　十三画「插」の俗字
◎●	巣《ソウ》［巢］	す
◎	曽《ソウ　ゾウ》	かつ、つね、なり、ます　十二画「曾」の俗字
◎	曹《ソウ》	とも、のぶ
◎	窓《ソウ》	まど　十二画「窗」の俗字
◎	側《ソク》	かわ
◎	捉《ソク　サク》	とらえる
◎	族《ゾク》	ひきいる、のり、より
◎	率《ソツ　リツ》	えだ、つぎ、つぐ
●	舵《タ　ダ》	かじ
◎	唾《ダ　タ》	つば
●	梛《ダ　ナ》	なぎ
◎●	帯《タイ》［帶］	おびる、おび、たらし、よ
●	苔《タイ》	こけ
◎	堆《タイ　ツイ》	うずたかい、おか、たか、のぶ
◎	胎《タイ》	はら、み、もと
◎	袋《タイ》	ふくろ
◎	第《ダイ》	くに、つき、つぎ
●	啄《タク　トク》（啄）	くちばし、ついばむ
◎	胆《タン》	きも、い　十九画「膽」の俗字
◎	断《ダン》	たつ、ことわる、さだ、さだむ、たけし、とう　十八画「斷」の俗字
◎	貪《ドン　タン》	むさぼる

【11画】

笞《チ》 むち、むちうつ
◎窒《チツ》 ふさがる、ふさぐ
●晝《チュウ》 あき、あきら、ひる
●紬《チュウ》《シュウ》 つむぎ
偸《チュウ》《トウ》 ぬすむ
苧《チョ》 からむし、お
梃《チョウ》《テイ》 つえ、てこ
◎頂《チョウ》 いただく、かみ
窕《チョウ》

◎張《チョウ》 つよ、とも、はり、はる
◎釣《チョウ》 つり、つる
◎鳥《チョウ》 とり
◎眺《チョウ》 ながめる
◎帳《チョウ》 とばり、はり、はる
◎彫《チョウ》 ほる
敕《チョク》 いましめる、みことのり
◎捗《チョク》 はかどる
◎偵《テイ》 うかがう、とう

●挺《テイ》《ジョウ》 ただ、なお、もち
●悌《テイ》 すなお、とも、やす、やすし、よし
涕《テイ》《タイ》 なみだ、なく
●梯《テイ》《タイ》 はし、はしご
◎停《テイ》 とどむ、とどめる
◎笛《テキ》 ふえ
甜《テン》 あまい
◎堂《トウ》《ドウ》 たか、たかどの
●桶《トウ》《ツウ》 おけ

●兜《トウ》《ト》 かぶと
◎動《ドウ》 うごく、うごかす、いつ
◎得《トク》 える、あり、う、え、なり、のり、やす
◎匿《トク》 のく、かくす
迚 とても ［国字］
啍《トン》
◎豚《トン》 ぶた
◎那《ナ》《ダ》 とも、ふゆ、やす
◎軟《ナン》 やわらか

◎粘《ネン》 ねばる の俗字 十七画「黏」
◎婆《バ》 ばば
◎背《ハイ》 せい、そむく、そむける、しろ、せ、のり
徘《ハイ》
悖《ハイ》 もとる
胚《ハイ》《フ》 はらむ
◎敗《ハイ》 やぶれる
◎●梅《バイ》［梅］ うめ、め
◎培《バイ》 つちかう、ます

●	苺《バイ　マイ》	いちご
◎	舶《ハク》	おおぶね
	粕《ハク》	かす
	麥《バク》	むぎ
◎	班《ハン》	わける、つら、なか、ひとし
◎	販《ハン》	ひさ、あきなう
	袢《ハン》	
	范《ハン》	かた、のり
	胖《ハン》	おお、なお、ひろ、ゆたか
◎●	晩《バン》［晩］	おそ、かげ、くれ
●	挽《バン》	ひく
●	絆《バン　ハン》	きずな、ほだす
◎	被《ヒ》	こうむる、ます
	婢《ヒ》	はしため
●	梶《ビ　ミ》	かじ
●	畢《ヒツ》	おわる、ことごとく
◎	票《ヒョウ》	
●	彪《ヒョウ　ヒュウ》	あきら、あや、たけ、たけし、つよし、とら
	苹《ヒョウ　ヘイ》	
◎	苗《ビョウ》	え、たね、なえ、なり、みつ
	斌《ヒン》	うるわしい
●	彬《ヒン》	あき、あきら、あや、しげし、ひで、もり、よし
◎	貧《ヒン　ビン》	まずしい
◎●	敏《ビン》［敏］	あきら、さと、さとし、すすむ、つとむ、と、とし、はや、はやし、はう、みぬ、ゆき、よし
◎	瓶《ビン》	かめ、びん　十三画「瓶」の俗字
	罠《ビン　ミン》	わな、あみ
◎	浮《フ》	うく、うかれる、うかぶ、ちか
◎	婦《フ》	おんな、つま、よめ
	埠《フ　ホ》	はとば
●	冨《フ　フウ》	あつ、あつし、さかえ、と、とます、とみ、とめり、とめる、とよ、ひさ、ふく、みつる、ゆたか、よし　十二画「富」の俗字
◎	符《フ》	わりふ
◎	副《フク》	すえ、すけ、そえ、つぎ、ます
	屏《ヘイ》	おおう、しりぞく、しりぞける
◎	閉《ヘイ》	とじる、とざす、しめる、しまる
◎	返《ヘン》	かえす、のぶ
◎	偏《ヘン》	かたよる、つら、とも、ゆき
	偭《ベン　メン》	
◎	浦《ホ》	うら、ら
◎	捕《ホ》	とらえる、とる、つかまえる
◎	胞《ホウ》	えな
◎	訪《ホウ》	おとずれる、たずねる、こと、み、みる
◎	崩《ホウ》	くずれる、くずす
◎	邦《ホウ》	くに
	烹《ホウ》	にる
	烽《ホウ》	のろし

- ● 茅《ボウ ビョウ》 かや、ち、ちがや
- ● 眸《ボウ ム》 ひとみ
- ◎ 望《ボウ モウ》 のぞむ、のぞみ、み、もち
- 浡《ボツ ホツ》
- 梵《ボン ハン》
- ◎ 麻《マ》 あさ、お、ぬさ
- ● 茉《マツ マ》 ま
- 曼《マン バン》 ひろ
- ◎ 密《ミツ》 たかし、ひそか

- ◎ 務《ム》 つとめる、かね、ちか、つとむ、つよ、なか、みち
- ◎ 茂《モ》 あり、いかし、し、しく、しげ、しげい、しげみ、しげる、たか、とお、とも、とよ、もち、もと、ゆた
- ◎ 問《モン》 とう、とい、とん、ただ、よ
- ◎ 野《ヤ》 とお、なお、ぬ、の、ひろ
- ● 埜《ヤ》 とお、なお、ぬ、の、ひろ 十一画「野」の古字
- ◎ 唯《ユイ イ》 ただ、これ
- ◎ 悠《ユウ》 ちか、ちかし、はるか、ひさ、ひさし
- 涌《ヨウ ユウ》 わく
- ◎ 庸《ヨウ》 いさお、つね、のぶ、のり、もち、もちう、やす

- 痒《ヨウ ショウ》 かさ、かゆい
- ◎ 翌《ヨク》 あきら
- ◎ 浴《ヨク》 あびる、あびせる
- 翊《ヨク》
- ◎ 欲《ヨク》 ほっする、ほしい
- ● 徠《ライ》 くる、きたる、とめ 八画「來」の古字
- ● 浬《リ》 かいり、ノット
- 狸《リ》 たぬき
- ◎ 梨《リ レイ》 なし

- ◎ 略《リャク》 とる、のり、もと
- ● 笠《リュウ》 かさ
- ◎ 粒《リュウ》 つぶ
- ● 崚《リョウ》
- 聊《リョウ》 いささか
- ● 梁《リョウ》 たかし、はり、むね、やな、やね
- ◎ 累《ルイ》 かさねる、しきりに、しばる、たか
- ● 羚《レイ リョウ》 かもしか
- 蛉《レイ》

- 浰《レン リ》 とし
- ● 狼《ロウ》 おおかみ
- ◎ 浪《ロウ》 なみ
- ◎● 朗《ロウ》 [朗] ほがらか、あき、あきら、お、さえ、とき、ほがら
- ◎ 鹿《ロク》 か、しか、しし
- 勒《ロク》 くつわ

十二画

- 蛙《ア ワ》 かえる、かわず
- ◎● 悪《アク オ》 [悪] わるい

幄《アク》　とばり

晻《アン エン》

◎椅《イ》

◎囲《イ》（圍）　かこむ、かこう、もり

◎異《イ》（異）　ことなる、こと、より

◎●為《イ》［爲］　ため、さだ、しげ、す、すけ、た、ち、なり、ゆき、よし、より

●惟《イ ユイ》　あり、これ、ただ、たもつ、のぶ、よし

●粥《イク シュク》　かゆ、ひさぐ

◎壱《イチ》（壹）　ひとつ、かず、さね、もろ

◎淫《イン》　ひたす、ほしいまま、みだら

◎雲《ウン》　くも、も、ゆく

◎液《エキ》

◎越《エツ》　こす、こえる、お、こえ、こし

掩《エン アン》　おおう

●堰《エン》　せき、せく

湲《エン オン》

◎媛《エン》　ひめ

●焰《エン》　ほのお

颪　おろし［国字］

堝《カ》　るつぼ

◎賀《ガ》　いわう、しげ、のり、ます、よし、より

畫《ガ カク》　え、えがく、はかる

◎雅《ガ》　ただ、ただし、つね、なり、のり、ひとし、まさ、まさし、まさり、まさる、みやび、もと

●迦《カイ》

●堺《カイ》　さかい

◎開《カイ》　ひらく、ひらける、あく、あける、さく、はる、はるき、ひら、ひらかす、ひらき

喈《カイ》

絓《カイ》　しけ

◎掛《カイ》　かける、かかる、かかり

蛔《カイ》

剴《ガイ カイ》　する、きる、うごく

●凱《ガイ カイ》　たのし、とき、よし

◎街《ガイ カイ》　まち

◎涯《ガイ》　きし、はて

◎殻《カク》（殼）　から

喀《カク》　はく

●筈《カツ》　はず、やはず

◎喝《カツ》（喝）　しかる

◎割《カツ》　わる、わり、われる、さく、さき

裃　かみしも［国字］

◎敢《カン》　あえて、いさみ、いさむ、つよし

睆《カン》

酣《カン》　たけなわ

◎間《カン ケン》（閒）　あいだ、ちか、はし、ま

涵《カン》　うるおす、ひたす

【12画】

- ◎寒《カン》 さむい、さむ、ふゆ
- ◎閑《カン》 しず、のり、もり、やす、より
- ◎款《カン》 すけ、ただ、まさ、ゆく、よし
- ◎堪《カン》 たえる、たえ、とう、ひで
- ◎棺《カン》 ひつぎ
- ◎喚《カン》 よぶ、わめく
- 嵒《ガン》（嵓） いわ
- ●雁《ガン》 かり
- ◎幾《キ》 いく、おき、ちか、ちかし、のり、ふさ

- ◎棋《キ、ギ、ゴ》（棊）
- 悸《キ》 おそれる、わななく
- ●稀《キ、ケ》 まれ
- ◎期《キ、ゴ》 さね、とき、とし、のり
- 﨑《キ》 さき　十一画「崎」の俗字
- ◎棄《キ》 すて、すてる
- ◎貴《キ》 たっとい、とうとい、たっとぶ、とうとぶ、あつ、あて、たか、たかし、たけ、むち、よし
- 睎《キ》
- ◎喜《キ》 よろこぶ、このむ、たのし、とし、のぶ、はる、ひさ、ゆき、よし、

- ◎欺《ギ》 あざむく
- ●掬《キク》 すくう、むすぶ
- ◎喫《キツ》 くう、のむ
- 翕《キュウ》 あう、あつ
- ◎球《キュウ》 たま、まり
- ◎給《キュウ》 たまう、たり、はる
- ◎脇《キュウ》 わき
- ◎距《キョ》 けづめ、たがう、へだてる
- ◎据《キョ、コ》 すえる、すわる

- ◎●虚《キョ、コ》［虛］ むなしい
- 馭《ギョ》 のり
- ◎脅《キョウ》 おどす、おどかす
- 蛬《キョウ》 こおろぎ
- 筐《キョウ》 かご、はこ
- ●喬《キョウ》 すけ、たか、たかし、ただ、ただし、のぶ、もと
- ◎胸《キョウ》 むな、むね
- ●尭《ギョウ》［堯］ あき、たか、たかし、のり
- 棘《キョク》 いばら、とげ

- ●欽《キン》 うや、こく、ただ、ひとし、まこと、よし
- 窘《キン》 くるしむ
- ◎筋《キン》 すじ
- 鈞《キン》 ひとしい
- 嵎《グウ、グ》 くま
- ●寓《グウ、グ》 より、よる
- ◎掘《クツ》 ほる
- ●喰 くらう、くう　［国字］
- ◎景《ケイ》 あきら、かげ、ひろ

●◎ 恵《ケイ エ》［惠］ めぐむ、めぐみ、あや、さと、さとし、しげ、とし、やす、よし

荊《ケイ キョウ》 いばら

痙《ケイ》 ひきつる

袿《ケイ キ》 うちぎ

傒《ケイ》

● 戟《ゲキ ケキ》 ほこ

絜《ケツ ケイ》 きよ、とよ

◎ 傑《ケツ》 すぐる、たかし、たけし

◎ 結《ケツ》 むすぶ、ゆう、ゆわえる、かた、ひとし、ゆい

● 硯《ケン ゲン》 すずり

惓《ケン》

● 捲《ケン》 まく

● 喧《ケン》 かまびすしい

● 絢《ケン》 あや

◎ 現《ゲン》 あらわれる、あらわす、あり、み

觚《コ》 さかずき、かど

● 袴《コ》 はかま

壺《コ》 つぼ

絝《コ》 はかま

◎ 雇《コ》 やとう

胱《コウ》

● 皓《コウ ゴウ》 あき、あきら、つく、てる、ひかる、ひろ、ひろし

◎ 荒《コウ》 あらい、あら、あらら、ら

◎ 項《コウ》 うし、うじ

●◎ 黄《コウ オウ》［黃］ き、こ、かつみ

徨《コウ オウ》

◎ 硬《コウ》 かたい、かた、かたし

傚《コウ》 ならう、のり

◎ 絞《コウ》 しぼる、しめる、しまる

◎ 喉《コウ》 のど

蛤《コウ》 はまぐり

◎ 控《コウ》 ひかえる

絖《コウ》 わた、ぬめ

●◎ 黒《コク》［黑］ くろ 十一画「黒」は俗字だが旧字の画数による

● 惚《コツ》 ほうける、ぼける、ほれる

棍《コン》

◎ 混《コン》 まじる、まざる、まぜる、ひろ、むら、むろ

傞《サ》

◎ 詐《サ》 いつわる

◎ 裁《サイ》 たつ、さばく

◎ 採《サイ》 とる、もち

◎ 最《サイ》 もっとも、いと、いろ、かなめ、たかし、まさる、も、ゆたか、よし

◎ 策《サク シャク》 かず、つか、もり

◎ 酢《サク》 す

◎ 桟《サン》（棧） かけはし、たな

【12画】

◎	傘	サン	かさ
◎	散	サン	ちる、ちらす、ちらかす、ちらかる、のぶ
	殘	サン ザン	のこる、のこす
	痣	シ	あざ
◎	脂	シ	あぶら
	絲	シ	いと
	覗	シ	うかがう、のぞく
◎	詞	シ	こと、なり、のり、ふみ
●	斯	シ	これ、つな、のり
◎	茨	シ ジ	いばら
	觜	シ スイ	くちばし
	廁	シ	かわや
◎●	視［視］	シ ジ	のり、み、みる、よし
◎	歯	シ	は、かた、とし 十五画「齒」の俗字
◎	軸	ジク	じく、よこがみ
	蛭	シツ テツ	ひる
	奢	シャ	おごる、はる
◎	捨	シャ	すてる、いえ、えだ、すて
●	貰	シャ セイ	もらう
◎	授	ジュ	さずける、さずく
◎	集	シュウ	あつまる、あい、い、ため、ち、ちか、つどい
	琇	シュウ ユウ	
◎	就	シュウ ジュ	つく、つける、なり、ゆき
◎	衆	シュウ シュ	とも、ひろ、もり、もろ
	絨	ジュウ	
◎	淑	シュク	きみ、きよ、きよし、すえ、すみ、とし、ひで、ふかし、よ、よし
◎	述	ジュツ	のべる、あきら、とも、のぶ、のぶる、のり
●	竣	シュン セン	おわる
●	舜	シュン	きよ、とし、ひとし、みつ、よし
●	惇	シュン、ジュン トン	あつ、あつし、すなお、つとむ、とし、まこと
●	淳	ジュン シュン	あき、あつ、あつし、きよ、きよし、すなお、ただし、とし、ぬ、まこと、よし
◎	順	ジュン	あや、あり、おさ、おさむ、かず、しげ、したがう、す、すなお、とし、なお、のぶ、のり、はじめ、まさ、みち、みつ、むね、もと、やす、ゆき、よし、より
	荀	ジュン シュン	
	筍	ジュン シュン	たけのこ
●	閏	ジュン	うるう
◎	循	ジュン	したがう、めぐる、みつ、ゆき、よし
	黍	ショ	きび
	絮	ショ ジョ	しげ、わた
	舒	ジョ ショ	のべる、しずか、のぶ、のぶる、ゆき
◎	硝	ショウ	
●	翔	ショウ	かける、とぶ
◎	証	ショウ	あかし、あきら、つぐ、み 十九画「證」の俗字
◎	晶	ショウ	あき、あきら、てる、まさ
●	捷	ショウ	かち、かつ、さとし、すぐる、とし、はや、まさる
◎	勝	ショウ	かち、かつ、すぐる、すぐれ、すぐろ、とう、のり、まさ、まさる、ます、よし

	猖	ショウ	くるう
◎	焦	ショウ	こげる、こがす、こがれる、あせる
◎	象	ショウ ゾウ	かた、きさ、たか、のり
	鈔	ショウ ソウ	
	稍	ショウ ソウ	すこし、やや
	敞	ショウ	たかい
◎	掌	ショウ	たなごころ、つかさどる、なか
◎	詔	ショウ	みことのり、のり
◎	粧	ショウ	よそおい、よそおう

◎●	浄［淨］	ジョウ	きよ、きよし、しず
◎	場	ジョウ	ば
●	茸	ジョウ ニョ	たけ、きのこ
◎	捻	ジョウ ネン	ひねる、よる、つまむ
●	剰	ジョウ	あまつさえ、のり、ます
◎	情	ジョウ セイ	なさけ、さね、もと
◎	植	ショク	うえる、うえ、たね、なお
●	粟	ショク ゾク	あわ
◎	殖	ショク	ふえる、え、しげる、たね、なか、のぶ、ます、もち

	軫	シン	よこぎ、うし
◎	深	シン	ふかい、とお、ふか、ふかし、み
◎	診	シン	み、みる
◎	森	シン	もり、しげ、しげる
◎	尋	ジン	たずねる、ちか、つね、のり、ひつ、ひろ、ひろし、みつ
	靭	ジン	しなやか、ゆぎ
	荏	ジン ニン	え
◎	須	ス シュ	まつ、もち、もとむ
●	厨	ズ チュウ	くりや 十五画「廚」の俗字

◎	推	スイ	おす、ひらく
	悴	スイ シュツ	やつれる
●	甥	セイ	おい
	悽	セイ サイ	いたむ、かなしむ
●	棲	セイ	す、すみ
◎	清	セイ ショウ	きよい、きよ、きよし、すが、すみ、すむ
◎	盛	セイ ジョウ	もる、さかり、しげ、しげる、たけ、もり
	掣	セイ セツ	ひく
◎	晴	セイ	はれる、きよし、てる、なり、はる、はれ

◎	婿	セイ	むこ
◎	税	ゼイ	おさむ、ちから、みつぎ
	脆	ゼイ セイ	もろい、よわい
◎	惜	セキ	おしい、おしむ
	晰（晳）	セキ	あきらか
◎	脊	セキ	せ
	楔	セツ ショウ	
◎	接	セツ	つぎ、つぐ、つら、もち
◎	絶	ゼツ	たえる、たつ、たえ、とう

【12画】

印	漢字	音	訓・備考
	琁	セン、ゼン	
●	茜	セン	あかね
◎	浅（淺）	セン	あさい、あさ
	荐	セン、ゼン	しきりに
	喘	ゼン、セン	あえぐ
◎	然	ゼン、ネン	しか、なり、のり
◎	善	ゼン	よい、さ、ただし、たる、よし
◎	訴	ソ	うったえる
◎	疎	ソ	うとい、うとむ
◎	措	ソ	おく
●	疏	ソ、ショ	あらい、うとい、うとむ、うとんじる、とおる、まばら、さかん
	傃	ソ	
●	惣	ソウ	おさむ、のぶ、ふさ
◎	草	ソウ	かや、くさ、しげ
	窗	ソウ	まど
●	曾	ソウ、ゾウ	かつ、つね、なり、ます
	悰	ソウ	
◎	掃	ソウ	はく、かに、のぶ
◎	創	ソウ	きず、はじめ、はじむ
◎	喪	ソウ	も
◎	属	ゾク、ショク	つら、まさ、やす 二十一画「屬」の俗字
◎	尊	ソン	たっとい、とうとい、たか、たかし
●	巽	ソン	たつみ、ゆく、よし
◎	替	タイ	かえる、かわる
◎	貸	タイ	かす
	躰	タイ、テイ	からだ 二十三画「體」の俗字
	棹	タク、トウ	さお、こぐ
◎	淡	タン	あわ、あわし、あわじ、おう
◎●	単［單］	タン	いち、ただ
◎	探	タン	さぐる、さがす
◎	短	タン	みじかい
●	智	チ	あきら、さかし、さと、さとし、さとる、とし、とみ、とも、のり、まさる、もと
●	筑	チク	
◎	茶	チャ、サ	ちゃ
◎	着	チャク、ジャク	きる、きせる、つく、つける
●	註	チュウ、チュ	
◎	貯	チョ	たくわえる、おさむ、もる
◎	朝	チョウ	あさ、あした、かた、さ、つと、とき、とも、のり、はじめ
◎	超	チョウ	こえる、おき、き、こゆる、たつ、とおる、ゆき
●	喋	チョウ	しゃべる
◎	塚	チョウ	つか 十画「冢」の俗字
	貂	チョウ	てん
◎	椎	ツイ、スイ	つち、しい
◎	痛	ツウ	いたい、いたむ
◎	邸	テイ	いえ、やしき

【12画】

◎	程	テイ	しな、たけ、のり、ほど、みな
	掟	テイ、ジョウ	おきて
	啼	テイ	なく
	觝	テイ	
◎	堤	テイ	つつみ
●	迪	テキ、トク	すすむ、ただ、ただし、ただす、ひら、ふみ、みち
◎	迭	テツ	たがいに
◎	添	テン	そえる、そう、そえ
◎	貼	テン、チョウ	つく、はる
	奠	テン、デン	さだめる、さだ
●	淀	テン、デン	よど、よどむ
●	堵	ト	かき
	屠	ト、ズ	ほふる
◎	悼	トウ	いたむ
◎	統	トウ	おさ、おさむ、かね、すみ、すめる、つづき、つな、つね、のり、むね、もと
◎	答	トウ	こたえ、さと、とし、とみ、とも、のり
◎	棟	トウ	すけ、たか、たかし、みね、むなぎ、むね
◎	筒	トウ	つつ、まる
◎	登	トウ、ト	たか、ちか、とみ、とも、なり、なる、のぼる、のり、み、みのる
	棠	トウ、ドウ	
	淘	トウ	よなげる
◎●	盗［盜］	トウ	ぬすむ
◎	等	トウ	ひとしい、しな、たか、とし、とも、ひとし
◎	痘	トウ	もがさ
◎	胴	ドウ	どう
◎	童	ドウ	わらべ、わか、わらわ
●	敦	トン、タイ	あつ、あつし、おさむ、つとむ、つる、のぶ、よい
◎	鈍	ドン	にぶい、にぶる
●	捺	ナツ、ダツ	おす、とし
◎	弐（貳）	ニ	ふたつ、すけ
◎	能	ノウ	たか、ちから、とう、のり、ひさ、みち、むね、やす、よき、よし
	跛	ハ、ヒ	あしなえ
◎	排	ハイ	おしひらく、おす、つらねる、おし
	牌	ハイ	ふだ
◎	買	バイ	かう
◎	媒	バイ	なかだち、なこうど
◎	迫	ハク	せまる、せり、とお
◎	博	ハク、バク	とおる、はか、ひろ、ひろし、ひろむ
◎	発（發）	ハツ、ホツ	あき、あきら、おき、しげ、ちか、とき、なり、のぶ、のり、ひらく
	筏	バツ、ハツ	いかだ
◎	阪	ハン	さか
◎	斑	ハン	まだら
◎	番	バン	つぎ、つぐ、つら、ふさ
●	斐	ヒ	あきら、あや、あやる、い、なが、よし
◎	悲	ヒ	かなしい、かなしむ

【12画】

◎費 ヒ　ついやす、ついえる、もち

◎扉 ヒ　とびら

賁 ヒ フン　かさ、よし

◎備 ビ　そなう、そなわる、たる、とも、なが、なり、のぶ、まさ、みつ、みな、よ、よし、より

媚 ビ ミ　こびる

弼 ヒツ　たすける、すけ

◎筆 ヒツ　ふで

◎評 ヒョウ　はかる、ただ

憑 ヒョウ　たのむ、よる、つく

閔 ビン ミン　あわれむ、うれえる

◎普 フ　かた、ひろ、ひろし、ゆき

◎富 フ フウ　あつ、あつし、さかえ、と、とます、とみ、とめり、とめる、とよ、ひさ、ふく、みつる、ゆたか、よし

傅 フ　かしずく、つく、もり

◎復 フク　あきら、あつし、さかえ、しげる、なお、ふ、また、もち

◎幅 フク　はば

◎雰 フン

●焚 フン　たく、やく

偏 ヘン　あまねし、ゆき

堡 ホ ホウ　とりで

◎棚 ホウ　すけ、たな

幇 ホウ　たすける

彭 ホウ

●捧 ホウ　ささげる、かた、たか、もち

◎棒 ホウ ボウ

◎報 ホウ　むくいる、お、つぐ

◎防 ボウ　ふせぐ、ふせ

◎帽 ボウ

◎貿 ボウ モ　あきなう、かえる

◎傍 ボウ　かたわら、かた

茫 ボウ

◎脈 ミャク　すじ

◎無 ム ブ　ない、な、なし

棉 メン　わた

◎猛 モウ　たか、たけ、たけお、たけき、たけし、たける、つよし

●椛　もみじ［国字］

悶 モン ボン　もだえる

◎喩 ユ　さとす、さとる、あき

◎雄 ユウ　お、かず、かた、かつ、たか、たけ、たけし、のり、よし

●釉 ユウ　うわぐすり、つや

裄　ゆき［国字］

傜 ヨウ

喇 ラ ラツ

◎絡 ラク　からむ、からまる、つら、なり

◎嵐 ラン　あらし

◎痢 リ

◎	理	リ	ことわり、あや、おさ、おさむ、さだむ、すけ、たか、ただ、ただし、ただす、とし、のり、まさ、まろ、みち、よし
	詈	リ	ののしる
	凓	リツ	
●	掠	リャク リョウ	かすめる、くら
◎	硫	リュウ	
●	琉	リュウ ル	
	畱	リュウ ル	とめる、とまる
◎●	虜［虜］	リョ	とりこ
◎	量	リョウ	かず、さと、とも、はかり、はかる
●	椋	リョウ	むく、くら
◎	涼	リョウ	すずしい、すずむ、あつ、すけ、すずし
	喨	リョウ	
●	淋	リン	さびしい
	淪	リン	しずむ
◎●	涙［淚］	ルイ	なみだ
	犂	レイ リ	すき、からすき
◎	裂	レツ	さく、さける
	琅	ロウ	たま
◎	労（勞）	ロウ	もり
◎	惑	ワク	まどう、まどい
●	椀	ワン	はち、まり

十三画

●	阿	ア	お、くま
◎	愛	アイ	あき、さね、ちか、ちかし、つね、なり、なる、のり、ひで、めぐむ、やす、よし、より
●	渥	アク	あつ、あつし、ひく
◎	握	アク	にぎる、もち
◎	暗	アン	くらい
◎	意	イ	お、おき、おさ、のり、むね、もと、よし
◎	彙	イ	はりねずみ、しげ
●	郁	イク	あや、か、かおり、かおる、たかし、ふみ
◎	飲（飮）	イン	のむ
	惲	ウン キン	
	暈	ウン	かさ、くま
	迴	エ カイ	
	裔	エイ	すそ、すえ
	暎	エイ ヨウ	うつる、うつす
◎	詠	エイ	よむ、うた、かぬ、かね、なが
	鉞	エツ カイ	まさかり、おの
◎	煙	エン	けむる、けむり、けむい
◎	塩	エン	しお 二十四画「鹽」の俗字
●	淵	エン	すえ、すけ、なみ、のぶ、ひろ、ふか、ふかし、ふち
◎	援	エン	たすけ、たすける、ひく、すけ
◎	園	エン	その
◎	鉛	エン	なまり
◎●	円（圓）	エン	まるい、かず、つぶら、のぶ、まど、まどか、まる、みつ

【13画】

筵《エン》　むしろ

鳴《オ》

媼《オウ》　おうな、はは

◎● 奥《オウ》［奧］　おく、うち、うら、おき、すみ、ふか、むら

◎ 温《オン》　あつ、あつし、いろ、すなお、ただす、つつむ、なが、ならう、のどか、はる、まさ、みつ、やす、ゆたか、よし　十四画「溫」の俗字

◎ 渦《カ》　うず

◎ 靴《カ》　くつ

◎ 荷《カ》　に、もち

◎ 暇《カ》　ひま、いとま

◎ 嫁《カ》　よめ、とつぐ

蛾《ガ》《ギ》　が

衙《ガ》《ギョ》

◎ 会《カイ》《エ》（會）　あい、あう、かず、さだ、はる、もち

◎ 楷《カイ》　のり

◎ 塊《カイ》　かたまり

◎ 解《カイ》《ゲ》　とく、とかす、とける、ざ、さとる、とき、ひろ

睚《ガイ》　まなじり

◎ 該《ガイ》　かた、かぬ、かね、もり

◎ 較《カク》　くらべる、あつ、とお、なお

● 塙《カク》　かたい、はなわ

愕《ガク》　あわてる、おどろく

◎● 渇《カツ》［渴］　かわく

◎ 感《カン》

◎ 幹《カン》　えだ、から、き、くる、たかし、たる、つね、つよし、とし、とも、まさ、み、みき、もと、もとき、よし、よみ、より

◎ 換《カン》　かえる、かわる、やす

● 莞《カン》　い

◎ 勧《カン》　すすめる、すすむ、ゆき　十九画「勸」の俗字

渙《カン》　あきらか、とける

煥《カン》　あきらか

◎ 頑《ガン》　かたくな

◎ 揮《キ》

● 暉《キ》　かがやく、ひかり、あき、あきら、てらす、てる

詭《キ》　いつわる

● 熙《キ》　おき、さと、てる、のり、ひろ、ひろし、ひろむ、よし

揆《キ》　はかりごと、はかる

跪《キ》　ひざまづく

◎ 毀《キ》　こぼつ、そしる、やぶる

煇《キ》《コン》　ひかる、かがやく

◎ 義《ギ》　あき、いさ、しげ、たけ、ただし、ちか、つとむ、とも、のり、みち、よし、より

◎ 詰《キツ》　つめる、つまる、つむ

◎ 脚《キャク》《キャ》　あし、し

◎ 逆《ギャク》　さか、さからう

● 厩《キュウ》　うまや

◎ 嗅《キュウ》《ク》　かぐ

舅《キュウ》　しゅうと、じ

記号	漢字	音	読み
●	鳩	キュウ ク	はと、やす
	韮	キュウ	にら
	鉅	キョ	はがね
	渠	キョ	いずくんぞ、かれ、なんぞ、みぞ
◎	業	ギョウ ゴウ	わざ、おき、かず、くに、なり、のぶ、のり、はじめ、ふさ
◎	極	キョク ゴク	きわ、きわみ、きわむ、きわめ、なか、のり、みち、むね
◎	琴	キン	こと
◎	僅	キン ゴン	わずか、よし
●◎	勤［勤］	キン ゴン	つとめる、つとまる、いそ、いそし、すすむ、つとむ、とし、のり、ゆき
●	禽	キン	とり
◎	禁	キン	とどめる
◎	虞	グ	おそれ、すけ、もち、やす
◎	愚	グ	おろか
◎	窟	クツ コツ	いわや
	裙	クン	もすそ、すそ
	羣	グン クン	むれる、むれ、むら
◎	群	グン	むれる、とも、むら、むれ、もと
◎	敬	ケイ	うやまう、あき、あつ、いつ、うや、かた、さとし、たか、たかし、とし、のり、はや、ひろ、ひろし、ゆき、よし
●◎	掲［揭］	ケイ	かかげる、なが
◎	傾	ケイ	かたむく、かたむける、かたぶ
	脛	ケイ コウ	すね、はぎ
◎	経（經）	ケイ キョウ	へる、おさむ、つね、のぶ、のり、ふ、ふる
◎	茎（莖）	ケイ	くき
◎	詣	ケイ ゲイ	いたる、もうでる
	徯	ケイ	まつ、みち
	睨	ゲイ	にらむ
	筧	ケン	かけい
◎	絹	ケン	きぬ、まさ
◎	嫌	ケン ゲン	きらう、いや
	蜆	ケン ゲン	しじみ
	鉉	ケン ゲン	つる
◎	献	ケン コン	たてまつる、たけ、ただす　二十画「獻」の俗字
	嗛	ケン	
◎	減	ゲン	へる、へらす、き、ぎ、きつ
●	跨	コ カ	またがる、またぐ
●	琥	コ	
◎	鼓	コ	つづみ
◎	誇	コ	ほこる、ほこり
◎	湖	コ	みずうみ、ひろし
◎	碁	ゴ	ご
●	煌	コウ オウ	かがやく、ひかる、あき、てる
●	幌	コウ	あきら、ほろ
	惶	コウ オウ	おそれる、かしこ
◎	郊	コウ	おか、さと、ひろ
	粳	コウ キョウ	うるち　九画「秔」の俗字

【13画】

印	漢字	読み
	逅《コウ》	あう
	媾《コウ》	よしみ
	嗃《コウ》《カク》	
◎	港《コウ》	みなと
◎	傲《ゴウ》	あなどる、おごる
	號《ゴウ》	さけぶ
	渾《コン》	すべて、にごる
●	嵯《サ》(嵳)	
●	裟《サ》《シャ》	
	嗟《サ》《シャ》	なげく
◎	債《サイ》	かり
◎●	砕《サイ》[碎]	くだく、くだける
◎	歳《サイ》《セイ》	とし、とせ
◎	載《サイ》	のせる、のる、こと、とし、のり、はじめ
◎	催《サイ》	もよおす、とき
◎	詩《シ》	うた
◎	試《シ》	こころみる、ためす、もち
◎	嗣《シ》	さね、つぎ、つぐ、ひで
	嗜《シ》	たしなむ、たし
	孳《シ》《ジ》	うむ、しげる
◎	資《シ》	すけ、たすく、ただ、とし、もと、やす、よし、より
	肆《シ》《シツ》	つらねる、みせ、ほしいまま
◎	雌《シ》	め、めす
◎	辞《ジ》	やめる、こと 十九画「辭」の俗字
	雉《ジ》《チ》	きじ
◎	嫉《シツ》《シ》	にくむ、ねたむ
◎●	煮《シャ》《ショ》[煮]	にる、にえる、にやす、に
●	惹《ジャ》《ジャク》	ひく
	迹《シャク》《セキ》	あと
●	竪《ジュ》《シュ》	たつ、たて 十五画「豎」の俗字
◎	酬《シュウ》	むくい、むくいる、あつ
◎	愁《シュウ》	うれえる、うれい
●	脩《シュウ》《シュ》	おさ、おさむ、さね、すけ、なお、なが、のぶ、はる、もろ
	楫《シュウ》《ショウ》	かじ
◎	粛《シュク》(肅)	かく、かた、かね、きよし、すすむ、すみ、ただ、たり、とし、はや、まさ
●	馴《シュン》《ジュン》	したがう、なれ、よし
●	楯《ジュン》《シュン》	たて、てすり
●	詢《ジュン》《シュン》	まこと
◎●	暑《ショ》[暑]	あつい、あつ、なつ
●	渚《ショ》[渚]	なぎさ
	耡《ジョ》《ショ》	すく
◎	照《ショウ》	あき、あきら、あり、てらし、てらす、てり、てる、とし、のぶ、みつ
◎	傷《ショウ》	きず、いたむ、いため
◎	詳《ショウ》	くわしい、つま、みつ
	鉦《ショウ》《セイ》	かね、どら

● 湘 ショウ・ソウ

蛸 ショウ・ソウ　たこ

勦 ショウ・ソウ

睫 ショウ　まつげ

● 頌 ショウ・ヨウ　たたえる、ほめる、うた、おと、つぐ、のぶ、よむ

嫋 ジョウ　たおやか

嗇 ショク　おしむ、やぶさか

蜀 ショク・ゾク　いもむし、くに

◎ 新 シン　あたらしい、あきら、あら、あらた、すすむ、ちか、にい、はじめ、よし、わか

斟 シン　くむ、ます、もる

脣 シン　くちびる

飪 ジン・ニン　にる

● 稔 ジン・ネン　とし、なり、なる、みのる、ゆたか

◎ 睡 スイ　ねむり

● 嵩 スウ・シュウ　たかい、かさ、かこむ、たか、たかし、たけ

◎ 聖 セイ　あきら、きよ、きよし、さと、さとし、さとる、たかし、たから、とし、ひじり、まさ

◎ 勢 セイ　いきおい、なり

● 靖 セイ・ジョウ　おさむ、きよし、しず、のぶ、やす、やすし

● 惺 セイ　さとし、さとる

筮 セイ・ゼイ　うらなう、めどぎ

◎ 跡 セキ　あと、ただ、と、みち

楔 セツ　くさび

◎ 詮 セン　あき、あきら、さと、さとし、さとる、とし、とも、のり、はる

詹 セン

◎ 煎 セン　いる、にる

● 揃 セン　きる、そろえる、そろう

◎ 羨 セン・ゼン　あまり、うらやむ、のぶ、よし

輇 セン

僊 セン

● 楚 ソ・ショ　いばら、しもと、うばら、たか

鼠 ソ・ショ　ねずみ

◎ 塑 ソ　でく

◎ 阻 ソ　はばむ

◎ 送 ソウ　おくる、おく

●◎ 荘 ソウ ［莊］　これ、さこう、たか、たかし、ただし、まさ

插 ソウ　さす

●◎ 装 ソウ・ショウ ［裝］　よそおう

● 湊 ソウ　あつまる、みなと

◎ 想 ソウ・ソ　おもい、おもう

◎ 塞 ソク・サイ　とりで、ふさぐ、みちる、せき

◎ 測 ソク　はかる、ひろ

◎ 賊 ゾク　そこなう

● 楕 タ・ダ　十六画「橢」の俗字

● 陀 タ・ダ

馱 タ・ダ　のせる

【13画】

●	詫	タ、カ	わびる
◎	惰	ダ	おこたる
●	碓	タイ、ツイ	うす
◎	退	タイ	しりぞく、たい、のき
	迺	ダイ、ナイ	の、すなわち
●	琢［琢］	タク	あや、たか、みがく
◎	脱	ダツ	ぬぐ
	亶	タン、セン	あつい、ほしいまま、あつ、ただ、ゆたか
●	湛	タン	しずむ、たたえる、きよ、たたう、たたえ、やす
◎	暖	ダン	あたたか、あつ、はる、やす
	煖	ダン、ケン	あたためる
◎	痴	チ	おろか、しれる　十九画「癡」の俗字
●	馳	チ、ジ	はせる、とし、はや、し
◎	稚	チ	いとけない、おさない、のり、わか、わく
	誅	チュウ、チュ	せめる
	稠	チュウ、チョウ	あまね、しげ、しげし、しげる、おおい
●	猪［猪］	チョ	い、しし　十六画「豬」の俗字
●	牒	チョウ、ジョウ	ふだ
◎	跳	チョウ	はねる、とぶ
	飭	チョク	いましめる
◎	賃	チン	やとう、かぬ、かね、とう
●	椿	チン、チュン	つばき
◎	追	ツイ	おう
◎	提	テイ、ダイ、チョウ	さげる
	碇	テイ	いかり
●	鼎	テイ	かなえ、かね
◎	艇	テイ	ふね
●	荻	テキ	おぎ
◎	鉄	テツ、テチ	かね、きみ、とし、まがね
	畷	テツ、テイ	なわて
◎	塡	テン	うずめる、ふさぐ、さだ、ます、みつ、やす
	鈿	テン、デン	かんざし、うず
◎	電	デン	あきら、ひかり
◎●	伝［傳］	デン	つたわる、ただ、つぐ、つた、つたう、つたえ、つとう、つとむ、のぶ、のり、よし
◎	殿	デン、テン	どの、あと、すえ、との
◎	塗	ト	ぬる、みち
◎	渡	ト	わたる、わたす、ただ、わたり
◎	塔	トウ	
◎	当（當）	トウ	あたる、あてる、あ、たえ、まさ、まつ
◎	逃	トウ	にげる、のがす
◎	湯	トウ	のり、ゆ
◎	働	ドウ	はたらく〔国字〕
◎	督	トク	おさむ、かみ、こう、すけ、すすむ、ただ、ただす、まさ、よし
◎	頓	トン	つまずく、はや
●	楠	ナン、ダン	くす、くすのき

◎	農《ノウ》	あつ、たか、たみ、つとむ、とき、とよ、なる
◎	悩《ノウ》（惱）	なやむ、なやます
●	琶《ハ》	
	湃《ハイ》	
	稗《ハイ》	ひえ、すけ、ねん
	苺《バイ マイ》	いちご
●	煤《バイ》	すす、すすける
	雹《ハク ホク》	ひょう
●	莫《バク マク》	さだ、さだむ、とう、とし、なか
◎	鉢《ハチ ハツ》	ほ
◎	頒《ハン》	しく、わける
◎	煩《ハン ボン》	わずらう、わずらわす
◎	飯《ハン》	めし、いい
◎●	碑《ヒ》［碑］	いしぶみ
●	琵《ヒ ビ》	
◎	微《ビ》	かすか、ひそかに、いや、なし、まれ、よし
◎	描《ビョウ》	えがく
◎	猫《ビョウ》	ねこ
	渺《ビョウ ミョウ》	
●	稟《ヒン》	うける、うくる
◎	附《フ》	ちか、つく、ます、より、よる
	艀《フ フウ》	はしけ
●	楓《フウ ヘン》	かえで
	睥《ヘイ》	
	聘《ヘイ》	とう、めす
	瓶《ヘイ ビン》	かめ、びん
	辟《ヘキ ヒ》	きみ、ひらく、めす、のり
	湎《ベン メン》	おぼれる、しずむ
◎	補《ホ》	おぎなう、すけ、さだ、たすく
◎	募《ボ》	つのる
◎	豊《ホウ》	あつ、かた、て、と、とよ、のぼる、ひろ、ひろし、みのる、もり、ゆた、ゆたか、よし
◎	蜂《ホウ》	はち
	鉋《ホウ》	かんな
◎	睦《ボク モク》	あつし、ちか、ちかし、とき、とも、のぶ、まこと、む、むつ、むつみ、よし、よしみ
◎	盟《メイ》	ちかい、ちかう
◎	迷《メイ》	まよう
	酩《メイ》	よう
	爺《ヤ》	じじ
●	椰《ヤ》	やし
	渝《ユ》	かわる、かえる
◎	愉《ユ》	たのしい、たのしむ
	楡《ユ》	にれ
	愈《ユ》	いよいよ、まさる
	雍《ユ ヨウ》	やわらぐ、ふさぐ
◎	猶《ユウ》	さね、なお、のり、みち、より

印	漢字	読み	名乗り・備考
◎	裕	ユウ	すけ、ひろ、ひろし、まさ、みち、やす、ゆたか
	揖	ユウ	おさ
	游	ユウ	およぐ、あそぶ、ゆたか
●	楢	ユウ	なら
	猷	ユウ ユ	はかる、かず、のり、みち、ゆき
◎	預	ヨ	あずける、あずかる、さき、まさ、やす、よし
◎	揚	ヨウ	あげる、あがる、あき、あきら、たか、のぶ
	徭	ヨウ	えだち
●	楊	ヨウ	やなぎ
◎	湧	ヨウ ユウ	わか、わき、わく
●	傭	ヨウ	やとい、やとう
◎	雷	ライ	かみなり、あずま、いかずち
◎	酪	ラク	ちちざけ
	亂	ラン	みだれる、みだす
◎	裏	リ	うら
●	裡	リ	うら 十三画「裏」の俗字
●	莉	リ レイ	
	勠	リク リュウ	あわせる
●	稜	リョウ ロウ	いつ、かど、たか、たる
	粱	リョウ	あわ
	粮	リョウ ロウ	かて
●	琳	リン	
◎	零	レイ	あまり、おちる、ふる
◎	鈴	レイ リン	すず
◎	廉	レン	おさ、かど、きよ、きよし、すが、すなお、ただし、やす、ゆき
●	煉	レン	ねる
◎	路	ロ	じ、のり、みち、ゆく
◎	賂	ロ	まいない、まいなう
◎●	廊［廊］	ロウ	
●	禄［祿］	ロク	さち、とし、とみ、よし
◎	話	ワ	はなす、はなし
	矮	ワイ アイ	ひくい
	猥	ワイ エ	みだりに、みだり
◎	賄	ワイ	まかない
●	碗	ワン	十画「盌」の俗字

十四画

印	漢字	読み	名乗り・備考
●	斡	アツ	めぐる、はる、まる
◎	維	イ	これ、しげ、すけ、すみ、ただ、たもつ、つな、つなぐ、ふき、ふさ、まさ、ゆき
	飴	イ	あめ
◎	萎	イ	しぼむ、なえる
●	溢	イツ	あふれる、みちる、みつ
	嫗	ウ オウ	おうな、ばば
◎●	栄［榮］	エイ	さかえる、はえ、はえる、さか、さかえ、さこう、しげ、しげる、たか、てる、とも、なか、なが、はる、ひさ、ひさし、ひで、ひろ、まさ、よし
●	瑛	エイ ヨウ	あき、あきら、てる
	蜴	エキ	

- 腋《エキ　セキ》　ワキ
- 蜿《エン》
- 厭《エン　ヨウ》　あきる、いとう
- ◎猿《エン》　さる
- ●鳶《エン》　とんび、とび
- 嘔《オウ》　うたう
- ●溫《オン》　あつ、あつし、いろ、すなお、ただす、つつむ、なが、ならう、のどか、はる、まさ、みつ、やす、ゆたか、よし
- ◎菓《カ》
- ◎歌《カ》　うた

- ◎箇《カ》　こ、かず、とも
- ●榎《カ》　え、えのき
- ●嘩《カ》　かまびすしい
- 瑕《カ　ゲ》　きず、なんぞ
- ◎華《カ　ケ》　は、はな、はる
- ◎寡《カ》　すくない、やもめ
- ●嘉《カ》　ひろ、よし、よしみ、よみし
- ◎●禍《カ》［禍］　わざわい、まが
- 夥《カ》　おびただしい、かず

- ●魁《カイ》　いさお、いさむ、さきがけ、つとむ、はじめ
- 槐《カイ》　えんじゅ、えにす、えんじ
- 誡《カイ》　いましめる、いましめ、まさ
- 誨《カイ》　おしえる、おしえ、こと、のり
- 赫《カク》　あかい、あきら、てらし
- ◎閣《カク》　たかどの、たな、はる
- 廓《カク》　くるわ、あきら、ひろ
- 劃《カク》　わかつ
- 猾《カツ》　わるがしこい、うけし

- ◎滑《カツ》　すべる、なめらか
- ◎監《カン》　あき、あきら、かね、ただ、てる、み
- ◎管《カン》　くだ、うち、すげ
- ●菅《カン　ケン》　かや、すが、すげ
- 箝《カン　ケン》　はさむ
- ◎関《カン》　せき、とおる、み、もり　十九画「關」の俗字
- 僩《カン》　たけし、ひろ、ひろし、ゆたか
- ●綺《キ》　あや、いろう
- 漑《キ》

- ◎旗《キ》　たか、はた
- 愧《キ》　はじる
- ●箕《キ》　み、みる
- 僖《キ》　よろこぶ、やす、よし
- ◎●偽《ギ》［僞］　いつわる、にせ
- ◎疑《ギ》　うたがう
- ◎菊《キク》　あき、ひ
- 躳《キュウ》　み
- ◎熊《キュウ　ユウ》　くま、かげ

【14画】

- 嘘《キョ コ》 うそ
- ◎裾《キョ》 すそ
- 兢《キョウ》 おそれる、つつしむ、うや、つよ
- 僑《キョウ》 たか、たかし
- ◎境《キョウ ケイ》 さかい
- 僥《ギョウ キョウ》
- ◎菌《キン》 きのこ
- ◎緊《キン》 きびしい
- ●菫《キン》 すみれ

- ◎銀《ギン》 かね、しろがね
- ◎郡《クン グン》 こおり、くに、さと、とも
- 罫《ケイ カイ》 けい
- ◎軽《ケイ》(輕) かるい、かろやか、かる、とし
- 嘒《ケイ》 ちいさい
- 逕《ケイ》 こみち
- 禊《ケイ カツ》 みそぎ、はらう
- 睽《ケイ》 そむく
- ◎携《ケイ》 たずさえる、たずさわる

- ◎渓《ケイ》(溪) たに
- 熒《ケイ》 ともしび
- 竭《ケツ》 つきる、つくす
- ◎限《ゲン》 かぎる
- 愿《ゲン ガン》 つつしむ、よし、すなお
- ●這《ゲン シャ》 むかえる、これ、ちか
- ◎源《ゲン》 みなもと、はじめ、もと、よし
- 皷《コ》 つづみ 十三画「鼓」の俗字
- 菰《コ》 こも

- ●瑚《コ ゴ》
- ◎誤《ゴ》 あやまる
- ◎語《ゴ》 かたる、かたらう、かた、かたり、こと、つぐ
- ◎酵《コウ》
- ●閤《コウ》
- ◎慌《コウ》 あわてる
- ◎降《コウ》 おりる、おろす、ふる
- ◎構《コウ》 かまえる、かまう
- 敲《コウ》 たたく、あつ、ただ、むす

- ●腔《コウ》
- 睾《コウ》
- 誥《コウ》 つぐ、のり
- ◎綱《コウ》 つな、つね
- 槓《コウ》
- 犒《コウ》 ねぎらう
- ●滉《コウ》 ひろ、ひろし
- ◎溝《コウ》 みぞ
- ◎豪《ゴウ》 かた、かつ、すぐる、たけ、たけし、つよ、つよし、とし、ひで

【14画】

	糀		こうじ［国字］
◎	酷	コク	きびしい、あつ
◎	獄	ゴク	ひとや
◎	魂	コン	たましい、たま、みたま、もと
	搓	サ	よる
	綵	サイ	あやぎぬ、あや
◎	菜	サイ	な
◎	罪	ザイ	つみ
●	榊		さかき［国字］
◎	搾	サク	しぼる［国字］
◎	察	サツ、セチ	あき、あきら、み、みる
●	颯	サツ、ソウ	
◎	雑	ザツ、ゾウ	まじえる、まじる、かず、とも 十八画「雜」の俗字
	嶄（嶃）	サン、ザン	
◎	算	サン	かず、とも
◎	酸	サン	すい
	塹（壍）	ザン、セン	ほり
●	獅	シ	
◎	飼（飼）	シ	かう
◎	誌	シ	しるす
◎	滋	ジ	あさ、しく、しげ、しげし、しげる、ふさ、ます
◎	慈	ジ	いつくしむ、しげ、しげる、ちか、なり、やす、よし
●	爾	ジ、ニ	あきら、しか、ちか、ちかし、み、みつる
	瑟	シツ	こと
◎●	実［實］	ジツ	み、みのる、これ、さね、ちか、つね、なお、のり、ま、まこと、みつ、みる
	綽	シャク	のぶ、ひ、ひろ、やす、ゆたか、よし
	搦	ジャク、ダク	からむ、からめる
◎	種	シュ	おさ、かず、くさ、しげ、たね、ふさ
◎●	寿［壽］	ジュ	ことぶき、いき、かず、たもつ、つね、とし、としなが、なが、のぶ、ひさ、ひさし、ひで、ひろし、ほぎ、やすし、よし
◎	需	ジュ	まち、みつ、もと、もとむ、もとめ
	聚	シュウ、シュ、ジュ	あつまる、あつめる
	綬	シュウ、ジュ	くみひも
	甃	シュウ	しきがわら、いしだたみ
	箒	シュウ、ソウ	ほうき
	僦	シュウ	やとう
◎	銃	ジュウ	つつ、かね
◎	塾	ジュク	いえ
	逡	シュン	しりぞく、のき、はる
◎	準	ジュン	とし、ならう、のり、ひとし
◎	彰	ショウ	あき、あきら、あや、ただ、てる
●	菖	ショウ	あやめ
●	嘗	ショウ、ジョウ	かつて、こころみる、ふる
	韶	ショウ	
●	裳	ショウ	も、もすそ
	誦	ショウ、ジュ、ズ	となえる、よむ、すみ

【14画】

◎● 奨《ショウ》［奬］ すけ、すすむ、たすく、つとむ

菁《ショウ セイ》

箏《ショウ ソウ》（筝） こと

稱《ショウ》 となえる、たたえる、はかる

逍《ショウ》

◎ 飾《ショク》 かざる、あきら、よし

◎ 腎《シン ジン》

◎● 慎《シン》［愼］ つつしむ、ちか、のり、まこと、みつ、よし

● 賑《シン》 にぎわう、とみ、とも

◎● 寝《シン》［寢］ ねる、ねかす

● 榛《シン セン》 はしばみ、はり、はる

● 槙《シン》［槇］ まき、こずえ

塵《ジン チン》 ちり

● 盡《ジン》 つくす、つきる、つかす

◎ 図《ズ ト》（圖） なり、のり、はかる、みつ

● 逗《ズ トウ》 とどまる

● 翠《スイ》 かわせみ、あきら、みどり

◎● 粋《スイ》［粹］ いき、きよ、ただ

萃《スイ》 あつまる、あつ、しげる

● 瑞《スイ ズイ》 しるし、めでたい、たま、みず

◎ 誠《セイ》 あき、あきら、かね、さと、さね、しげ、すみ、たか、たかし、たね、とも、なが、なり、なる、のぶ、のり、まこと、まさ、み、もと、よし

● 齊《セイ》 きよ、ただ、ただし、とき、とし、なお、なり、ひとし、まさ、むね、よし

蜻《セイ》

◎ 精《セイ ショウ》 あき、あきら、きよ、きよし、くわし、しげ、しら、すぐる、すみ、ただ、ただし、つとむ、ひとし、まこと、まさ、まさし、もり、よし

◎ 誓《セイ》 ちか、ちかう

◎ 製《セイ》 たつ、つくる、のり

◎ 逝《セイ》 ゆく

● 碩《セキ》 おおきい、おお、ひろ、みち、みつる、ゆたか

蜥《セキ》

腊《セキ》

◎ 説《セツ ゼイ》 あき、かぬ、かね、こと、つぐ、とき、とく、のぶ、ひさ

截《セツ》 たつ、きる

僭《セン シン》 かりる、なぞらえる

● 銑《セン》 ずく、さね

銓《セン》 はかり、はかる、のり

◎ 箋《セン》

愬《ソ》 うったえる

◎● 僧《ソウ》［僧］

● 聡《ソウ》 あき、あきら、さ、さと、さとし、さとる、ただし、と、とき、とし、とみ

滄《ソウ》

● 綜《ソウ》 すべる、へ、おさ

◎ 総《ソウ》 すべて、すべる、おさ、さ、すぶ、すぶる、のぶ、ふさ、みち

掻《ソウ》（搔） かく

◎● 捜《ソウ》［搜］ さがす

嘈《ソウ》

印	漢字	音	読み
	愴	ソウ	いたむ
●	槍	ソウ ショウ	やり
	嗽	ソウ	くちすすぐ、すう、せく
	粽	ソウ	ちまき
◎	像	ゾウ	かたち、かた、すえ、のり、み
◎	造	ゾウ	つくる、いたる、なり、なる、はじめ、みやつこ
◎	速	ソク	はやい、ちか、つぎ、とう、はや、はやし、はやみ、めす
◎	損	ソン	そこなう、そこねる、ちか
	僔	ソン	
◎	駄	ダ	のせる
	颱	タイ	
◎	態	タイ	さま、すがた、かた
	臺	タイ ダイ	うてな、こもの 五画「台」とは別字
◎	対(對)	タイ ツイ	こたえる、そろい、むかう
◎	奪	ダツ	うばう、たつき
◎	綻	タン テン	ほころびる
●◎	嘆[嘆]	タン	なげく、なげかわしい
◎	誕	タン	いつわる、のぶ
◎	端	タン	はた、は、ただ、ただし、ただす、なお、はし、はじめ、まさ、もと
●◎	団[團]	ダン トン	あつ、まどか、まる、まろ
◎	置	チ	おく、おき、き、やす
	蜘	チ	
◎	逐	チク	おう
◎	嫡	チャク	よつぎ
●	暢	チョウ	いたる、かど、とおる、なが、のぶ、のぶる、まさ、みつ、みつる
	趙	チョウ	
●	肇	チョウ	こと、ただ、ただし、とし、はじむ、はじめ、はつ
●	脹	チョウ	ふくれる
	銚	チョウ ヨウ	
●	槌	ツイ	つい、つち
◎	通	ツウ ツ	とお、とおり、とおる、なお、ひらく、みち、みつ、ゆき
	椄		つま［国字］
●	禎[禎]	テイ	さだ、さだむ、さち、ただ、ただし、つぐ、とも、よし
◎	逓	テイ	たがいに 十七画「遞」の俗字
●	逞	テイ	たくましい、たくま、とし、ゆき、ゆた、よし
●	綴	テイ	つづる
	滌	テキ	あらう
◎	溺	デキ	おぼれる
◎	途	ト	とお、みち
◎	搭	トウ	うつ、のせる、のる
●	嶋	トウ	しま
	嶌	トウ	しま
	骰	トウ	
◎	透	トウ	すき、すく、とおる、ゆき
●	萄	トウ ドウ	

【14画】

- 搯《トウ》 はびこる、うごく、うごかす
- ◎銅《ドウ》 あかがね、かね
- 僮《ドウ トウ》 かおる
- 靹 とも［国字］
- ◎認《ニン》 みとめる、もろ
- ◎寧《ネイ》 さだ、しず、やす、やすし
- 瑙《ノウ ドウ》
- ●頗《ハ》 すこぶる、かたよる
- 搏《ハク》 うつ、とる

- ●箔《ハク》 すだれ
- 駮《バク ハク》 まだら、まじる
- 寞《バク マク》 さびしい、しずか
- ◎閥《バツ》 いさお
- ◎搬《ハン》 うつす、はこぶ
- 靽《ハン》 きずな
- ●緋《ヒ》 あか、あけ
- 榧《ヒ》 かや
- 翡《ヒ》 かわせみ

- 脾《ヒ》
- 腓《ヒ》 こむら
- ◎鼻《ビ》 はな
- ◎●賓《ヒン》［賓］ まろうど、みちびく、うら、つぐ、つら
- 孵《フ》 かえす
- ◎腐《フ》 くさる、くされる
- 腑《フ》 はらわた
- 逋《フ ホ》 のがれる、かくれる
- ◎舞《ブ》 まう、まい

- ◎●福《フク》［福］ さき、さち、たる、とし、とみ、ね、むら、もと、よ、よし
- 箙《フク》 えびら
- 僨《フン》 たおれる
- ◎聞《ブン モン》 きく、か、ひろ
- ◎塀《ヘイ》(塀) へい［国字］
- ●碧《ヘキ》 あお、きよし、たま、みどり
- 溥《ホ フ》 あまねし、ひろし
- ●輔《ホ フ、ブ》 すけ、たすく、たすけ
- ◎墓《ボ》 はか、つか

- ●菩《ボ》
- 髣《ホウ》
- ◎飽《ホウ》 あきる、あかす、あき、あきら、あく
- ●鞄《ホウ》 かばん
- ●逢《ホウ》 あう、むかえる、あい
- ●鳳《ホウ フウ》 おおとり、たか
- ●萌《ホウ ボウ》［萠］ きざし、め、めぐみ、めみ、もえ、もゆ
- 鉾《ボウ ム》 ほこ 五画「矛」の古字
- ◎貌《ボウ バク》 かお、かたち、かたどる、かた、とお

	莽	ボウ、モウ	くさ
◎	僕	ボク	しもべ
◎	幕	マク、バク	おおう、まく
◎	蜜	ミツ、ビツ	みつ
◎	夢	ム	ゆめ
◎	銘	メイ	あき、かた、な
◎	鳴	メイ	なく、なき、なり、なる
	瞑	メイ、ミョウ	くらい
◎	滅	メツ	ほろびる、ほろぼす
◎	綿	メン	つら、まさ、ます、やす、わた
◎	網	モウ	あみ
◎	誘	ユウ	さそう
●	與	ヨ	あたえる、あたう、あたえ、あと、くみ、すえ、ため、とも、のぶ、ひとし、もろ、よし
◎	踊	ヨウ	おどる、おどり
●	瑶	ヨウ	たま
◎	瘍	ヨウ、トウ	かさ
◎	溶	ヨウ	とける、とかす、とく
◎●	揺 [搖]	ヨウ	ゆれる、ゆる、ゆらぐ、ゆるぐ、ゆする、ゆさぶる、ゆすぶる
◎	裸	ラ	はだか
●	萊	ライ	
◎	辣	ラツ	
◎	慄	リツ	おののく
	榴	リュウ、ル	十六画「橊」の俗字
●	溜	リュウ、ル	したたる、たまる、ためる、たり　十六画「澑」の俗字
◎	僚	リョウ	あきら、とも
●	綾	リョウ	あや
◎	領	リョウ	おさ、むね
	寥	リョウ	さびしい、しずか、むなしい
●	菱	リョウ	ひし
◎●	緑 [綠]	リョク、ロク	つか、つな、のり、みどり
●	綸	リン	いと、お、くみ
	屢	ル	しばしば
◎	連	レン	つらなる、つれる、つぎ、つら、まさ、むらじ、やす
	榔	ロウ	
◎●	郎 [郞]	ロウ	いらつこ、お
	陋	ロウ	せまい、いやしい
●	窪	ワ	くぼ、くぼむ
◎	腕	ワン	うで

十五画

	鴉	ア	からす
	僾	アイ	
●	鞍	アン	くら
●	葦	イ	あし
	頤	イ	あご、おとがい
◎	緯	イ	よいこと、つかね

【15画】

- ◎ 慰《イ》 なぐさめる、なぐさむ、のり、やす
- ◎● 逸《イツ》［逸］ うしなう、それる、すぐる、とし、はつ、はや、まさ、やす
- ◎ 院《イン》
- ◎ 影《エイ》 かげ、かず
- ◎ 鋭《エイ》 するどい、さとき、さとし、とき、とし、はや
- ◎ 衛《エイ》 ひろ、まもり、まもる、もり、よし 十六画「衞」の俗字
- 瑩《エイ ヨウ》 あきら、てる
- ◎ 閲《エツ》 かど、み
- ◎ 演《エン》 のぶ、ひろ、ひろし

- ◎● 縁《エン》［緣］ ふち、まさ、むね、やす、ゆか、ゆかり、よ、よし、より
- ◎ 欧《オウ》（歐） うたう、うつ、はく
- ◎ 殴《オウ》（毆） なぐる
- ◎ 億《オク》 はかる、やす
- ◎ 課《カ》
- ◎● 価《カ》［價］ あたい
- ◎ 稼《カ》 かせぐ、たか、たね
- ● 蝦《カ ガ》 えび
- 蝸《カ カイ》 かたつむり

- ● 駕《ガ カ》 しのぐ、のる
- 漑《カイ ガイ》 そそぐ
- 塏《ガイ》 しろい
- ◎ 慨《ガイ》（慨） なげく
- ◎ 概《ガイ》（槪） おおむね、おもむき、むね
- ◎ 確《カク》 あきら、かた、かたし、たしか
- ● 摑《カク》 つかむ
- ◎ 郭《カク》 ひろ
- ◎● 楽《ガク ラク》［樂］ たのしい、たのしむ、ささ、たのし、もと、よし

- ◎ 葛《カツ》 かず、かずら、かつ、かつら、かど、くず、さち、つら、ふじ
- ◎ 褐《カツ》（褐）
- ◎● 漢《カン》［漢］ あや、かみ、から、くに、なら
- ◎● 寛《カン》［寬］ お、おき、ちか、とお、とみ、とら、のぶ、のり、ひと、ひろ、ひろし、むね、もと、ゆたか、よし
- 緘《カン》 とじる
- ◎ 慣《カン》 なれる、ならす、みな
- ◎ 緩《カン》 ゆるい、のぶ、ひろ、ふさ、やす
- 鴈《ガン》 かり
- 翫《ガン》 もてあそぶ

- 諆《キ》
- ◎ 輝《キ》 かがやく、あきら、かがやき、てる、ひかる
- ● 葵《キ ギ》 あおい、まもる
- ● 毅《キ ギ》 かた、こわし、さだむ、しのぶ、たか、たけ、たけし、つよ、つよき、つよし、とし、のり、はた、はたす、み、よし
- 嘻《キ》 ああ
- ● 槻《キ》 つき
- ◎ 畿《キ》 みやこ、ちか
- ● 嬉《キ》 たのしい、うれしい、よし
- ◎ 儀《ギ》 きたる、ただし、のり、よし

●	諠	ギ	よい、よしみ、こと、よし
◎	窮	キュウ	きわめる、きわみ、きわむ、み
◎	漁	ギョ リョウ	あさる、いさる、すなどり
	嬌	キョウ	なまめかしい
	鞏	キョウ	かたい、かた、よし
	嶠	キョウ ギョウ	たかい
	嘵	ギョウ キョウ	
	嶢	ギョウ	けわしい
	槿	キン	むくげ
●	駈	ク	かける、かる 二十一画「驅」の俗字
	敺	ク	
◎	駒	ク	こま
●	慧	ケイ	あきら、さと、さとい、さとし、さとる
◎	稽	ケイ	かんがえる、とどめる、とき、のり、よし
◎	慶	ケイ	よろこぶ、ちか、のり、みち、やす、よし
◎	劇	ゲキ	はげしい
◎●	剣（劍）	ケン	あきら、つとむ、つるぎ、はや
◎	賢	ケン	かしこい、かた、かつ、さか、さかし、さと、さとし、さとる、すぐる、たか、ただ、ただし、とし、のり、まさ、まさる、ます、やす、よし、より
	慳	ケン カン	おしむ
●	萱	ケン	かや、ただ、まさ
◎●	倹［儉］	ケン	つづまやか、つましい
●	糊	コ ゴ	のり
	蝗	コウ	いなご
	篁	コウ オウ	たか、たかむら
◎	興	コウ キョウ	おこる、おき、き、さかり、さかん、さき、とも、ふか、ふさ
	慷	コウ	
◎●	広［廣］	コウ	ひろい、お、たけ、とう、ひろ、ひろし、みつ
◎	稿	コウ	わら
	傲	ゴウ	おごる、おごり
◎●	穀［穀］	コク	たなつもの、よし、より
	褌	コン	ふんどし
●	瑳	サ	みがく
	摧	サイ	くだく、くじく
	醋	サク	す
◎	賛	サン	たすける、たたえる、あきら、じ、すけ、たすく、よし 十九画「贊」の俗字
	慙	サン ザン	はじる、はじ
◎	惨（慘）	サン ザン	みじめ
◎	暫	ザン	しばらく
◎	摯	シ	いたる、つかむ、にえ
	嘴	シ	くちばし
◎	賜	シ	たまわる、たま、たまう、ます
◎	漬	シ	つける、つかる、ひた
	幟	シ	のぼり、たか
	齒	シ	は
	髭	シ	ひげ

【15画】

	輜	シ	
◎	磁	ジ	
◎	餌［餌］	ジ	え、えさ、もち
◎	漆	シツ	うるし
◎	質	シツ、シチ、チ	かた、さだ、さだむ、すなお、ただ、ただし、ただす、もと、み
◎	写（寫）	シャ	うつす、うつる
◎	趣	シュ	おもむき、とし
	竪	シュ、ジュ	たて、たつ、なお
◎	腫	シュ、ショウ	はれる、はれもの
	皺	シュウ、スウ	しわ
●	萩	シュウ、ショウ	はぎ
●	葺	シュウ	ふき、ふく
◎	週	シュウ	めぐる
◎	熟	ジュク	うれる、なり
●	醇	シュン、ジュン	あつ、あつし
●	諄	ジュン、シュン	あつ、いたる、さね、しげ、とも、のぶ、まこと
◎●	署［署］	ショ	しるす
◎●	緒［緖］	ショ、チョ	お、つぐ
◎	除	ジョ、ジ	のぞく、きよ、さる、のき
	鋤	ジョ、ショ	すく、すき
	嘯	ショウ	うそぶく
	廠	ショウ	
	慴	ショウ	おそれる
●	樟	ショウ	くす、くすのき
	腥	ショウ、セイ	なまぐさい
	漿	ショウ、ソウ	
◎	箱	ショウ	はこ
	霄	ショウ	そら
◎	賞	ショウ	ほめる、たか、たかし、ほむ、よし
◎	衝	ショウ	つぎ、つく、みち、もり、ゆく
●	摺	ショウ	する
	蝕	ショク	むしばむ
	稷	ショク、ソク	きび
◎	嘱	ショク	たのむ　二十一画「囑」の俗字
◎	審	シン	つまびらか、あき、あきら
	諗	シン	つげる
	滲	シン	しみる、にじむ
◎	進	シン	すすむ、すすめる、すすみ、のぶ、みち、ゆき
	箴	シン	はり、いましめる、ただ、まさ
◎	震	シン	ふるえる、おと、なり、なる、のぶ
◎	陣	ジン	つら
●	諏	ス、シュ	はかる
	廚	ズ、チュウ	くりや
◎	誰	スイ	たれ、だれ
●	醉	スイ	よう

【15画】

◎ 数《スウ ス》（數） かず、のり、ひら、や

◎ 枢《スウ》（樞） かなめ、くるる、とぼそ、たる

◎ 請《セイ シン》 こう、うける、うけ

● ◎ 節《セツ セチ》［節］ お、さだ、たか、たかし、たけ、とき、とも、のり、ふ、ふし、ほど、まこと、みさ、みさお、みね、もと、よ、よし

◎ 腺 せん ［国字］

翦《セン》 きる

◎ 線《セン》 すじ

賤《セン ゼン》 いやしい、しず

◎ 践《セン》（踐） ふむ

箭《セン》 や、しのだけ

◎ 漸《ゼン》 すすむ、つぐ

● 噌《ソウ》

◎ 踪《ソウ》 あと

◎ 槽《ソウ》 おけ、かいおけ、ふね

● ◎ 層《ソウ》［層］ かさなる

● ◎ 痩《ソウ シュウ》［瘦］ やせる

瘡《ソウ ショウ》 かさ

聡《ソウ》 さとい　十七画「聰」の俗字

● 漱《ソウ シュウ》 すすぐ

● 漕《ソウ》 こぐ、はこぶ

◎ 葬《ソウ》 ほうむる

● ◎ 増《ゾウ》［增］ ます、ふえる、なが、ま

● 噂《ソン》 うわさ

◎ 堕《ダ》（墮） おこたる、おちる、くずす、くずれる

◎ 逮《タイ》 およぶ

躰《タイ テイ》 からだ、もと、もの　二十三画「體」の俗字

● ◎ 滞《タイ》［滯］ とどこおる

魄《タク ハク》 たましい、あい

摶《タン ダン》 まるい、まるめる

● 歎《タン》 なげき、なげく

◎ 談《ダン》 かた、かたり、かぬ、かね

● ◎ 弾《ダン》［彈］ ひく、はずむ、たま、ただ

◎ 緻《チ》 こまかい

◎ 駐《チュウ》 とどまる、とどめる

● ◎ 著《チョ》［著］ いちじるしい、あき、あきら、つぎ、つぐ

樗《チョ ト》 おうち

◎ 箸《チョ》 はし、あき、あきら、つく

● ◎ 徴《チョウ》［徵］ あき、あきら、おと、きよし、すみ、なり、みる、もと、よし

◎ 調《チョウ》 しらべる、しげ、しらべ、つき、つぎ、つぐ、なり、のり、みつぎ

● 蝶《チョウ》 ちょう

◎ 嘲《チョウ》 あざける

◎ 腸《チョウ》 はらわた

漲《チョウ》 みなぎる、みつ

◎ 墜《ツイ》 おちる

◎ 締《テイ》 しまる、しめる

【15画】

	霆《テイ》		いかずち
◎	敵《テキ》		かたき、とし
◎	滴《テキ》		しずく、したたる
◎	摘《テキ》		つむ、つみ
◎	徹《テツ》		あきら、いたる、おさむ、とお、とおる、ひとし、みち、ゆき
	廛《テン》		
	諂《テン》		へつらう、へつらい、おもねる
◎●	稲《トウ》	[稻]	いな、いね、しね、ね
●	董《トウ》		ただす、しげ、しげる、ただ、ただし、なお、のぶ、まこと、まさ、よし
●	樋《トウ》		とい、ひ
◎	踏《トウ》		ふむ、ふまえる
◎●	徳《トク》	[德]	あきら、あつ、あつし、あり、いさお、え、かつ、さと、ただし、とこ、とみ、なり、なる、のぼる、のり、めぐむ、やす、よし
◎	熱《ネツ》		あつい、あつ
◎	脳《ノウ ドウ》	(腦)	
	瑪《バ メ》		
◎	輩《ハイ》		とも、ともがら、やから
	霈《ハイ》		
◎	廃《ハイ》	(廢)	すたれる、すたる
◎	賠《バイ》		つぐなう
◎●	売《バイ》	[賣]	うる、うれる
◎	漠《バク》		とお、ひろ
◎●	髪《ハツ》	[髮]	かみ
◎	罰《バツ バチ》		
◎	範《ハン》		すすむ、のり
●	磐《ハン バン》		いわ、いわお
●	幡《ハン ホン》		はた
◎	盤《バン》		たらい、まる、やす
	誹《ヒ》		そしる、そしり
◎	標《ヒョウ》		えだ、かた、こずえ、しな、すえ、たか、ひで
◎	漂《ヒョウ》		ただよう
	鋲		びょう［国字］
●	廟《ビョウ ミョウ》		いえ
◎	敷《フ》		しく、しき、のぶ、ひら
◎	賦《フ》		みつぎ、ます
	嘸《フ ブ、ム》		さぞ
●	葡《ブ ホ》		
◎	部《ブ》		すべる、わける、べ、きつ、もと
◎	複《フク》		かさねる
◎	腹《フク》		はら
	蝮《フク》		まむし
	髴《フツ ヒ》		
◎	墳《フン》		はか
◎	陛《ヘイ》		きざはし、きざ、のぼる、のり、はし、より
◎	幣《ヘイ》		ぜに、たから、ぬさ、しで
◎	弊《ヘイ》		たおれる、つかれる、やぶれる

【15画】

◎ 餅《ヘイ ヒョウ》［餅］ もち 十七画「餠」の俗字

僻《ヘキ》 さける、ひがむ

劈《ヘキ》 さく、つんざく

● 篇《ヘン》 あむ、かく

◎ 編《ヘン》 あむ、つら、よし

蝙《ヘン》

翩《ヘン》 ひるがえる

◎ 舗《ホ》 しく、しげ、すけ、のぶ、はる

鋪《ホ》 しく

舖《ホ》 しく 十五画「鋪」の俗字

褓《ホ ホウ》

◎ 暮《ボ》 くれる、くらす

◎ 慕《ボ》 したう、もと

摓《ホウ》 ぬう

磅《ホウ》 ポンド

● 鋒《ホウ》 さき、ほこ

◎ 褒《ホウ》 ほめる、よし 十七画「襃」の俗字

◎ 暴《ボウ バク》 あばく、あばれる

◎● 墨《ボク》［墨］ すみ

◎ 摩《マ》 する、きよ、なず

◎ 慢《マン》 あなどる、おこたる、おごる

● 萬《マン バン》 かず、かつ、すすむ、たか、つむ、つもる、よろず

◎ 漫《マン》 そぞろに、みだりに、ひろ、みつ

◎ 満《マン》（滿） みちる、みたす、あり、ます、まろ、みち、みつ、みつる

◎ 魅《ミ》

瞑《メイ》 くらい

緬《メン ベン》

◎ 麺《メン ベン》（麪） むぎこ

◎ 模《モ ボ》 かた、とお、のり、ひろ

◎ 郵《ユウ》

◎ 憂《ユウ》 うれえる、うれい、うい

◎ 窯《ヨウ》 かま

◎ 腰《ヨウ》 こし

◎● 様《ヨウ》［樣］ さま

漾《ヨウ》 ただよう

瑤《ヨウ》 たま

◎ 葉《ヨウ》 は、くに、すえ、たに、のぶ、ば、ふさ、よ

◎ 養《ヨウ》 やしなう、おさ、かい、きよ、すけ、のぶ、まもる、やす、よし

慾《ヨク》

磊《ライ》

◎ 落《ラク》 おちる、おとす、おち

◎ 履《リ》 はく、ふみ

戮《リク リョウ》 ころす

葎《リツ》 むぐら

◎ 瑠《リュウ ル》 十七画「瑠」の俗字

【15画・16画】

瘤《リュウ》　こぶ　十七画「瘤」の俗字

●劉《リュウ》　ころす

◎慮《リョ》　おもんばかる、のぶ

●諒《リョウ》　あき、あさ、まこと、まさ

◎寮《リョウ》　つかさ、いえ、とも、まつ

輛《リョウ》（輛）

●凜《リン》［凛］

◎輪《リン》　わ、もと

厲《レイ》《ライ》　はげしい、たかし

●黎《レイ》《リ》　くろい、たみ

●漣《レン》　さざなみ、なみ

輦《レン》　てぐるま、のり

◎●練《レン》［練］　ねる、ねり、よし

●魯《ロ》

瑯《ロウ》　十二画「琅」の俗字

◎楼《ロウ》（樓）　たかどの、いえ、たか、つき、つぎ

◎漏《ロウ》　もる、もれる、もらす

◎論《ロン》　あげつらう、さだめる、とく、とき、のり

十六画

曖《アイ》　おくび

諳《アン》《オン》　そらんじる

噫《イ》《アイ》　ああ

●謂《イ》　いい、いう、いえらく、おもう、おもえらく

縊《イ》《エイ》　くびる、くびれる

◎違《イ》　ちがう、ちがえる

◎陰《イン》　かげ、かげる

縕《ウン》《オン》　ぬのこ

◎運《ウン》　かず、はこぶ、やす、ゆき

●叡《エイ》　あきら、さと、さとし、ただ、とおる、とし、まさ、よし

●衛《エイ》　ひろ、まもり、まもる、もり、よし

穎《エイ》（穎）　いさお、かい、さか、さとし

◎●謁《エツ》［謁］　つく、ゆく、つげる、まみえる

鴛《エン》《オン》

圜《エン》《カン》　めぐる、まるい、みつ

閻《エン》

●燕《エン》　つばめ、てる、なる、やす、よし

甌《オウ》《ウ》

●鴨《オウ》　かも、まさ

◎●横《オウ》［横］　よこ、み

●樺《カ》　かば

◎過《カ》　すぎる、すごす、あやまつ、あやまち

◎餓《ガ》　うえる

◎骸《カイ》《ガイ》　むくろ

◎諧《カイ》　かなう、ととのう、かのう、なり、ゆき

◎潰《カイ》　ついえる、つぶす、つぶれる

噲《カイ》

◎蓋《ガイ カイ》 おおう、かさ、けだし、ふた

骼《カク》

膈《カク》

諤《ガク》

◎学《ガク》（學） まなぶ、あきら、さと、さとる、さね、たか、のり、ひさ、みち

●樫 かし［国字］

◎●陥《カン》［陷］ おちいる、おとしいれる

翰《カン》 はね、ふで

諫《カン》 いさめる、いさめ、いさむ、いさ、ただ

盥《カン》 たらい

舘《カン》 たち、たて、やかた 十七画「館」の俗字

諴《カン》

熹《キ》 とし、ひろ、よし

諱《キ》 いみな、いむ

●窺《キ》 うかがう

◎●器《キ》［器］ うつわ、かた

◎亀《キ》（龜） かめ、あま、あや、すすむ、ながし、ひさ、ひさし

冀《キ》 こいねがう、くに、ちか

◎機《キ》 のり、はた

憙《キ》 よろこぶ

●橘《キツ》 たちばな

●鋸《キョ コ》 のこぎり

禦《ギョ ゴ》 ふせぐ

彊《キョウ ゴウ》 つよい、しいる、こわ、たけ、つとむ

橇《キョウ、ゼイ セイ、セツ》 そり、かんじき

◎橋《キョウ》 たか、はし

◎頬《キョウ》 ほお、つら

◎●暁《ギョウ》［曉］ あかつき、あきら、あき、あけ、さとし、さとる、とき、とし

◎凝《ギョウ》 こる、こらす、こおる、こり

瑾《キン》

噤《キン》 つぐむ

◎錦《キン》 にしき、かね

◎遇《グウ》 あい、あう、はる

◎●勲《クン》［勳］ いさ、いさお、いそ、こと、つとむ、ひろ

◎憩《ケイ》 いこい、いこう、やす

頸《ケイ》 くび

◎憬《ケイ》 さとる

◎蛍《ケイ》（螢） ほたる

霓《ゲイ》 にじ

◎潔《ケツ》 いさぎよい、きよ、きよし、ゆき、よし

◎●県《ケン》［縣］ あがた、さと、とう、むら

◎憲《ケン》 あきら、かず、さだ、ただし、ただす、とし、のり

嶮《ケン ゲン》 けわしい

劒《ケン》 つるぎ 十五画「劍」の古字

【16画】

印	漢字	音	読み
●	諺	ゲン	ことわざ、おう、こと、たけし
●	醐	コ、ゴ	
◎	錮	コ	ふさぐ
●	膏	コウ	あぶら、こえる
	遑	コウ	いとま
	篝	コウ	かがり、ふせご
●	縞	コウ	しま
◎	衡	コウ	ちか、はかる、ひで、ひとし、ひら、ひろ、まもる
◎	鋼	コウ	はがね、かた
◎	墾	コン	つとむ、ひらく
●	蓑	サ	みの
	儕	サイ、セイ	ともがら、たぐい、ともに、ひとしく
◎	剤（劑）	ザイ	まぜる
◎	錯	サク	たがう、まじる、まじわる
●	撒	サツ、サン	まく
◎	撮	サツ	とる
	餐	サン	
	篩	シ、サイ	ふるい
	熾	シ	さかん、おき、たる
●	蒔	シ、ジ	まき
◎	諮	シ	はかる、とう
	蓍	シ	めどぎ
	躾		しつけ〔国字〕
●	錫	シャク、セキ	あたう、すず、たまう、ます、やす
◎	樹	ジュ	いつき、き、しげ、たつ、たつき、な、みき、むら
◎	儒	ジュ	はか、ひと、みち、やす、よし
●	蒐	シュウ	あかね、あつめる、かり
●	輯	シュウ	あつめる、あつむ、むつ
◎●	渋［澁］	ジュウ	しぶ、しぶい
◎	潤	ジュン	うる、うるう、うるお、さかえ、ひろ、ひろし、まさる、ます、みつ
◎●	諸［諸］	ショ	つら、もり、もろ
	璋	ショウ	
●	篠（篠）	ショウ	しの
	踵	ショウ	かかと、くびす、つぐ
	樵	ショウ	きこり、そま
	憔	ショウ	
●	錆	ショウ、セイ	さび
●	鞘	ショウ、ソウ	さや
◎	憧	ショウ、ドウ	あこがれ
◎●	焼［燒］	ショウ	やく、やける、やき
◎	錠	ジョウ	
◎	蒸	ジョウ	むす、むれる、むらす、つぐ、つまき
	褥	ジョク	しとね
◎	親	シン	おや、したしい、いたる、ちか、ちかし、なる、み、みる、もと、よしみ、より
	蓁	シン	しげ、しげる

【16画】

記号	漢字	音読み	名乗り・訓
	縉	シン	さしはさむ
	儘	シン ジン	まま、ことごとく
◎	遂	スイ	かつ、つく、つぐ、とげる、なり、なる、みち、もろ、やす、ゆき、より
●	錐	スイ	きり
	陲	スイ	ほとり、みち
●	錘	スイ ツイ	つむ、おもり
	橤	ズイ	しべ
◎●	静 [靜]	セイ ジョウ	きよ、しず、しずか、ちか、つぐ、ひで、やす、やすし、よし
◎	醒	セイ ショウ	さめる、さます、さむる、さめ
	噬	セイ ゼイ	かむ
◎	整	セイ	おさむ、ととのう、なり、のぶ、ひとし、まさ、よし
◎	潟	セキ	かた
◎	積	セキ	あつ、かず、かつ、さ、さね、つね、つみ、つむ、つもる、もち、もり
	磧	セキ	
	蓆	セキ	むしろ
	璇	セン	
◎●	戦 [戰]	セン	いくさ、たたかい
●	撰	セン サン	えらぶ、えらむ、のぶ
◎	潜 (潛)	セン	すみ、ひそみ、ひそむ、もぐる
◎	銭 (錢)	セン	ぜに
	噡	セン	
	噪	ソウ	さわぐ
●	蒼	ソウ	あお、あおい、しげる
	錚	ソウ	
	艙	ソウ	
	艘	ソウ	ふね
◎●	憎 [憎]	ゾウ	にくむ、にくい、にくたらしい、にくしみ
●	樽	ソン	たる
	橢	ダ タ	
	腿	タイ	もも
◎	諾	ダク	うべなう、つく、つぐ
◎	達	タツ	いたる、かつ、さと、さとし、さとる、しげ、すすむ、ただ、たて、と、とお、とおる、のぶ、ひろ、みち、よし
	憚	タン ダン	はばかる、おそれる
	潭	タン	ふち、ふかい
◎	壇	ダン タン	
◎	築	チク	きずく
◎	蓄	チク	たくわえる、おき
	儔	チュウ	ともがら、とし、とも
	豬	チョ	い、いのしし、しし
◎	潮	チョウ	うしお、しお
◎	澄	チョウ	きよ、きよし、きよみ、きよむ、すみ、すむ、すめる、とおる
	諜	チョウ	うかがう
◎	陳	チン	かた、つら、のぶ、のぶる、のり、ひさ、むね、よし
●	醍	テイ ダイ	
◎	諦	テイ タイ	あき、あきら

【16画】

- ● 蹄《テイ》 ひづめ
- ◎ 撤《テツ》
- 霑《テン セン》 うるおう
- ● 鮎《デン ネン》 あゆ、なまず
- ◎ 賭《ト》 かけ、かける
- ◎● 都《ト ツ》［都］ みやこ、いち、くに、さと、ひろ
- ◎ 糖《トウ》 あめ、あら
- ● 橙《トウ チョウ》 ゆず、だいだい
- ◎ 頭《トウ ズ、ト》 あたま、かしら、あき、あきら、かみ
- ◎ 陶《トウ》 すえ、よし
- ● 燈《トウ》 ひ、ともしび
- ● 撞《トウ ドウ》 つく
- ◎ 道《ドウ トウ》 おさむ、おさめ、じ、ただし、ち、つな、つね、なおし、ね、の、り、まさ、みち、より、わたる
- 撓《ドウ ニョウ》 たわむ、たわめる、みだす、みだれる
- ◎ 導《ドウ》 みちびく、おさ、みち
- ◎ 篤《トク》 あつ、あつし、しげ、すみ
- 噸《トン》 ［国字］
- 暾《トン》 はじめ
- 燉《トン》
- ● 遁《トン ドン》 のがれる
- ◎ 曇《ドン》 くもる
- ◎ 燃《ネン》 もえる、もやす
- ● 播《ハ ハン、バン》 まく、かし、すけ、ひろ
- ◎ 罵《バ メ》 ののしる
- ◎ 陪《ハイ バイ》 したがう、すけ、ます
- 憊《ハイ ヘイ》 つかれる
- 膊《ハク》
- ◎ 縛《バク》 しばる
- 潑《ハツ》
- 噺 はなし［国字］
- ◎ 罷《ヒ》 つかれる、やめる
- 霏《ヒ》 もや
- 逼《ヒツ ヒョク》 せまる
- ● 瓢《ヒョウ》 ふくべ、ひさご
- 憑《ヒョウ》 よる、たのむ、あつし、みつ、より
- ◎ 頻《ヒン》（頻） しきりに、かず、しげ、つら、はや
- 憫《ビン ミン》 あわれむ、うれえる
- 鮒《フ ホ》 ふな
- ● 撫《ブ フ》 なでる、やす、よし
- 憮《ブ ム》 やす
- 諷《フウ》 そらんじる、おと、よむ
- 輻《フク》 や
- ◎ 憤《フン》 いきどおる
- ◎ 噴《フン》 ふく
- ◎ 奮《フン》 ふるう

【16画】

印	漢字	音	読み
◎	壁	ヘキ	かべ
◎	遍	ヘン	あまねし、とお
	辧	ベン	
	辨（辨）	ベン	わきまえる、わける
●	蒲	ホ、ブ、フ	がま
	澎	ホウ	
	膀	ホウ、ボウ	
	甍	ボウ	いらか
◎	謀	ボウ、ム	こと、のぶ、はかる
◎	撲	ボク	うつ
	穆	ボク、モク	やわらぐ、あつ、あつし、きよ、とお、むつ、やす、よし
◎	磨	マ	おさむ、きよ、みがく
	瞞	マン、バン	だます
●	蒙	モウ、ボウ	おおう、くらい、こうむる
◎●	默［默］	モク	だまる
◎	輸	ユ	いたす、おくる
	踰	ユ	こえる
◎	諭	ユ	さと、さとし、さとす、つぐ
	諛	ユ	へつらう、へつらい
◎	融	ユウ	あき、あきら、あきらか、すけ、とお、とおる、なかし、ながし、みち、よし
◎	遊	ユウ、ユ	あそぶ、なが、ゆき
	豫	ヨ	あずかる、あらかじめ、たのしむ、われ
	餘	ヨ	あまる、あます
	燁	ヨウ	かがやく、てる
	曄	ヨウ	あき、あきら、てる
●	蓉	ヨウ	はす
◎●	賴［頼］	ライ	たのむ、のり、よ、よし、より
◎	覧	ラン	かた、ただ、み、みる　二十二画「覽」の俗字
◎	璃	リ	あき
◎	陸	リク	あつ、あつし、くが、たか、たかし、ひとし、みち、む、むつ
◎	隆	リュウ	お、おき、しげ、たか、たかし、とき、なが、もり、ゆたか
●	龍	リュウ	たつ、かみ、きみ、しげみ、とお、とおる、めぐむ
	榴	リュウ、ル	
	溜	リュウ、ル	したたる、たまる、ためる
	瞭	リョウ	あきらか
●	燎	リョウ	かがりび
◎	陵	リョウ	みささぎ、おか、たか
	燐	リン	おにび
	霖	リン	ながあめ
◎	隷	レイ	したがう、しもべ　十七画「隸」の俗字
◎●	曆［暦］	レキ	こよみ、とし
◎●	歷［歴］	レキ	つぐ、つね、ふる、ゆき
●	憐	レン	あわれむ、あわれみ
	廬	ロ	いえ、いおり、よし
	潦	ロウ	にわたずみ

- 瘻《ロウ ル》
- ◎● 録《ロク》［錄］ しるす、さかん、とし、ふみ

十七画

- ◎ 曖《アイ》 くらい
- ◎ 圧《アツ》（壓） おさえる
- ◎ 闇《アン オン》 くらい、やみ、くら
- ● 蔭《イン》 かげ
- 醞《ウン》 かもす
- ● 隈《エ ワイ》 くま
- 翳《エイ》 おおい、おおう
- ◎ 営《エイ》（營） いとなむ、のり、よし
- 霙《エイ ヨウ》 みぞれ、あられ
- 嬰《エイ》 ふれる、みどりご
- 懌《エキ ヤク》 よろこぶ
- ◎ 遠《エン オン》 とおい、とお、とおし
- 檐《エン タン》 ひさし、かつぐ
- ◎● 応《オウ》［應］ かず、たか、のぶ、のり、まさ
- 懊《オウ》 なやむ、うらむ
- ◎ 憶《オク》 おぼえる、おもう、ぞう
- ● 霞《カ》 かすみ
- ◎ 鍋《カ》 なべ
- ● 桧《カイ》［檜］ いぶき、ひ、ひのき
- ◎ 階《カイ》 とも、はし、より
- ◎ 嚇《カク》 おどす
- 馘《カク コク》 みみきる
- 壑《ガク カク》 あきら、ただ
- 嶽《ガク》 たけ
- 鍔《ガク》 つば
- 豁《カツ》 ひらける、ひろい
- 闊《カツ》 ひろい
- ◎ 轄《カツ》 くさび
- ◎ 館《カン》 たち、たて、やかた、いえ、たて
- ◎ 韓《カン》 いげた、から
- ◎ 憾《カン》 うらみ、うらむ
- 歛《カン》
- 鼾《カン》 いびき
- 癇《カン》 かん
- 艱《カン ケン》 なやむ、かたい
- 撼《カン》 うごかす、うごく
- 瞰《カン》 みる
- 癌《ガン》
- ● 磯《キ》 いそ、し
- ● 徽《キ》 しるし、よい、よし
- 禧《キ》 さいわい、おさむ、さき、とし、とみ、よし
- 鮨《キ シ》 すし

【17画】

◎●	戯［戲］	ギ	たわむれる
	羲	ギ キ	ただし
●	鞠	キク キュウ	つぐ、まり、みつ
	謔	キャク ギャク	たわむれる、おどける
◎	拠（據）	キョ コ	より、よる
◎	郷（鄉）	キョウ ゴウ	あき、あきら、さと、のり
	橿	キョウ	かし、かしわ
	襁	キョウ	
	曏	キョウ ショウ	さきに

◎	矯	キョウ	ためる、いさみ、たけし、ただ
	懃	キン	ねんごろ、つとむ
	擒	キン	とりこ、とらえる
	颶	ク グ	
◎	隅	グウ	すみ、ふさ
	鮭	ケイ	さけ
	檠	ケイ ギョウ	ゆだめ、ためぎ
	谿	ケイ	たに
	擎	ケイ	ささげる

◎●	撃［擊］	ゲキ	うつ
	檄	ゲキ ケキ	ふれぶみ、めしぶみ
◎	激	ゲキ	はげしい
◎	謙	ケン	あき、かた、かぬ、かね、しず、のり、ゆずる、よし
	撿	ケン	くくる、しらべる
◎	鍵	ケン	かぎ
	蹇	ケン	なやむ、あしなえ
◎●	検［檢］	ケン	しらべる
◎	遣	ケン	つかう、つかわす

●	檎	ゴ キン	
	膠	コウ	にかわ、かたい
◎	購	コウ	あがなう
	鮫	コウ	さめ
●	壕	コウ ゴウ	ほり
◎	講	コウ	つぐ、のり、みち、みな
●	鴻	コウ	おおとり、とき、ひろ、ひろし
	糠	コウ	ぬか
◎	懇	コン	ねんごろ

	蹉	サ	つまずく
	齋	サイ	とき、いつき、いつ、いわい、いわう
	賽	サイ	
	簀	サク	す
●	燦	サン	あきらか
	鵄	シ	とび
◎	膝	シツ	ひざ
◎	謝	シャ	あやまる
	蔗	シャ ショ	さとうきび

【17画】

孺《ジュ》　ちか

嬬《ジュ シュ》　つま、よわい

● 鍬《シュウ ショウ》　くわ、すき

◎ 醜《シュウ》　みにくい、むね

◎● 縦《ジュウ》［縱］　たて、なお

◎ 縮《シュク》　ちぢむ、おさむ、なお

● 駿《シュン》　たかし、とし、はやお、はやし

◎ 瞬《シュン》　またたく

嶼《ショ》　しま

蔬《ショ ソ》　あおもの、な

● 蒋《ショウ》

◎ 礁《ショウ》　かくれいわ

鍾《ショウ》　あつめる、さかずき、あつ、ちょう

襄《ショウ ジョウ》　のぼる

聳《ショウ ソウ》　そびえる、たか

聲《ショウ セイ》　こえ、こわ

檣《ショウ》　ほばしら

◎ 償《ショウ》　つぐなう

● 燭《ショク》　ともしび

蔘《シン サン》　にんじん

鍼《シン》　はり、さす

雖《スイ》　いえども

燧《スイ》　ひうち、のろし

◎● 穂《スイ》［穗］　ほ、お、ひいずる、ひで、ひな、みのる

隋《ズイ タ、ダ》

趨《スウ シュ》　おもむく、はしる

◎ 績《セキ》　いさ、いさお、さね、つみ、なり、のり、もり

◎ 鮮《セン》　あざやか、あきら、き、まれ、よし

氈《セン》

餞《セン》　はなむけ

擅《セン》　ほしいまま

◎● 禅《ゼン》［禪］　ゆずる、よし

◎ 遡《ソ》［遡］　さかのぼる

◎ 操《ソウ》　あや、さお、とる、みさ、みさお、もち

糟《ソウ》　かす

◎ 燥《ソウ》　かわく、はしゃぐ

◎ 霜《ソウ》　しも

聰《ソウ》　さとい

總《ソウ》　すべて、すべる、ふさ

簇《ゾク ソク》　むらがる、やじり

◎ 遜《ソン》［遜］　へりくだる、やす、ゆずる

◎ 隊《タイ》　くみ

● 黛《タイ》　まゆずみ

◎ 択《タク》（擇）　えらぶ、えらむ

◎ 沢《タク》（澤）　さわ、ます

◎	濁《タク》	にごる、にごす
	燵	たつ〔国字〕
	擔《タン》	かつぐ、になう
◎	鍛《タン》	きたえる、かじ、きたえ
●	檀《ダン タン》	まゆみ
	膣《チツ》	
	蟄《チツ チュウ》	かくれる
	鍮《チュウ トウ》	
●	蔦《チョウ》	つた
	遞《テイ》	たがいに
◎	点《テン》(點)	
	澱《テン デン》	おり、どろ、よど
◎	謄《トウ》	うつす
	螳《トウ》	
	蹈《トウ ドウ》	ふむ
◎	瞳《ドウ トウ》	ひとみ、あきら
	獨《ドク》	ひとり
	黏《ネン》	ねばる
◎	濃《ノウ》	こい、あつ、あつし
◎●	繁《ハン》[繁]	えだ、しげ、しげし、しげる、とし
●	彌《ビ ミ》	いや、いよ、ひさ、ひさし、ひろ、ます、まね、み、みつ、や、やす、よし、わたり、わたる
	縹《ヒョウ》	はなだ
	錨《ビョウ》	いかり
◎	膚《フ》	はだ
	糞《フン》	くそ
	餅《ヘイ ヒョウ》	もち
◎	蔑《ベツ》	くらい、さげすむ、ない、ないがしろ
●	瞥《ベツ ヘツ》	
	蔀《ホウ》	しとみ
◎	縫《ホウ》	ぬう、ぬい
	篷《ホウ》	とま
●	蓬《ホウ》	よもぎ
	褒《ホウ》	ほめる
	謗《ボウ ホウ》	そしる
◎	膜《マク》	まく
●	蔓《マン》	つる
◎	謎《メイ ベイ》[謎]	なぞ
◎	優《ユウ》	やさしい、すぐれる、かつ、ひろ、まさ、まさる、ゆたか
●	輿《ヨ》	こし
◎	陽《ヨウ》	あき、あきら、お、おき、きよ、きよし、たか、なか、はる、ひ、や
◎	擁《ヨウ》	いだく
◎●	謡《ヨウ》[謠]	うたい、うたう、うた
●	遥《ヨウ》[遙]	すみ、とお、のぶ、のり、はる、はるか、みち
●	螺《ラ》	にし
	擂《ライ》	する

【17画・18画】

印	漢字	音	名乗り・備考
	儡	ライ	
	蘭	ラン	たけなわ、たける、てすり
	罹	リ	かかる
	瑠	リュウ ル	
	瘤	リュウ	こぶ
	隆	リュウ	たかい
◎	瞭	リョウ	あき、あきら
◎	療	リョウ	いやす
	蓼	リョウ	たで
◎	臨	リン	のぞむ、み
	縷	ル	いと、あや
	褸	ル	
	隷	レイ	したがう、しもべ
●	嶺	レイ	ね、みね
◎	励（勵）	レイ	はげむ、はげます、つとむ
	霝	レイ リョウ	たま 二十四画「靈」の古字
●	澪	レイ リョウ	みお
	斂	レン	おさめる、おさ、おさむ、かず、よし
	聯（聯）	レン	つらねる、つら、つらね
◎●	錬［鍊］	レン	ねる
●	蓮	レン	はす、はちす

十八画

印	漢字	音	名乗り・備考
	穢	アイ ワイ、エ	けがれる、けがれ、あれる
◎	医（醫）	イ	いやす、くすし、おさむ
	隕	イン	おちる
	謳	オウ ウ	うたう
	甕	オウ	かめ、みか、もたい
	鵝（鵞）	ガ	
●	鎧	ガイ カイ	よろい
◎	獲	カク	える
	擱	カク	おく
◎	隔	カク	へだてる、へだたる
	顎	ガク	あご
◎	額	ガク	ひたい、ぬか
	濶	カツ	ひろい、ひろ、ひろし 十七画「闊」の俗字
◎	簡（簡）	カン	あきら、ひろ、ふみ、やすし
	檻	カン	おばしま、おり
◎	環	カン	たま、たまき、めぐる、わ
◎	顔	ガン	かお
◎	帰（歸）	キ	かえる、かえす、もと、より
	櫃	キ	ひつ
	簣	キ カイ	あじか
◎	騎	キ	のる、のり
	魏	ギ	
◎	擬	ギ	なぞらえる、はかる、まがい、もどき

◎旧《キュウ》（舊）　ふるい、ひさ、ふさ、ふる、もと
◎挙《キョ》（擧）　あげる、あがる、しげ、たか、たつ、ひら
●蕎《キョウ》
●◎謹《キン》［謹］　つつしむ、すすむ、ちか、なり、のり、もり
瞿《ク》　おそれる、みる
軀《ク》　からだ、むくろ
曛《クン》
謦《ケイ キョウ》　しわぶき
雞《ケイ》　にわとり、とり

◎隙《ゲキ ケキ》　すき、ひま、ま
闕《ケツ》　かける
●蕨《ケツ》　わらび
験《ケン ゲン》　あかし、しるし、ためし、ためす、とし　二十三画「驗」の俗字
鵑《ケン》
瞼《ケン》　まぶた
嚙《ゴウ》　かじる、かむ
濠《ゴウ コウ》　ほり
謷《ゴウ》　そしる

鵠《コク》　くぐい、まと、たず、のり
◎鎖《サ》　くさり
◎済《サイ》（濟）　すむ、すみ、ただ、とおる、いつき、お、かた、さだ、さとる、なり、なる、まさ、ます、やす、よし、わたす、わたり、わたる
◎擦《サツ》　する、すれる、あきら
●雑《ザツ ゾウ》　まじえる、まじる
璨《サン》
贄《シ》　にえ
●◎湿《シツ》［濕］　しめる、しめす
◎遮《シャ》　さえぎる

◎爵《シャク》（爵）　さかずき、くら、たか
●濡《ジュ ニュ》　うるおい、うるおう、うるおす、ぬれる
●繡《シュウ》　ぬい
●曙《ショ》　あきら、あけ、あけぼの
●蕉《ショウ》
觴《ショウ》　さかずき
●醬《ショウ》　ひしお
◎織《ショク シキ》　おり、おる、り
◎職《ショク》　つかさ、つかさどる、つね、もと、よし、より

儭《シン》
簪《シン サン》　かんざし
蕊《ズイ》　しべ
●雛《スウ ス、ジュ》　ひな
贅《ゼイ セイ》　さだ、つく
●蹟《セキ シャク》　あと、ただ、と、みち
◎膳《セン ゼン》　かしわで、よし
●蟬《セン ゼン》　せみ
瞻《セン》　みる、み

【18画】

◎	繕	ゼン	つくろう、よし
◎	礎	ソ	いしずえ、き
◎	遭	ソウ	あう
●	叢	ソウ ズ	くさむら、むらがる、むら
	雙	ソウ	ふた、ふたつ、たぐい、つがい、ならぶ
	懦	ダ ジュ	よわい
◎	戴	タイ テ	いただく
	擡	タイ ダイ	もたげる
◎	題	ダイ	ひたい、みつ
◎	濯	タク	あらう
●	簞	タン	
	斷	ダン	たつ、ことわる
◎	遅（遲）	チ	おくれる、おそい、まつ
	蟲	チュウ	むし
●	儲	チョ	たくわえる、もうける、そえ
◎●	鎮［鎭］	チン	しずめる、しずまる、おさむ、しげ、しず、しずむ、しずめ、たね、つね、なか、まさ、まもる、やす、やすし
	鎚	ツイ	つち
●	鵜	テイ	う
◎	適	テキ	かなう、あつ、あり、かなう、かのう、まさ、ゆき、ゆく、より
●	擢	テキ タク	あげる、ぬきんでる、ぬく
◎●	転［轉］	テン	ころがる、うたた、たた、ひろ
●	櫂	トウ	かじ
	蕩	トウ	うごく
	濤	トウ	なみ
	獰	ドウ	わるい
	遯	トン ドン	のがれる
	濘	ネイ	ぬかる
	繙	ハン ボン	ひもとく、とき、のぶ
●	蕃	バン ハン	しく、しげ、しげり、しげる、ふさ、みつ、もり
	鄙	ヒ	いやしい、いやしむ、ひな
	蹕	ヒツ	さきばらい
	謬	ビョウ	あやまる
◎	浜（濱）	ヒン	はま
●	蕪	ブ ム	あれる、かぶ
◎	覆	フク	おおう、くつがえす
	馥	フク ヒョク	かおる
◎	蔽	ヘイ	おおい、おおう
◎	癖	ヘキ	くせ
◎	璧	ヘキ ヒャク	たま
●	鞭	ヘン ベン	むち、むちうつ
	豐	ホウ	ゆたか、とよ
◎	膨	ボウ	ふくらむ、ふくれる
◎	翻	ホン	ひるがえる、ひるがえす
●	麿		まろ［国字］
	朦	モウ	おぼろ

	濛	モウ	
◎	癒	ユ	
	鼬	ユウ ユ	いたち
◎	曜	ヨウ	かがやく、あきら、てらす、てる
●	燿	ヨウ	かがやく、てる
	鎔	ヨウ	いがた、とける
◎	翼	ヨク	つばさ、すけ、たすく
◎	濫	ラン	みだりに、みだれる
●	鯉	リ	こい
◎	糧	リョウ ロウ	かて
◎●	塁［壘］	ルイ	とりで、かさ、たか
●	禮	レイ ライ	あき、あきら、あや、いや、うや、かた、なり、のり、ひろ、ひろし、まさ、まさし、みち、ゆき、よし
◎	鎌	レン	かた、かね、かま
●	蕗	ロ	ふき
	十九画		
◎	遺	イ ユイ	おくる、すてる、おく
◎	韻	イン	ひびき、おと
◎	隠	イン	かくす、かくれる、やす 二十二画「隱」の俗字
	瀅	エイ ヨウ	
	繹	エキ ヤク	たずねる、ぬく、つら、のぶ、みつ
●	薗	エン オン	その
◎	艶	エン	なまめかしい、おお、つや、もろ、よし 二十四画「豔」の俗字
	嚥	エン	のむ
	簷	エン	のき
●	襖	オウ	あお、ふすま
	膺	オウ ヨウ	むね、おさむ
◎	臆	オク	むね、おくする
◎	穏（穩）	オン	おだやか、しず、とし、やす、やすき
◎	絵（繪）	カイ エ	え
●	蟹	カイ	かに
	膾	カイ	なます
◎●	壊［壞］	カイ	こわす、こわれる、つち
◎	穫	カク	かる、え、みのる
◎	拡（擴）	カク	ひろがる、ひろげる、ひろ、ひろし、ひろむ
	關	カン	せき、かかわる、かんぬき
	勸	カン	すすめる
◎	願	ガン	ねがう、ねがい
●	麒	キ ギ	
	譏	キ	そしる
	蟻	ギ	あり
	艤	ギ	ふなよそおい
	麴	キク	こうじ
◎	鏡	キョウ	あき、あきら、かがみ、かね、とし、み
	疆	キョウ ゴウ	しいる、つよい、こわ、たけ、つとむ
	嚮	キョウ コウ	むかう、さきに

【19画】

◎	襟《キン》	えり、ひも
●	繋《ケイ》	かける、つなぐ、つぐ、つな
◎	鯨《ゲイ》	くじら
◎	繭《ケン》	まゆ
	曠《コウ》	あきらか、むなしい、あきら、ひろ、ひろし
	鏗《コウ》	
◎	際《サイ》	きわ
	贊《サン》	たすける、たたえる
	辭《ジ》	やめる、ことば、ことわる、こと
◎	璽《ジ》	しるし
◎	識《シキ》	しる、しるし、しるす、さと、つね、のり
●	櫛《シツ》	きよ、くし
	瀉《シャ》	そそぐ、はく
	鵲《ジャク シャク》	かささぎ
	鯱	しゃち、しゃちほこ［国字］
◎	蹴《シュウ シュク》	ける、け
◎●	獣《ジュウ》［獸］	けもの
	鶉《シュン ジュン》	うずら
◎	遵《ジュン》	したがう、ちか、のぶ、ゆき、より
◎	障《ショウ》	さわる
	證《ショウ セイ》	あかし
	蕭《ショウ》	よもぎ
◎	繩《ジョウ》(繩)	ただ、つぐ、つな、つね、なお、なわ、のり、まさ
	擾《ジョウ》	みだす、みだれる
	薔《ショク》	みずたで
◎	薪《シン》	たきぎ
	薛《セツ》	
◎	遷《セン》	うつす、うつる
◎	選《セン》	えらぶ、かず、のぶ、よし、より
	譔《セン》	
◎	薦《セン》	すすめる、しく、しげ、のぶ
	濺《セン》	そそぐ
◎	繰《ソウ ショウ》	くる
◎●	贈《ゾウ ソウ》［贈］	おくる、たま、ます
	鏃《ソク ゾク》	やじり
	膽《タン》	きも、こころ
	壜《タン ドン》	びん、さかがめ
	癡《チ》	
◎	懲《チョウ》［懲］	こりる、こらす、こらしめる
●	鯛《チョウ》	たい
●	寵《チョウ》	うつくし、よし
●	薙《テイ》	かる、なぐ
●	鄭《テイ ジョウ》	
	擲《テキ ジャク》	なげうつ、なげる
	鏑《テキ》	かぶらや、やじり

● 轍《テツ》 わだち
● 顚《テン》 いただき、たおれる、かみ
臀《デン》《トン》 しり
● 祷《トウ》［禱］ いのる
蟷《トウ》
瀆《トク》《ドク》 みぞ、けがれる、あなどる
鯰 なまず［国字］
●◎ 難《ナン》［難］ かたい、むずかしい
● 禰《ネ》《デイ》

膿《ノウ》《ドウ》 うみ、うむ
◎ 覇《ハ》 はたがしら、はる 二十一画「霸」の俗字
簸《ハ》 ひる
◎ 薄《ハク》 うすい、いたる、うす、すすき
◎ 爆《バク》 はぜる
瀑《バク》《ホウ》 たき
● 曝《バク》《ボク》 さらす 十五画「暴」の俗字
攀《ハン》 よじる、ひく、よし、より
臂《ヒ》 ひじ

靡《ヒ》《ビ》 ない、なびく
薇《ビ》 ぜんまい
薜《ヘイ》《ハク》
瓣《ハン》《ベン》 わきまえる、わける
◎ 簿《ボ》
● 鵬《ホウ》 おおとり、とも、ゆき
寳《ホウ》 たから 二十画「寶」の俗字
◎ 霧《ム》 きり
蠅《ヨウ》 はえ

● 蕾《ライ》 つぼみ
◎ 離《リ》 はなれる、はなす、あき、あきら、つら
廬《リョ》《ロ》 いおり
◎ 猟《リョウ》（獵） かり、かる
● 遼《リョウ》 とお、はるか
鄰《リン》 となる、となり
●◎ 類《ルイ》［類］ たぐい、とも、なお、なし、よし
◎ 麗《レイ》 うるわしい、あきら、かず、つぐ、つら、よし、より
櫟《レキ》 くぬぎ

● 簾《レン》 す、すだれ、みす
● 櫓《ロ》 やぐら、のぶ
鏤《ロウ》《ル》 える、ちりばめる
曨《ロウ》
◎ 麓《ロク》 ふもと

二十画

贏《エイ》 あまり、かつ
邂《カイ》
●◎ 懐《カイ》［懷］ ふところ、なつかしい、かぬ、かね、きたす、たか、ちか、つね、もち、やす

【20画】

◎ 覚《カク》（覺） おぼえる、さます、さめる、あき、あきら、さだ、さと、さとし、さとる、ただ、ただし、よし

鰐《ガク》 わに

◎ 艦《カン》 いくさぶね

◎ 還《カン》 かえす、かえる、また、めぐる

◎ 犠《ギ》（犧） いけにえ

◎ 議《ギ》 はかる、かた、のり

遽《キョ》 あわただしい、すみやか、にわか

◎ 競《キョウ ケイ》 きそう、せる、つよし

饉《キン》 うえる

◎● 薫《クン》［薰］ かお、かおり、かおる、くる、しく、しげ、ただ、つとむ、にお、のぶ、ひで、ふさ、ほお、まさ、ゆき

◎ 警《ケイ》 いましめ、いましめる

● 馨《ケイ キョウ》 か、かおり、かおる、きよ、よし

瓊《ケイ セン》 たま、に、よし

◎ 継《ケイ》（繼） つぎ、つぐ、つね、ひで

騫《ケン》

◎ 懸《ケン ケ》 かける、かかる、とお、はる

献《ケン コン》 たてまつる

◎● 厳《ゲン ゴン》［嚴］ きびしい、いかし、いず、いつ、いつき、いわ、かね、たか、つよ、ひろ、よし

礦《コウ》 あらがね

● 藁《コウ》 わら

● 薩《サツ》

● 纂《サン》 あつめる、あつ

霰《サン セン》 あられ

藉《シャ》 しく、かりる、ふむ

◎ 釈《シャク》（釋） とき

繻《ジュ シュ》

襦《ジュ シュ》 はだぎ

薯《ショ ジョ》

齟《ショ ソ》 かむ

◎ 鐘《ショウ》 あつむ、かね

◎ 壌《ジョウ》（壤） つち

◎● 嬢《ジョウ》［孃］ むすめ

◎ 触《ショク》（觸） ふれる、さわる、ふる

瀞《セイ ジョウ》 とろ、きよ、きよし

臍《セイ サイ》 へそ、ほぞ

◎ 籍《セキ》 ふみ、もり、より

闡《セン》 ひらく

◎● 騒《ソウ》［騷］ さわぐ

躁《ソウ》 さわがしい

◎● 蔵《ゾウ》［藏］ おさむ、くら、ただ、とし、まさ、よし

躇《チャク チョ》

籌《チュウ》 かずとり

◎ 党《トウ》（黨） なかま、むら、あきら、とも、まさ

鐙《トウ》 あぶみ、たかつき

◎ 闘《トウ》（鬪） たたかう 二十四画「鬭」の俗字

◎騰《トウ》 あがる、のぼる

邁《バイ マイ》 ゆく、すすむ、たか、つとむ、とお、ゆき

礬《バン ハン》

◎避《ヒ》 さける

譬《ヒ》 たとえる、たとえ

羆《ヒ》 ひぐま

飄《ヒョウ》 つむじかぜ

●瀕《ヒン》 ほとり

◎譜《フ》 つぐ

邉《ヘン》 あたり、べ

辮《ヘン ベン》 あむ

麵《ベン メン》 むぎこ 十五画「麪」の俗字

◎宝《ホウ》（寳） かね、たか、たかし、たから、たけ、とみ、とも、みち、よし

◎訳《ヤク》（譯） わけ、つぐ

●耀《ヨウ》 かがやく、あき、あきら、てる

◎羅《ラ》 あみ、うすぎぬ、つらねる、つら

◎●瀬《ライ》［瀨］ せ

◎藍《ラン》 あい

籃《ラン》 かご

◎隣《リン》 さと、ただ、ちか、ちかし、となり、なが

◎齢《レイ》（齡） よわい、とし、なか、よ

瀝《レキ》 こす、したたる

礫《レキ リャク》 つぶて、こいし、さざい

鰊《レン》 にしん

爐《ロ》 いろり

◎露《ロ ロウ》 あらわれる、あきら、つゆ

◎●滝《ロウ》［瀧］ たき、たけし、よし

朧《ロウ》 おぼろ

二十一画

●鰯 いわし ［国字］

◎●桜《オウ》［櫻］ さくら

鶯《オウ》 うぐいす

◎鶴《カク》 ず、たず、つ、つる

嚾《カン》

鰭《キ》 ひれ

巍《ギ》 たか、たかし

欅《キョ コ》 けやき

◎駆《ク》（驅） かける、かる

◎●鶏《ケイ》［鷄］ にわとり、とり

●藝《ゲイ》 うえる、のり、わざ、き、ぎ、きぎ、すけ、まさ、よし

纈《ケツ ケチ》

◎●険《ケン》［險］ けわしい、たか、のり

譴《ケン》 せめる

◎顧《コ》 かえりみる、み

◎護《ゴ》 さね、まもる、もり

【21画】

- ● 轟 ゴウ コウ　とどろき、とどろく
- 邇 ジ ニ　ちか、ちかい、ちかし
- 癪　しゃく　〔国字〕
- 嚼 シャク　かむ
- 蠢 シュン　うごめく
- 攘 ジョウ　はらう、ぬすむ
- 饒 ジョウ ニョウ　ゆたか
- 贐 シン ジン　はなむけ
- 隧 スイ ズイ

- ◎ 随（隨） ズイ　したがう、あや、みち、ゆき、より
- 齎 セイ サイ　もたらす
- 纎 セン　二十三画「纖」の俗字
- 籖 セン　くじ　二十三画「籤」の俗字
- 饌 セン ゼン　そなえる
- 殲 セン　つきる、つくす、ほろぼす
- 竈 ソウ　かま、かまど
- 藪 ソウ　やぶ
- 囃 ソウ　はやし、はやす

- 屬 ゾク　つく、やから、さかん、つら、まさ、やす
- ◎ 続（續） ゾク　つぎ、つぐ、つづく、ひで
- 鐸 タク　すず、ぬて
- 躊 チュウ
- 鐵 テツ　くろがね
- 囀 テン　さえずる
- ● 纏 テン　まつわる、まとう、まとい
- ◎ 藤 トウ ドウ　かつら、つ、ひさ、ふじ
- 籐 トウ　とう

- 霸 ハ　はたがしら
- ◎ 魔 バ マ
- ◎ 藩 ハン　まがき
- 闢 ヘキ ビャク　ひらく
- 辯 ヘン ベン　わきまえる、わける
- ● 飜 ホン　ひるがえる、ひるがえす
- ◎ 躍 ヤク　おどる
- ◎● 薬［藥］ ヤク　くす、くすし、くすり
- ◎ 誉（譽） ヨ　しげ、たか、たかし、のり、ほまる、ほまれ、ほむ、ほん、もと、やす、よし

- 癩 ライ ラツ
- 鐳 ライ
- ◎● 欄［欄］ ラン　おばしま
- 爛 ラン　ただれる
- 瀾 ラン　なみ
- 蠣 レイ ライ　かき
- 儷 レイ ライ　ならぶ
- 艪 ロ　かい
- 朧 ロウ リョウ

瓏《ロウ リョウ》

● 蠟《ロウ》 ろう

二十二画

懿《イ》 ああ、うるわし、あつい、あつ、あつし、なお、ひさ、よし

隱《イン オン》 かくす、かくれる

蘊《ウン》 つむ

● 鷗《オウ ク》 かもめ

◎ 鑑《カン》(鑒) かんがみ、かんがみる、あき、あきら、かた、かね、しげ、のり、み、みる

灌《カン》 そそぐ

◎ 歓《カン》(歡) よろこび、よろこぶ、よし

贋《ガン》 にせ

齬《ギョ ゴ》

驕《キョウ》 おごる

● 饗《キョウ》 あえ、もてなす、うける

◎● 響《キョウ》[響] ひびく、おと、なり、ひびき

● 驍《ギョウ キョウ》 いさ、すぐる、たけし

◎ 惧《ク グ》(懼) おそれる

攜《ケイ》 たずさえる、たずさわる

鰹《ケン》 かつお

◎ 権《ケン ゴン》(權) いきおい、おもり、かり、はかり、はかる、のり、よし

儼《ゲン》

● 讃《サン》 ほめる、ささ 二十六画「讚」の俗字

鬚《シュ ス》 ひげ

◎ 襲《シュウ》 おそう、そ、つぎ、より

鱆《ショウ》 たこ

● 穣《ジョウ》[穰] おさむ、しげ、みのる、ゆたか

疊《ジョウ》 たたみ

◎● 畳《ジョウ》[疊] たたむ、たたみ、あき

贖《ショク》 あがなう

襯《シン》 はだぎ

霽《セイ》 はれる、なり、のり、はる、はれ

◎● 摂《セツ》[攝] おさめる、おさむ、かぬ、かね

竊《セツ》 ぬすむ、ひそかに

● 蘇《ソ》 よみがえる、いき、はる

◎ 藻《ソウ》 も

鱈 たら [国字]

◎● 鋳《チュウ》[鑄] いる、い

◎● 聴《チョウ》[聽] きく、あき、あきら、とし、より

巓《テン》 いただき

◎ 読《トク、ドク トウ》(讀) よむ、おと、とみ、よし、よみ

嚢《ドウ ノウ》 ふくろ

轡《ヒ》 くつわ、たずな

邊《ヘン》 あたり、べ

鰻《マン》 うなぎ

● 覽《ラン》 みる

纜《ラン》 ともづな 二十七画「纜」の俗字
轢《レキ リャク》 ひく
蘆《ロ》 あし
艫《ロ リョ》 とも、へさき
◎籠《ロウ リョウ》 かご、こめる、こもる
聾《ロウ》
彎《ワン》 ひく、まがる

二十三画

◎駅《エキ》（驛） うまや
●巌《ガン ゲン》［巖］ けわしい、いわ、いわお、お、みち、みね、よし
◎驚《キョウ》 おどろく、おどろかす、とし
◎●顕《ケン》［顯］ あきらか、あらわす、あき、あきら、たか、てる
◎●験《ケン ゲン》［驗］ あかし、しるし、ためし、ためす、とし
蠱《コ》
◎鉱《コウ》（鑛） あらがね、かね
曬《サイ》 さらす
灑《サイ セ》 そそぐ、きよ、きよし
●鷲《シュウ ジュ》 わし
讐《シュウ》（讎） むくいる、あだ
◎髄《ズイ》（髓） すね、なか
◎●繊《セン》［纖］
籤《セン》 くじ
蘚《セン》 こけ
●鱒《ソン》 ます
體《タイ テイ》 からだ
襷 たすき［国字］
●灘《タン》 なだ
黴《バイ ビ》 かび、かびる
◎変《ヘン》（變） かわる、かえる
●蘭《ラン》（蘭） らん、あららぎ
●麟《リン》
●鱗《リン》 うろこ
戀《レン》 こう、こい
攣《レン》 ひく

二十四画

靄《アイ アツ》 もや
艶《エン》 なまめかしい、つや
鹽《エン》 しお
攪《カク コウ》 みだす
衢《ク》 みち
鹼《ケン》
蠶《サン》（蠺） かいこ
讒《サン ザン》
◎●譲《ジョウ》［讓］ うや、せむ、のり、まさ、ゆずり、ゆずる、よし
◎●醸《ジョウ》［釀］ かもす

嘱《ショク》 たのむ

◎● 臓《ゾウ》［臟］ はらわた

靆《タイ》

矗《チク》 なおい

癲《テン》

鬭《トウ》 たたかう

顰《ヒン・ヒ》 しかめる、ひそめる

軈 やがて ［国字］

● 鷹《ヨウ・オウ》 たか

◎ 霊《レイ・リョウ》（靈） たま、よし

靂《レキ》

鑪《ロ》 いろり

● 鷺《ロ・リョ》 さぎ

隴《ロウ・リョウ》 おか

二十五画

靉《アイ・イ》

◎ 観《カン》（觀） みる、あき、しめす、まろ、み、みる

黌《コウ》

◎● 庁《チョウ》［廳］

◎ 蛮《バン》（蠻） えびす

鼈《ベツ・ヘツ》 すっぽん

鑰《ヤク》 かぎ

籮《ラ》 したみ

攬《ラン》 とる

籬《リ》 まがき

二十六画

鑵《カン》 かま

讃《サン》 ほめる

矚《ショク》

邏《ラ》 めぐる、のり

◎ 湾《ワン》（灣） いりえ、みずくま

二十七画

驥《キ》 たけ、とし、はやま

鑿《サク》 のみ、うがつ

鑼《ラ》 どら

纜《ラン》 ともづな

二十八画

攣《レン》 ひく

二十九画

◎ 鬱《ウツ》 むすぼれる、しげる

ひらがな画数

あ 3画	い 2画	う 2画	え 3画	お 4画
か 3画	き 4画	く 1画	け 3画	こ 2画
さ 3画	し 1画	す 3画	せ 3画	そ 3画
た 4画	ち 3画	つ 1画	て 2画	と 2画
な 5画	に 3画	ぬ 4画	ね 4画	の 1画
は 4画	ひ 2画	ふ 4画	へ 1画	ほ 5画
ま 4画	み 3画	む 4画	め 2画	も 3画
や 3画	—	ゆ 3画	—	よ 3画
ら 3画	り 2画	る 2画	れ 3画	ろ 2画
わ 3画	ゐ 3画	ゑ 5画	を 4画	ん 2画
が 5画	ぎ 6画	ぐ 3画	げ 5画	ご 4画
ざ 5画	じ 3画	ず 5画	ぜ 5画	ぞ 5画
だ 6画	ぢ 5画	づ 3画	で 4画	ど 4画
ば 6画	び 4画	ぶ 6画	べ 3画	ぼ 7画
ぱ 5画	ぴ 3画	ぷ 5画	ぺ 2画	ぽ 6画

カタカナ画数

ア 2画	イ 2画	ウ 3画	エ 3画	オ 3画
カ 2画	キ 3画	ク 2画	ケ 3画	コ 2画
サ 3画	シ 3画	ス 2画	セ 2画	ソ 2画
タ 3画	チ 3画	ツ 3画	テ 3画	ト 2画
ナ 2画	ニ 2画	ヌ 2画	ネ 4画	ノ 1画
ハ 2画	ヒ 2画	フ 1画	ヘ 1画	ホ 4画
マ 2画	ミ 3画	ム 2画	メ 2画	モ 3画
ヤ 2画	—	ユ 2画	—	ヨ 3画
ラ 2画	リ 2画	ル 2画	レ 1画	ロ 3画
ワ 2画	ヰ 4画	ヱ 3画	ヲ 3画	ン 2画
ガ 4画	ギ 5画	グ 4画	ゲ 5画	ゴ 4画
ザ 5画	ジ 5画	ズ 4画	ゼ 4画	ゾ 4画
ダ 5画	ヂ 5画	ヅ 5画	デ 5画	ド 4画
バ 4画	ビ 4画	ブ 3画	ベ 3画	ボ 6画
パ 3画	ピ 3画	プ 2画	ペ 2画	ポ 5画

参考文献一覧

宇宙数理姓名学入門　安齋 巖人　高橋書店

神秘姓名学決定編　熊﨑 健翁　五聖閣

成功の実現　中村 天風　日本経営合理化協会出版局

運命を拓く　中村 天風　講談社文庫

易と人生哲学　安岡 正篤　致知出版社

自由訳　方丈記　新井 満　ＤＥＣＯ

字源　簡野 道明　角川書店

国字の字典　飛田良文＝監修・菅原義三＝編　東京堂出版

三上 洋右(みかみ ようすけ)のプロフィール

- 昭和20年11月10日　青森県北津軽郡中里町（現：中泊町）生まれ。青森県内潟中学校卒業後、中里営林署で山仕事に従事。
- 昭和40年5月、19歳で青雲の志に燃え札幌市に移住。24歳で(株)日天タイル工業を興し代表取締役に就任(平成6年退任)。社業のかたわら青少年育成委員、町内会長、東月寒中学校PTA会長、民生児童委員など数々のボランティア活動に参加。
- 昭和58年12月、町村信孝元官房長官が衆議院議員選挙で初陣を飾った際、豊平区連合後援会幹事長として当選に尽力、以来、町村代議士門下となる。
- 昭和62年4月、札幌市議会議員選挙に初挑戦したが、7663票で惜敗。平成3年4月の選挙で見事雪辱を果たし初当選。以後6回連続当選。6回目の選挙の得票数20,898票は、政令市移行後の市議選史上初。
- この間、さっぽろ自民党（自民党札連）の会長、第29代札幌市議会議長、北海道市議会議長会会長、北海道新幹線建設促進関係自治体議長会会長、札幌広域圏組合議会議長、市議会森林・林業・林産業活性化推進議員連盟会長等の要職を歴任
- 現在は、さっぽろ自民党の常任顧問、自民党道連の副会長、北海道後期高齢者医療広域連合議会議長、市議会観光議員連盟会長、豊平区少年野球育成会会長、札幌女子サッカー連盟会長として活躍中。

家　　庭	峰恵子夫人と2人暮らし。長女峰貴子は結婚し孫が2人
趣　　味	読書、易学、姓名学、ゴルフと多彩な趣味の持ち主
好きな言葉	「敬天愛人」(天を敬い人を愛す) 「積善之家必有余慶」(積善の家には必ず余慶あり)
著　　書	『この指とまれ』 『－この指とまれ－宿命への挑戦』 『権力と富の分配』
ホームページ	http://www.mikami21.com/

練磨開悟の大典
幸運を呼ぶ名づけ方 ——誰でもわかる運命の法則——

2013年9月24日　第1刷発行

著　者…………三上洋右
発行者…………奈良　威
発行所…………学校図書株式会社
〒114-0001 東京都北区東十条3-10-36
電話 03-5843-9433　　FAX 03-5843-9440
印刷所…………図書印刷株式会社

ISBN978-4-7625-0164-7